产品战略规划丛书 Ⅰ

产品经理资质培养指导教材

需求洞察与产品定位

DEMAND INSIGHT AND PRODUCT POSITIONING

张甲华 著

金盾出版社

JINDUN PUBLISHING HOUSE

图书在版编目（CIP）数据

需求洞察与产品定位 / 张甲华著. -- 北京：金盾
出版社，2025．7．--（产品战略规划丛书）. -- ISBN
978-7-5186-1864-4

Ⅰ．F273.2

中国国家版本馆 CIP 数据核字第 2025C708P9 号

需求洞察与产品定位

（产品战略规划丛书）

张甲华　著

出版发行：金盾出版社	开　本：787mm×1092mm　1/16
地　　址：北京市丰台区晓月中路 29 号	印　张：16.75
邮政编码：100165	字　数：260 千字
电　　话：（010）68276683	版　次：2025 年 7 月第 1 版
（010）68214039	印　次：2025 年 7 月第 1 次印刷
印刷装订：北京印刷集团有限责任公司	定　价：65.00 元
经　　销：新华书店	

总　序

中国改革开放的 40 多年，是经济大发展的 40 多年，也是中国企业不断探索，学习国外先进产品和管理理念的 40 多年。走到现在，国外先进产品、技术几乎已经学得差不多了，随着中国的消费升级，那些只模仿而不进行产品创新的企业，找不到自己的发展方向，只能加入无休止的"内卷"。

管理只能提高效率，不能解决企业的生死，只有产品才决定企业生死。虽然中国学习国外的企业管理理论已有几十年，各大学的经济管理学院招生都比较火爆，开设 MBA（工商管理硕士）的大学越来越多，中国企业的管理水平也大大提升，但是在当前的产业转型升级和供给侧结构性改革中，很多职业经理人或企业老板仍感觉无能为力，甚至无从下手。

当前中国企业应该由管理时代向经营时代转变。企业家们应该有新一轮的思考：企业经营的本质是什么？应该是经营产品。企业经营从内容上可以分为对"人"的经营和对"产品"的经营，但企业家们长期对产品经营重视度不够。在学术层面产品经营也长期被弱化，研究普通员工的管理和客户营销的相关学术理论很多，特别是如何提升企业中高层的领导力和管理能力，而专门研究产品战略规划的相关理论和书籍则少得可怜。

如何解决企业当前产品竞争力不强、"内卷"严重的经营困惑呢？

笔者认为企业应该重视消费升级趋势和产业转型升级规律研究，基于新商业逻辑和产品价值体系，做好系统化的产品战略规划，实现产品的"好卖"并"卖好"，持续增强企业的生命力。

如何做好产品战略规划呢？

基于自身 15 年创业和 18 年管理咨询的经历，笔者反复思考企业如何进行产品战略规划，确保产品"好卖"并"卖好"，专注 6 年撰写了这套产品战略规划丛书:《需求洞察与产品定位》《极致产品打造与开发》《商业模式与数字营销》《产品价格战略》《品牌战略规划》《产品协同战略》《产业转型升级与产品开发战略》。

产品战略规划的本质是实现产品的"好卖"和"卖好",主要包括以下内容。

"好卖"的产品应该同时具有产业前瞻性、良好的市场性、明确的价值定位和独特的产品精神。

(1)产业前瞻性是指企业应该遵循产业的发展规律和转型升级路径,规划设计企业的转型升级战略,并制定相应的产品开发战略,也就是企业的产品战略规划应该符合产业分化的发展规律。产品首先具有产业发展的前瞻性,才能为企业指明技术研究方向,才能引领消费者。其相应内容在产品战略规划丛书的《产业转型升级与产品开发战略》中阐述。

(2)良好的市场性是指产品首先解决的是市场上的真需求,其次是要有巨大的市场规模潜力、精确的产品定位和目标市场定位。其相应内容在产品战略规划丛书的《需求洞察与产品定位》中阐述。

(3)明确的价值定位是指产品设计基于新商业逻辑和产品价值模型理论,有明确的、独特的价值功能诉求和定位,具有良好的产品体验。其相应内容在产品战略规划丛书的《极致产品打造与开发》中阐述。

(4)独特的产品精神是指产品应该具有文化元素的灵魂,具有独特的产品精神和产品基因,指引产品不断迭代升级和传承。其相应内容在产品战略规划丛书的《极致产品打造与开发》中阐述。

产品要实现"卖好"应该做好产品的协同战略、价格战略、品牌战略和数字营销,使企业产品从各自为战走向集团军协同作战。

(1)协同战略是指构建产品之间科学、多功能的产品组合,规划好产品间的协同战略,制定好竞争产品的区隔策略,使企业各产品之间形成一个相互协同的有机系统,提升产品竞争力,实现产品"好卖"和"卖好"。其相应内容在产品战略规划丛书的《产品协同战略》中阐述。

(2)科学的价格战略是指根据产品协同战略利用消费心理效应采取多样化的价格管理技巧和策略,科学利用价格战,提高产品的吸引力。制定产品价格战略是一个系统性工程，定价不是价格管理的结束，而是价格管理的开始。其相应内容在产品战略规划丛书的《产品价格战略》中阐述。

（3）良好的品牌战略为产品注入燃烧的激情，赋予内在精神，点燃人们的内心。企业应紧扣时代脉搏，以全新视角规划品牌战略，系统构建企业的品牌战略框架，并做好品牌打造、品牌传播、品牌体验和品牌升级，打造一个具有强大影响力和竞争力的品牌。其相应内容在产品战略规划丛书的《品牌战略规划》中阐述。

（4）数字化销售预警体系是指为了保证产品战略规划策略落地并实现预期目标，既要采用 $APPEALS 模型和 FFAB 模型深刻挖掘产品卖点，也要像火箭飞行过程中的预警和时刻调整一样，采用大数据、数字化等新技术科学预测、设计、监控并调整产品的成长轨迹，保证产品良性成长和战略目标实现。其相应内容在产品战略规划丛书的《商业模式与数字营销》中阐述。

本套产品战略规划丛书旨在阐明：要想解决企业长久的健康发展问题，出路在于重视产品经营并做好产品战略规划；从产业分化规律和洞察真实需求出发，结合产品价值理论和产品定位打造极致产品，科学规划产品协同战略，做好价格战略和品牌战略，利用数字化新技术时刻监控并及时优化营销策略，实现产品"好卖"并"卖好"，确保企业可持续、高质量发展。本套产品战略规划丛书是产品经理职业技能的核心内容，可作为产品经理资质培养指导教材。

2024 年 9 月，笔者参与起草了《产品经理资质等级与认定团体标准》（已于 2025 年 1 月发布），已授权作为本丛书的附录，详细内容参见《产业转型升级与产品开发战略》附录。

张甲华

2024 年 11 月

前　言

当今企业在团队管理、销售体系搭建等工作上花费了大量时间和资源，却忽略了最重要的"第一步"，即产品是否能解决目标客户群的真正需求，到底是不是一个具备可传播、可盈利、可销售的有竞争力的产品。赢在第一步才能"步步为赢"，如果输在第一步那就是"步步皆输"。

本书的核心就是洞察目标用户的真需求，剖析用户的爽点，让企业真正从顶层商业逻辑洞悉产品设计以及产品规划，同时指导企业了解产品，给产品一个科学、合理、准确的定位，为企业打造极致产品打下坚实的基础。

本书分为需求洞察和产品定位两篇。

第一篇是需求洞察。用户的需求是产品和商业的根基，如果产品没有满足用户的需求，或者这个需求不够强烈，后面的产品迭代就成了无源之水，无论是渠道推广、吸引用户，还是想要变现，都将非常困难。因此，打造有竞争力产品的第一步是需求的分析与洞察。

本篇论述了如何挖掘和洞察目标用户的真实需求，包括需求挖掘、需求分析、需求优先级、需求设计与评审、需求验证等一系列内容和方法。

第二篇是产品定位。有效的产品定位是企业发展的指南针。产品定位能够赋予产品灵魂，提升产品的生命力，从而与目标客户群形成共鸣，得到用户的高度认可。

产品定位是产品设计的第一步。通过明确产品的市场定位和目标客户群体，可以确定产品的核心价值和功能特性，从而确保产品能够满足目标市场的需求。

本篇论述了如何正确进行产品定位，包括目标市场的客户定位、基于心理需求的产品定位、产品定位方法、产品类型定位等内容，为产品设计提供了明确的指导方向，可帮助团队理解产品的未来发展路径和目标，确保产品能够持续满足市场需求并保持竞争力。

张甲华

2024 年 11 月

目　录

第二篇　产品定位

第一篇
需求洞察

| 产品成功的根基是需求洞察。

第1章
需求洞察概述

需求是打造有生命力产品的动力。

100 多年前，一个名叫亨利·福特的美国人到处询问："您需要一个什么样的更好的交通工具？"几乎所有人的答案都是要一匹更快的马。听到这个答案，很多商人立即跑到马场选马配种。但福特并没有这样做，他决定通过制造汽车满足人们的需求。于是，他成了福特公司的创始人、世界"汽车大王"，并和其他汽车制造业的先驱一起，开创了一个崭新的汽车时代。

在 100 多年前的美国，主要交通工具是马车，所以大多数人就形成了一种惯性思维：为了更快地到达目的地，就要购买一匹更快的马。为了满足消费者的需求，大部分商人考虑的只是怎样改良马匹的品种，而福特敏锐地意识到，消费者是希望乘坐一种更好的交通工具更快地到达目的地。

"更好的交通工具"代表用户的需求；"更快地"是用户对解决这个需求的期望值；"马"是用户对解决这个需求的自假设功能。所以，我们应该分析消费者的真实需求和期望，而不能被客户的自假设功能迷惑。

上面的案例启示我们，首先应该分析客户的真实需求。

需求分为用户需求和产品需求，用户需求不等于产品需求。

用户需求是指用户表达出的自己认为想要的。在实际工作中，我们获得的用户需求往往是用户所提出的解决方案，而不是产品需求。

产品需求是指经过产品经理深度剖析用户需求，并分析出用户内在的诉求后，结合该需求的价值与公司资源，所提出的能满足用户内在需求的解决方案。就像前面提到的福特汽车的例子，用户需要的是一匹更快的马，但福特提供了一个更好的产品解决方案——汽车。在这个例子里，用户需求是一匹更快的马，而产品需求是一辆汽车。用户需求表达的是外在的"想要"，产品需求满足的是内在的诉求。诉求是用户内在的心理预期。产品需求满足的是用户的内在诉求，这是根本。产品需求是满足用户内在诉求的解决方案。

我们应该根据用户需求，探明用户的真正诉求，并依照需求价值与企业的资源优势来寻找解决方案。需求分析流程如图 1-1 所示，用户需求与产品需求关系示例如图 1-2 所示。

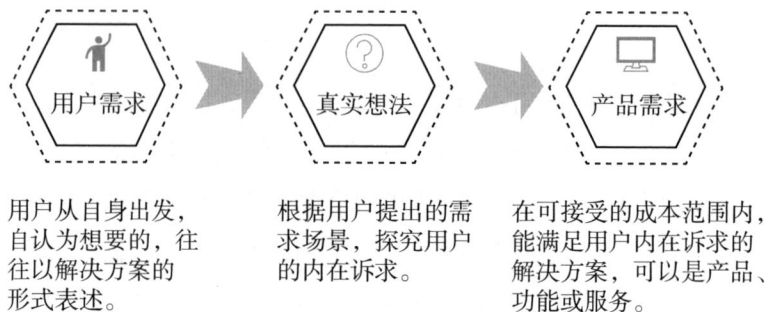

用户需求	真实想法	产品需求
用户从自身出发，自认为想要的，往往以解决方案的形式表述。	根据用户提出的需求场景，探究用户的内在诉求。	在可接受的成本范围内，能满足用户内在诉求的解决方案，可以是产品、功能或服务。

图 1-1　需求分析流程

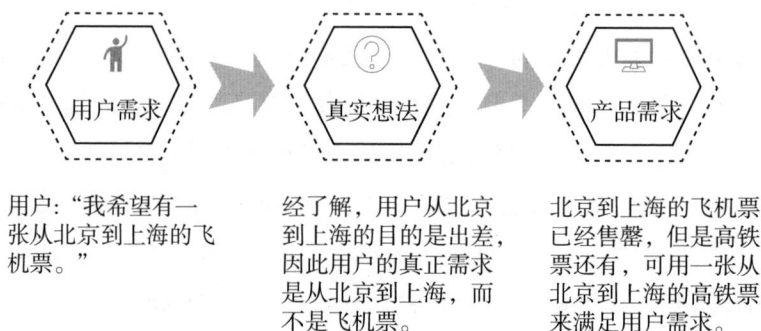

用户需求	真实想法	产品需求
用户："我希望有一张从北京到上海的飞机票。"	经了解，用户从北京到上海的目的是出差，因此用户的真正需求是从北京到上海，而不是飞机票。	北京到上海的飞机票已经售罄，但是高铁票还有，可用一张从北京到上海的高铁票来满足用户需求。

图 1-2　用户需求与产品需求关系示例

1.1　需求探讨

1.1.1　需求的影响因素

那么到底什么是需求？

需求是指可以被购买能力满足的用户对特定产品的欲望。

聚焦到用户研究领域，需求的产生是用户个体与场景的结合，即"用户 + 场景 = 需求"。

研究需求的时候，本质上是研究某个场景，以及基于场景切入的场景里具体的人。人的心智是需求产生的内因，场景是需求产生的外因，二者不可或缺。

用户是需求产生的主体，场景则是主体产生需求的载体。脱离场景谈用户，虽明确了具体用户，但会失焦，无法落地到具体的解决方案；脱离用户谈场景，更多是企业或者业务本身的"自嗨"，对业务很难起到科学的指导作用。

以用户打车为例，我们可以把用户打车的需求拆解为"什么样的用户在什么样的场景下需要打车"。

基于此，用户研究的目标就有两个：

（1）什么样的用户；

（2）什么样的场景。

接下来，基于这两个目标展开研究。首先，明确主要的目标人群，对典型用户人群进行描摹，洞察他们的社会学属性、生活状态、价值追求等。其次，探索用户打车的主要场景，并发掘不同场景之下用车的需求（功能 + 情感）、用车行为及关注因素等。只有基于特定类型的用户与特定的用车场景的交叉形成网状的场景图谱，并且明确每个场景下的不同人群的特征和需求，才可能帮助打车业务明确未来相对应的品牌、产品、运营等相关的业务方向和落地策略。

下面从人与场景的维度，探讨怎么运用用户场景模型进行思考。

1. 人的心智是需求产生的内因

用户研究的本质是对用户认知心智的研究。

在了解人的需求之前，首先要明确我们对人的研究究竟是为了什么。

通常来说，对人的研究的起源是为了研究商业活动中影响人的决策因素都有哪些，进而基于这些决策因素找到可以借鉴和切入的方向，完善业务设计或者商业行为，落脚点是影响企业对业务或者产品的决策。

综上所述，商业对人的研究核心是聚焦研究什么会影响用户的决策。

人在进行决策的时候，会受其自身的认知心智影响，心智其实就是用户对产品、设计、品牌等惯性的心理认知。

用户研究的根本就是对人的认知心智的研究。用户的心智可拆分为社会心智与经验心智两个维度进行深度探索。

（1）社会心智。

社会心智是指一个人当下所处的环境，包含但不限于所处的文化环境、社会环境、人际关系、家庭关系等对个人认知和思考框架的影响。比如出生在农村的孩子与出生在大城市的孩子对玩具的认知是不一样的。一个山寨版的娃娃玩具、纸扎的风筝、爷爷制作的手工花灯可能是很多农村孩子眼里玩具的代表，这些物件可以满足他们对开心和快乐的所有想象，他们没有对具体玩具的产品形态和品牌的认知。而对出生在大城市的孩子来说，乐高、芭比娃娃、盲盒里的娃娃可能才称得上他们眼里的玩具，并且他们已经有了比较完整的品牌意识。

社会心智的普遍性研究，绝大多数情况下可以圈定特定人群的生活方式、价值取向、消费心理以及内在动机，能够帮助我们判断核心用户的特征，判断用户获取品牌、产品和服务类型，并帮他们建立对品牌和产品认知的切入点。

社会心智受社交圈层影响较深，不仅是相对固定的，而且是短时间难以改变的。因此，我们研究用户可以参考较底层的认知逻辑。

（2）经验心智。

经验心智是指个体的人生成长、过往经历等自身经验所带来的对事物认知的改变。我们常说的"吃一堑，长一智""一朝被蛇咬，十年怕井绳"等就是非常生动的个人经验心智的体现。

经验心智不仅是指针对某一事物的特殊反应，它还是在过往的所有经验基础上逐渐叠加产生的影响。这种影响又潜移默化地带来认知改变，经验心智本身是一个累计值。

与社会心智研究相比，经验心智研究是特殊性研究，可以用作对某个个体或者少部分人在某个大群体的特定社会心智背景下的特殊性原因的解析。

我们常说某个人不合群，本身是说这个人已经在特定的圈层里了，但是在这个圈层具备的共同社会心智外，还存在特殊性，这种特殊性就是这个人的经验心智所导致的。

在某些情形下，经验心智研究可以帮助我们在表面看起来完全不相干的几个人群之间找到一些共性，从而帮助特定的企业构建其核心目标人群，并确定产品和服务的方向。例如，甲是一个外企高管，女性，已婚，有孩子，收入中上等，家庭稳定，但开始进入中年危机。乙是一个互联网大厂新秀，男性，未婚，收入中等但未来可期。从社会心智上来看，甲和乙不具备明显的共性特征。但是在深入了解甲和乙的成长故事后发现，甲和乙一样，都有一个缺爱的童年，同样的童年经历让他们具备接近的经验心智的底层认知。这样的判断对企业品牌的定位、产品的设计等方面都会带来方向性启发，这就是对用户的经验心智研究的商业价值。

（3）社会心智和经验心智的综合应用。

以上我们提到，社会心智是指用户在特定的生活环境影响下所产生的具有普遍性的心智特点，具有可见的群体性；经验心智是指个人在特定的经历和经验之后所产生的综合性的对事物的认知，不具有可见的群体性。

在实际的商业应用中，关注社会心智，可以获取群体用户的显性动机，而经验心智的研究是对社会心智研究的有力补充，可以在非显性的共性群体间抓取横向的共性需求，进而形成对目标人群的网状认知，形成对目标人群的更全面、更深入的了解和洞察。

以网上买菜的业务为例，当把目标用户定位为家庭主妇的时候，首先要对主妇群体进行社会心智研究，在了解其社会学特征、价值观特征和消费心理后，可以推导出她们在买菜的考虑因素中更关注性价比、新鲜度、种类多样性等。当我们在追加经验心智研究的时候，根据人生阶段和当下生活状态等可以将目标人群再细分为全职妈妈和职场妈妈。

2. 场景是需求产生的外因

场景是用户产生需求的情景和载体，并贯穿需求的始终。

什么是场景？场景是用户这个主体之外的一切客体存在，也就是除了用户本身，其余都可以暂且归类到场景里，其中包含时间、空间与事件。

以打车业务为例，打车的场景可能为外企白领（目标用户）晚上11点（时间）在公司（空间）加班结束后，准备下班回家（事件）。

这样就构成了完整的需求链路：白领深夜下班之后想打车回家，希望可以快速打到车，享受舒适的乘车体验，安全到家。

时间、空间与事件共同构成了场景本身，场景存在于用户产生需求的始终，场景的集合则构成了用户需求的全貌。

用户的诉求是目前身在公司，但想安全、舒适、快速地回家。这中间的差距就是用户期望与客观存在构成了矛盾，这个矛盾催生了事件。

在动态的世界里，场景各种各样。对具体的企业和商业来说，不是所有场景都是值得关注并成为用户需求研究的目标的。用户需求研究所定义的场景一定要结合业务本身，是可以未来塑造商业价值的场景，否则就没有研究的意义。

3. 需求的两个维度

"用户+场景"构成需求，而需求本身包含功能需求与情感需求。

（1）功能需求。

功能需求是指理性思考的、具体的、有形的、表面的基本需求。比如买包看材质，买手机看内存、流畅度、像素高低，买车看外观、配置、性价比和油耗，等等。功能需求一般是可衡量的，也是用户基本的、想要的东西，构成了用户需求的基础。

（2）情感需求。

情感需求一般是感性的、抽象的、心理层次的需求。比如买了辆高档车让某人觉得自己成为人生"豪华俱乐部"的一员。在这种情景下的需求都是与感觉有关，是内在的、情绪上的表达，是更深层次的需求。

"外企白领晚上11点钟在公司加班结束，准备下班回家"这句话包含了"用户+场景"，也点明了用户需要回家的需求，但是这个描述本身与打车业务最终的落地方向和解决方案差距甚远，因此还需要对白领的打车需求进行更深一步的拆分与解析，而拆解的方向则是功能需求和情感需求。

用户需要回家是一个功能上的需求，因为回家这件事是客观上要完成的。晚上11点下班，用户想早点回家，所以追求回家方式的快捷与高效，同时确保安全，这是经过思考之后的理性追求，而这种服务是可以被衡量的，称为功能需求。

白领加班到这么晚才下班，可能会积聚了一天的疲惫与不爽，所以希望可以有一个轻松舒适的空间和环境，缓解焦虑与疲惫，安抚自己不安的灵魂。这种感性的、深层次的心理层面的需求，我们称之为情感需求。

把"用户＋场景"明确下来，再基于用户场景研究用户在这个场景下的功能需求与情感需求后，便能构建出一套完整的用户需求地图，进而帮助企业推导出基于不同业务的具体落地方案。

4. 需求是分层次的

需求可分为 3 个层次，即显性需求、隐性需求、未知需求。如图 1-3 所示。

怎么100%读懂对方的需求？

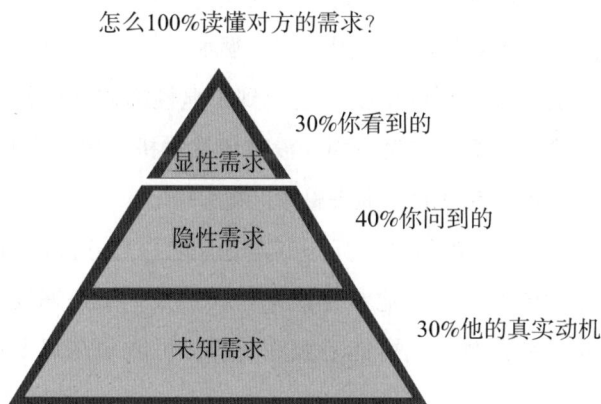

图 1-3　冰山需求效应

我们所能看到的是显性需求，就是客户怎么说的，即直观理解客户所描述的意思。那么此时就只能期待客户能够完整准确地描述自己的需求，不然如果按照客户所说的去做，可能就做了无用功。而大部分客户描述需求是不完整的，只是要一个结果，也有些需求看似比较有价值，就直接说功能怎么加怎么减，但没有无缘无故的增删，在每一步操作的背后都是有其原理和作用的。

隐藏在显性需求背后的是隐性需求，一般可以根据显性需求从侧面反映出来。比如你问有没有面包，其实是饿了，只是没有正面说出来，而是通过自己想要的东西来表达自己遇到的问题，因此也叫浅层隐性需求。

最深一层的是未知需求，也叫深层隐性需求。这个不是从言语的正面和侧面反映出来的，只有深入用户内心才可以挖掘出来，可能本身和这件事情没有关系，但是因为在其他事情上面遇到困难才会对当前的事情有所不满。

例如，一位集团老总到分公司视察，分公司的负责人就带着老总在分公司从上到下、里里外外地走了一遍，分别介绍每个地方的工作内容。等介绍到休息区的时候，老总大汗淋漓，气喘吁吁，连忙打断滔滔不绝的分公司负责人，气愤地说："为什么休息区没有饮水机？"

那么从上面故事的描述，我们思考一下刚刚讲的3层需求分别对应的是什么。

显性需求：可能是休息区要放置一台饮水机。

隐性需求：可能是老总累了、渴了，想喝水。

未知需求：从老总的话语中我们定位到了显性需求和隐性需求，那么为什么老总这么气愤呢？不会仅仅是因为没放置饮水机，也不会只是因为口渴。这时候，我们就需要从老总的思维去思考问题。

一方面是从老总自身的维度，另一方面是从老总与分公司的维度。

从老总自身的维度出发，他本身就有一肚子火，于是爆发了，那么他自身火气的来源就只能猜测了，可能是家庭矛盾，可能是在路上遇到了不愉快的事情。

从老总与分公司的维度出发，因为老总对分公司不满，才会发火，那么不满的原因可能是分公司的业绩不好，或者是对本次接待不满。

以上都只是假设，实际情况我们需要根据特殊场景来区别对待。但不管怎样，我们都需要去解决这个问题。那么我们在碰到这样的需求时，有什么办法去应对呢？

（1）提问法。

对问题提出疑问，问到最后就是答案，越是问得巧妙，就越接近答案。我们平时也要练习如何问问题，不要一下子就条件反射地给出答案。产品改进往往有多种解法，而我们的工作解决方案不仅解法不一样，结果也不一样。

问问题不是随便、没有条理地问。我们要紧扣目标来问，一圈圈辐射开去，在这中间可能有一些岔路，我们要慢慢筛选掉比较偏的问题。

（2）串联法。

我们所遇到的问题只是取经路上的一难而已。只有放眼整条路径，我们才能更清晰地看到问题的原因，使问题的来龙去脉都显现出来。只有把问题带入实际场景中，让问题活起来，看问题游走的范围才能抓住问题的根本所在，做出的方案也才能对症下药，避免解决这边的问题，引发其他地方的问题。

（3）回归生活，接近客户。

我们一直在生活中，我们的客户也在生活中，生活中的问题要在生活中处理，偏离生活是解决不了问题的。我们关注生活中的细节，让问题具象化，总结生活中的场景，让方案"随叫随到"。

（4）接近客户去感同身受。

我们是去帮助客户成功的，是为他解决问题的，我们需要在他前面扫除一切障碍。如果离客户远了，我们就会鞭长莫及。当无法感受客户情绪的时候，就离失去客户不远了，而我们赖以生存、引以为傲的产品将成为一堆待回收的垃圾。

1.1.2　需求的价值判断

1. 需求有价值的特点

（1）长期有收益。

一个有价值的需求应该是能长期创造收益的。

一个产品的成功往往需要在市场上得到客户的认识、了解、使用、体验、认可，直至信任，需要一个比较长的时间周期。未来这个周期可能变得更长，而早些年一个产品做成功可能只需要一年的时间，到年底能够把营收做到覆盖成本，甚至有点结余就算成功了。

现在一个产品在市场上不经过三五年的磨砺，很难成功，而如果成功不了，就意味着需求的价值没通过市场的检验。产品经理在选择做哪些需求的产品时，应该优先选那些能长期创造收益的。

另外，长期有价值的需求能够带来多倍的价值，即能够带来利润。

（2）对多方有利。

在产品运营过程中，公司常常会因为没有谈判能力而迁就某些合作伙伴，所做的需求基本上就是给合作伙伴独家定制的。

例如，某个客户有多家分公司，该用户需要产品能够支持分公司账号的功能，但实际上，除了该用户外的其他用户并没有这个需求。这说明该需求对大部分用户没有起到帮助作用，不仅给运营团队造成困扰，也给销售团队造成困扰。这类需求是没有价值的。

2. 需求无价值的特点

（1）不稳定的。

需求的不稳定往往体现在领导有患得患失的压力，压力来源主要有两种。

第一种是竞争压力，比如竞争对手上线了某项服务，管理者害怕被人领先而产生压力；第二种是来自更高层的压力，比如投资人或者管理者的上司施加了压力，管理者快速消化压力的方法体现在产品上时，就会做出很多不具备稳定性的需求，而这些需求往往是没有价值的。

（2）复杂的。

人性是趋简的，没人喜欢复杂的事情。人们为了完成某个任务采取行动时，会优先选择简单的方案，一般不会选择一个复杂的方案给自己增加难度。

产品经理在平时洞察需求时，可以把功能逻辑考虑得很详细很完美，也可以把那些不常见的边缘情况考虑进来，但在实际开发过程中，建议选那个最好不用思考、一步就能完成的方案。

有的团队为了让一个简单的事情看起来更有价值，采取的手段是把功能做复杂，把使用路径做成网状的，甚至在向别人描述自己的产品时，一句话是讲不清楚的，至少要凑出十几张 PPT 来说明。这类需求实际上价值也不是很大，因为自己都要花大力气才能搞清楚，而用户根本不可能花太多精力去了解一个复杂的事情。

例如，微信活跃用户有 10.9 亿人，因为它的功能简单到很多老年人都能轻易上手。

（3）模糊的。

模糊的需求是指那些想不清楚也讲不清楚的需求。我们经常听到领导下令：赶紧上线去让市场检验。其实，正确的做法应该是想清楚了才投向市场去验证，如果没想清楚，那投向市场检验什么呢？

模糊的需求做出来上线后，运营团队在理解它的价值上是模糊的，而在模糊的状态下推向用户后，用户获得的服务也是模糊的，这样的产品生命力不强。

1.2　需求洞察的全生命周期

需求管理并不仅仅是简单地管理需求优先级。真正的需求管理涉及需求的整个生命周期，其中包含需求挖掘，需求分析，需求优先级，需求开发、跟踪与测试，需求验证与迭代5个方面。因此，只有同时关注以上5个方面，才能算得上真正全面的需求洞察管理，才能确保需求洞察的有效性。

1.2.1　需求挖掘

1. 需求来源

需求来源渠道众多，主要渠道有业务部门、外部客户、竞争对手、研发部门、产品部门、运营部门和运维部门、老板等。

上述渠道产生需求的大致原因如下。

业务部门：制定业务目标，发现产品功能无法支持业务目标实现时，会产生需求。

外部客户：对新的合作业务或已合作业务进行优化时，会产生需求。

竞争对手：当发现市场上竞争对手的产品出现新的功能时，为了市场竞争需求，会产生新的产品功能需求。

研发部门：技术升级或技术架构调整，当需要产品经理配合时，会产生需求。

产品部门：产品经理自驱进行产品功能建设或重构时，会产生需求。

运营部门和运维部门：日常运营和运维时发现用户使用问题或可优化功能时，会产生需求。

老板：参加某些论坛或高层交流等情况时，会产生需求。

2. 需求产生过程

下面以一个企业在需求产生的过程中，需求产生最多且最典型的业务部门为例，深入剖析一个企业需求产生的底层逻辑，如图 1-4 所示。

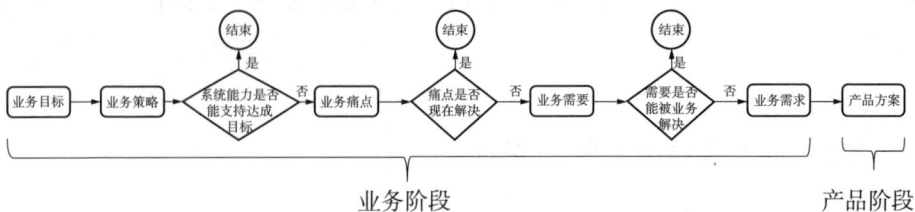

图 1-4　企业需求底层逻辑

业务目标是需求的起点。为了完成业务目标，就需要制定相应的业务行动路径，以达成目标。但可能出现现有系统能力不支持业务策略，以致不能达成目标的情况，这时就会产生业务痛点。

业务痛点是指为了完成业务目标，在行动过程中遇到的问题或障碍。但在业务中，不同的人对痛点的认知和理解是存在差别的。高层管理者更清楚自己的业务痛点以及对目标的影响程度，而基层员工对痛点的理解更多停留在操作层面和自我认知层面。因此，业务痛点越大，和业务目标的关联性越强，就越容易得到重视，也最容易产生业务需要。

业务需要是源于业务痛点的一种感觉缺失的状态。业务为了满足自己的需要，就会寻找解决方案。如果发现这个业务需要可通过内部流程优化、人工处理等方式暂时解决，那么就不会产生业务需求。只有当业务需求内部无法解决，需要依靠外部解决时，才会产生业务需求。

总之，"业务目标→业务策略→业务痛点→业务需要→业务需求→产品方案"的转化过程，是需求产生的底层逻辑。

因此，业务需求的产生需要 3 个条件：

（1）系统现状不满足业务策略或计划；

（2）业务认为痛点必须当下解决；

（3）自己无法解决，只能寻找产品解决。

由此及彼，其他渠道也遵循上述需求产生的底层逻辑。例如，外部客户因某个业务增长目标，产生新的需求；研发因为某个降本增效的研发目标，产生新的需求；运营部门因为某个体验运营目标，产生新的需求。

3. 需求收集：洞察用户与市场的脉搏

（1）用户调研。

用户调研是需求收集工作的首要环节，通常包含以下步骤。

定性调研：通过一对一深度访谈、焦点小组讨论等形式，深入了解用户的实际需求、使用习惯、问题挑战以及期待的功能改进。在访谈过程中，运用开放性问题鼓励用户分享自己的经历和观点。

定量调研：设计并发布问卷，获取大量用户数据，利用统计分析方法揭示用户需求的普遍性、集中度和变化趋势。定量调研可帮助产品经理量化用户需求，从而作出更具代表性的决策。

用户测试与观察：组织可用性测试或用户行为观察，直观地捕捉用户在使用现有产品或类似竞品时的实际操作流程、难点和满意度，进一步挖掘其潜在需求。

（2）竞品分析。

功能对比（$APPEALS 模型，即价格、可获得性、性能、包装、易用性、保证、生命周期成本和社会接受程度）：对竞品进行全面的功能拆解和比较，了解各产品在功能上的优劣，找出空白地带和创新空间，为自身产品增添独特价值。

用户体验考查：审视竞品交互逻辑和性能表现，学习其优秀的设计理念，并识别可能导致用户流失的体验短板。

（3）内部协作与反馈机制。

跨部门沟通：定期组织跨部门研讨会，整合各部门对用户反馈的见解和建议，形成整体视角下的需求洞察。

建立反馈渠道：鼓励内部员工直接提供客户反馈信息，设立专门的内部平台，让一线员工能及时上报用户诉求。

1.2.2　需求分析

产品经理承接来自各渠道的需求，并且投入大量精力实现业务需求，却经常出现需求中途废止、上线后不符合业务诉求、未取得预期结果等问题。虽然造成以上问题的原因很复杂，但其中一个最关键的因素就是产品经理错误地分析了业务需求。

需求分析是什么？

需求分析是指通过分析需求产生过程，识别真正的需求并排除虚假的需求。其中，分析需求产生过程，就是分析"业务目标→业务策略→业务痛点→业务需要→业务需求"的过程。那么，如何进行有效的需求分析呢？这需要辨别需求特点，选择不同的需求分析方法，如6W1H（Who 谁，Why 为什么，Where 哪里，Which 哪个，What 什么，When 何时，How much 多少钱）分析法、场景角色扮演法等，并需要输出产品分析文档、产品需求文档等。

需求分析一般包括以下几个步骤。

（1）用户画像与场景分析。

用户画像构建可以基于调研数据和市场细分，刻画出具有代表性的用户画像，包含用户的基本属性、行为模式、心理动机以及典型痛点。

场景分析：针对每一种用户画像，描绘多个典型的应用场景，分析用户在不同环境下如何使用产品，明确具体需求在实际场景中的体现。

（2）需求的真伪。

通过需求分析工具，辨别需求的真假。

（3）需求细化与文档化。

撰写用户故事：借助敏捷开发中的用户故事编写技巧，阐述需求的具体形式：作为一个（角色），我想要（做某事），以便（达成某种目的）。

需求规格说明书：撰写详细的需求文档，明确每个需求的功能描述、预期结果、边界条件和验收标准，必要时配合流程图、原型图或示例说明。

例如，一个物流平台公司为中小客户提供物流培训方案，需要通过场景角色进行需求分析。

业务需求：一个物流平台公司，面向物流市场中大客户及中小客户销售物流服务产品，为客户提供物流配送及仓储行业解决方案。因此，该公司需要与客户签约，并做好合同单据管理，以作为合同物流凭证。

通过"场景、角色、流程"梳理业务流程，从中发现大客户与中小客户合同签约流程不同，大客户流程更复杂、更长，而中小客户流程相对简单和标准，如表 1-1 所示。

表 1-1　大客户与中小客户的不同流程

场景	角色	角色职责	整体流程
大客户 签约	销售	销售负责起草合同，并发起合同审批	销售起草合同→运营审核→ 发起电子签→商家签约→归 档管理
	运营	运营负责审批合同，并管理合同单据	
	商家	商家负责签约合同，下载合同并保存	
中小客 户签约	商家	商家负责登录商家端，自行签约合同	商家登录商家端或 App →签 署标准合同→归档管理

通过"场景、系统、流程"设计、优化系统流程，可开发成软件管理系统。

1.2.3　需求优先级

很多时候，通过需求分析和归类，一个业务的需求还是很多，而企业的资源和技术储备是有限的，某个时间段需要对需求进行优先级判断，有选择地解决重要且紧急的需求。这就需要对需求进行排序和取舍，但其背后的实质是协同业务、研发、测试等部门达成一致目标，且高效、合理地利用资源，从而保证目标达成。

需求优先级管理一般可包括以下步骤。

（1）优先级划分。

应用诸如马斯洛需求层次理论、KANO 模型（对用户需求分类和优先排序的工具）或 MoSCoW 方法，对收集到的需求进行优先级排序，区分出紧急重要、一般重要和长远规划等需求类别。

（2）需求分类归档。

根据功能特性、用户群体、业务场景等因素，对需求进行精细化分类，有助于后续的项目排期和资源配置。

产品经理作为需求优先级管理的主要负责人，在协同各方达成一致目标以及进行资源分配时，面临的难点主要有以下几个方面。

其一，多部门间的目标取舍、排序问题。需求会同时来自多个渠道，存在多个目标，如业务、产品、研发、运营等部门的目标，对不同部门间的目标取舍、排序是很困难的。

其二，多业务线间的目标取舍、排序问题。面对不同业务线时，当不同业务线的发展阶段不同、业务规模不同时，对不同业务间的目标取舍、排序是很困难的。

其三，多目标并行时的资源分配问题。需求虽有先后顺序，但实际工作中都是多需求并行。所以，如何分配资源并保障多目标都完成是很困难的。

其四，临时的重要且紧急需求的处理问题。临时的重要且紧急需求会对现有排序造成巨大冲击，导致需要重新排序，重新分配资源。因此，既要处理已排好需求，又要满足紧急需求是很困难的。

通过以上难点可以看出，产品经理不但需要掌握需求优先级管理方法，也要掌握面对跨业务线、跨部门等复杂场景时的协同沟通能力。

需求优先级管理工作是十分复杂的，需求优先级管理方法也有很多，往往需要多种方法结合使用。

（1）定量分析法。

优先级的评估如果仅凭个人感性判断的话，会很难让多位相关方对优先级达成一致。为了尽量避免个人喜好或偏见带来的影响，需要引入更科学的方法，通过综合打分评价法或加权求和法来对需求优先级进行量化。具体步骤如下。

第一步：确定标准。

选取和制定优先级衡量标准时，要与其他部门充分沟通，确保衡量标准得到多方认可。

以某公司为例，优先级衡量标准有目标类型、需求来源、重要与紧急程度、收益类型4项，其中每项标准的子类目有以下几个方面。

目标类型：公司战略目标、业务战略目标、产品成长目标、产品升级目标。

需求来源：业务部门、外部客户、研发部门、体验部门。

重要与紧急程度：重要紧急、重要不紧急、不重要紧急、不重要不紧急。

收益类型：业务规模增长类、效率提升类、体验提升类、创新类。

第二步：确定打分标准。

赋予各标准及标准子类目分值，并与其他部门充分沟通，得到多方认可。

仍以上述公司为例，共计4项标准，总分数为100，每项标准最高均为25分。其中，各方面打分标准如下。

目标类型：公司战略目标为25分，业务战略目标为20分，产品成长目标为15分，产品升级目标为10分。

需求来源：业务部门为25分，外部客户为20分，研发部门为15分，体验部门为10分。

重要与紧急程度：重要紧急为25分，重要不紧急为20分，不重要紧急为15分，不重要不紧急为10分。

收益类型：业务规模增长类为25分，创新类为20分，效率提升类为15分，体验提升类为10分。

针对打分标准说明如下。

在需求优先级管理中，综合打分评价法比加权求和法应用得更多，因为不同标准间相关性较差，标准间不同权重与实际情况不符。例如，对于目标类型与需求来源，无法确定谁的权重更高。

综合打分评价法可采取各标准分值相同策略，如果将目标类型定为30分，需求来源定为10分，这样划分是不合理的。

加权求和法常见应用于各标准之间可区分重要程度的场景下，可以依据实际情况采用。例如，A（30%）+B（20%）+C（20%）+D（30%）=100%。

第三步：打分。针对不同需求进行打分，确定最终得分。

以上述公司为例，最终打分结果如表1-2所示。

表1-2 打分结果

标准项目	目标类型	需求来源	重要与紧急程度	收益类型	总得分
需求 A	产品成长目标 15分	业务部门 25分	重要紧急 25分	效率提升类 15分	80
需求 B	公司战略目标 25分	业务部门 25分	重要不紧急 20分	业务规模增长类 25分	95

标准项目	目标类型	需求来源	重要与紧急程度	收益类型	总得分
需求 C	产品升级目标 10 分	研发部门 15 分	不重要紧急 15 分	体验提升类 10 分	50

针对打分的补充说明如下。

打分的前提是详细了解需求的目标、收益等信息，这样才能作出客观、正确的判断。

打分的结果要定期回顾与评估，因为外部环境时刻都在发生变化。例如，非紧急需求变成紧急需求、业务战略目标变成公司战略目标等，分值都会变化。

（2）定性分析法。

需求优先级管理仅靠定量分析法，是不能解决全部问题的，因为定量分析法不能覆盖全部场景。为了使需求优先级管理更加全面、合理、灵活，还需要使用定性分析法。

定性分析法属于感性的判断，更多的是来自打分方面的经验积累，凭借经验进行需求优先级管理。因此，应多注意积累和总结一些有效的需求处理经验。

例如，在产品方案设计时，要考虑产品长期规划目标，说服业务部门接受更长周期但更合理的产品方案，既满足业务目标，又能达成产品长期规划目标。

当老板或客户提出紧急需求时，首先不要盲目执行和推进，其次要尝试与老板、客户沟通了解背景及原因等，最终可能发现是伪需求或非紧急需求。

建议优先处理外部客户需求，再处理内部需求。一方面，以客户为中心，避免客户投诉或流失；另一方面，内部需求属于内部矛盾，可以关起门来解决。

1.2.4　需求开发、跟踪与测试

需求进入开发测试阶段后，大部分产品经理认为无须再进行需求管理工

作，只待上线即可。但是，若在该阶段出现延期、开发测试质量等问题，仍会影响需求的交付。因此，在该阶段，需求管理工作仍必不可少。

1. 需求开发

在需求开发阶段，产品经理要重点关注开发是否按计划进行，有无风险。

产品经理首先应熟练掌握项目管理相关技能，并对需求进行常态化项目管理，如召开项目周会、需求进度沟通会等。通过定期与研发部门盘点开发进展及问题，提前识别风险，并及时采取措施，避免延期。

2. 需求跟踪与状态更新

应采用项目管理工具实时跟踪需求的执行进度，关注开发质量，及时记录和更新需求的状态，确保需求从提出到完成的全程透明可控，保证高质量交付。

虽然产品经理不参加开发工作，但可通过构建合理的开发流程，实现高质量的交付。建议如下。

（1）增加"技术方案概要设计、技术方案详细设计"评审环节，且产品经理参与评审，把控技术方案符合产品诉求。

（2）增加"进度评审"环节，把控进度和开发质量。

3. 需求测试

在需求测试阶段，产品经理要重点关注两点：一是关注测试是否按计划进行，有无风险；二是关注测试质量，保证高质量交付。

首先，设置需求测试的关键节点，管控开发、测试进展及问题。

其次，增加"测试用例评审"环节，且产品经理参与评审，把控测试场景覆盖全部功能场景。要求测试人员记录并反馈测试问题，并追查问题产生原因，以提升产品、研发、测试质量。

测试完成后，一般需要制定战略目标和编制产品路线图。

制定战略目标：基于公司战略及市场定位，结合高优先级需求，制定清晰的产品长期发展战略目标。

编制产品路线图：围绕战略目标，按时间序列规划产品的功能迭代和发展阶段，使需求在产品路线图上得以有序安排，为研发团队提供指导。

1.2.5 需求验证与迭代

有的产品经理认为，需求上线运行后就完成了自己的工作，而对需求目标是否达成不太关心，并将这视为业务部门的职责。这种想法往往会导致错失成功的机会。产品经理必须在需求验证环节中确保需求目标得到充分实现。

需求验证与迭代一般可包括以下步骤。

（1）原型验证：通过快速原型设计，邀请目标用户参与体验，收集用户对初步方案的反馈，不断迭代和完善需求设计。

（2）数据驱动验证：产品上线后，持续监测相关业务指标，验证需求实现的效果，根据数据反馈调整需求策略。

首先，在需求验证阶段，产品经理应该重点关注和参与三个计划（灰度计划、推广计划、运营计划）的制订与执行。这三个计划是影响需求能否取得业务结果的关键因素。

其一，灰度计划。与业务部门协同制定灰度目标、场景、时间等，确保灰度期间快速验证产品方案的可用性及可行性。

其二，推广计划。与业务部门协同制定推广目标、范围、时间等，确保产品方案可复制，达成业务预期目标。

其三，运营计划。与业务部门协同制定稳定、长期、高效的日常运营流程，确保产品方案持续产生稳定的业务结果。

其次，在制订和执行三个计划时，同时要建立业务数据指标体系。数据指标体系应包含可衡量项目过程和结果表现的指标。指标体系应是客观的、可量化的，以便更好地监测和评估项目进展以及业务成果。

最后，迭代产品方案或调整计划。通过对数据指标体系的监控及分析，找出产品方案以及灰度计划、推广计划、运营计划中存在的问题，分析原因并制定解决方案，及时调整计划或迭代产品方案。

（3）需求效果评估：需求上线后，产品经理要密切关注其实际效果，通过数据分析、用户反馈等多种方式评估需求是否达到预期目标，为未来的产品优化积累经验。

需求洞察管理并非一次性的工作，而是贯穿产品全生命周期的动态过程。优秀的产品经理不仅要善于发现和理解用户需求，还要具备高效的需求管理能力，以保证需求能够准确无误地转化为产品特性。

1.3　IPD（集成产品开发）的产品需求管理

什么是产品需求？华为公司提供了一个思路：

产品需求 = 场景问题 + 解决方案

因此，产品需求提供的是针对问题的解决方案。有了产品需求，产品经理就可以进行产品功能设计搭建，进而完成后续开发实现、测试上线、周期迭代的过程。

产品需求需要有一个标准化的管理模式。没有标准化的管理思维，就会产生如下问题。

（1）产品需求混乱，频繁变更，研发周期成本加大，代码结构混乱无法维护。

（2）一味抄袭模仿，产品并没有形成市场竞争优势，最后全成了代码废墟。

（3）产品交付质量差，客户现场成了产品试验局。

（4）未提前识别需求风险，研发预算失控，项目亏钱。

（5）需求做一次完一次，公司像外包公司，没有核心产品，无法应对市场变化。

为了解决上面这些问题，现在国内很多企业都在学习标杆企业华为的IPD（集成产品开发）需求管理方法。

第2章

需求挖掘

需求洞察帮助产品经理真正地理解需求提出方实际的痛点或诉求。在需求洞察的过程中，我们需要辨别此需求是不是伪需求，以及形成的方案是否真正解决了用户的痛点。

2.1 客户需求

2.1.1 目标用户

不同的用户可能有不同的需求、偏好和行为习惯。通过将用户细分为不同的群体，可以更好地理解这些群体的共同特征，从而为他们提供个性化的用户体验、解决方案和营销策略。

在产品设计中，目标用户的需求分析是至关重要的一件事，因为我们需要让产品更加满足用户的实际需要和现实中的实际场景。

通俗来说，就是你的产品应设定一个目标人群，并在设定目标人群的属性范围内设计产品的功能。产品设计一定要从客观的角度出发，可以让产品更好地满足用户的实际需要。产品功能不是凭空想出来就可以满足用户需求的，而是要从实际的场景出发。

1. 客户画像

通过绘制客户画像，构建具象化的企业画像，可以帮助我们快速了解客户所在行业、现状和企业自身特征，帮助我们了解客户，如图 2-1 所示。

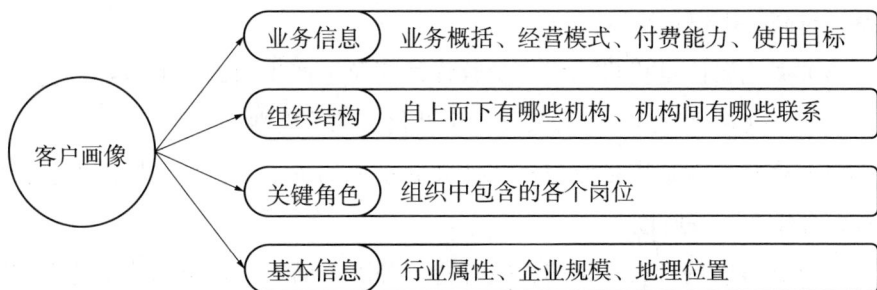

图 2-1　客户画像

2. 角色画像

通过研究各角色的工作场景、岗位特征、工作诉求，明确用户任务，为产品设计提供客观依据，如图 2-2 所示。

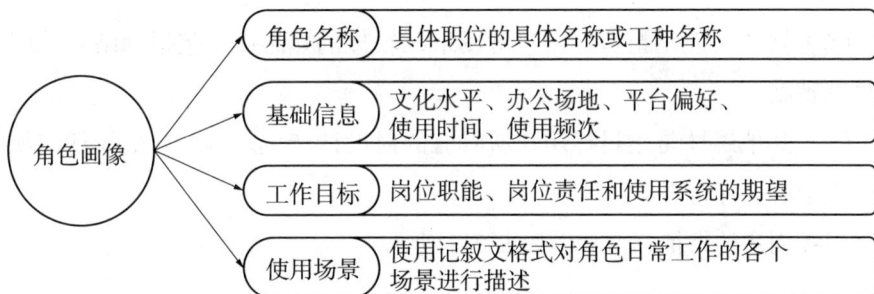

图 2-2　角色画像

3. 目标用户的特征画像

（1）基础属性是指目标用户的基本信息，包括性别、年龄、文化程度、地域、行业等属性。

（2）经济属性是指目标用户的经济情况以及消费观念，包括经济收入、可支配收入、付费敏感度等属性。

①经济收入是指用户的各类收入总和，包括劳动收入、租金收入、利息 / 股息收入等。

②可支配收入是指用户可以用于任意支配的款项，考虑时往往须扣除各类税务收入和固定性开支。

③付费敏感度是指用户对产品服务或产品功能收费项接受的程度。付费

敏感度越高，用户越排斥付费。

（3）文化属性是指目标用户受教育程度及生产生活的习惯爱好，包括智力水平、所处文化背景、喜好文化、个性化需求等属性。

（4）社群属性是指目标用户在社会关系上的诉求，包括归属需求、领导需求、合作需求等属性。

①归属需求是指人因兴趣、固有特点等因素而对一特定团体情感上归属的需求。

②领导需求是指有领导别人的需求。

③合作需求是指有与其他人进行合作的需求。

（5）硬件属性是指目标用户所拥有的设备及相关条件，包括设备的网络情况。

（6）软件属性是指目标用户对网络及软件的熟悉度，包括网络熟悉度和软件熟悉度。

（7）其他属性是指目标用户所具有的对设计产生影响的其他属性，如隐私、虚荣心、好奇心、竞争性。

目标用户的特征画像示例如表 2-1 所示。

表 2-1　目标用户的特征画像示例

产品名称	袋装方便面	
用一句话描述目标用户	一种方便推带、加工过的、经济的快餐食品	
一级分类	二级分类	用户特征描述
基础属性	性别	男 / 女
	年龄	18～35 岁（40 岁）
	文化程度	拥有本科以下学历和本科学历的比例，分别达到了 45.57% 和 36.31%
	工作年限	有工作经验的从业者的工作时长多集中在 1～3 年，占到总人数的 38.60%；8 年以上的也比较突出，占到了 25.95%
	人种	黄种人

续表

产品名称	袋装方便面	
一级分类	二级分类	用户特征描述
基础属性	语种	普通话
	国家	中国
	民族	以区域划分，大量为汉族
	职业（退休、上班族、学生、无业等）	上班族
	地域（一、二、三线城市、城镇、农村等）	全国
	行业（制造业、互联网等）	快消行业
经济属性	经济收入	平均月工资在 3000 元，主要集中于 1000～3000 元和 3000～5000 元两档，所占比例之和达 60%
	可支配收入	3000 元左右
	付费敏感度	低
文化属性	智力水平	中等
	所处文化圈（学生、白领、蓝领、农民工等）	蓝领
	喜好文化	
	个性化需求	要有一些特殊性，比如企业独有的
社群属性	交友需求	有
	归属需求	有
	领导需求	有
	合作需求	有
硬件属性	拥有设备	有
	网络情况	3G，Wi-Fi

续表

产品名称	袋装方便面	
一级分类	二级分类	用户特征描述
软件属性	网络熟悉度	一般
	软件熟悉度	一般
其他属性	隐私	无
备注：若你觉得还有其他的维度分类及属性特征，可在一级分类和二级分类中增加		

需求管理能力是企业的核心竞争力之一，也是产品经理必备的核心技能之一。

2.1.2 用户需求特点

1. 需求有真伪

需求有真伪通常会有两种情况：

（1）用户说的是假需求；

（2）用户说的是真需求，但只是自己的解决方案。

所以面对用户提出的所谓的需求，我们要谨慎。乔布斯说得更夸张："人们不知道自己想要什么，直到你把产品放到他面前，所以我从不依赖市场研究。"福特说过："你问用户需要什么，他们只会告诉你他们需要一匹更快的马。"福特所说的就是很典型的第二种情况：用户提出的是自己的解决方案，而不是原始需求。

甄别伪需求有如下方法。

第一是多问几个"为什么"。为什么要更快的马？因为想要更快地到达目的地。

第二是实际观察用户碰到了什么问题。在不干扰用户操作的情况下，去观察用户在操作过程中，哪一步他皱眉了，哪一步他有疑惑了，他的行为比他的话语更有说服力。

2. 需求有先后

用户的需求总是无限的，而我们做产品时的资源是有限的，所以当拿到需求时，通常需要做两件事情：

（1）去除不需要做的需求；

（2）对需求排优先级，评估是否分阶段开发。

小米公司决定要做手机的时候，一上来不是投入大量资源做手机，而是聚焦在软件上，而软件上有很多功能，他们就聚焦在通话上。有很多人做产品的时候，总想着功能越多越好，但会有两个问题：

（1）资源是有限的，如果做多了，很难做精；

（2）功能太多，用户会迷惑。

为什么总有产品经理喜欢做大而全的产品？

其实是因为产品经理不自信，通过这种产品功能的堆砌来掩饰自己在思考产品定位上的懒惰，模糊产品定位，或者幻想着万一有个产品功能用户很喜欢，从而成为爆品。但无数的血泪史告诉我们，消费类产品如果企图满足用户很多需求，最后往往每个功能都会比较烂。

3. 需求有场景

产品经理另一个要时刻记在心里的词语是"场景"。

产品的功能是满足用户需求的，而需求大多是在场景下产生的，所以在定义功能的时候，需要实际地考虑用户的使用场景。

比如一个家用摄像头，如果考虑是室内使用的场景，那在设计上就不需要过多注意防水设计；如果是室外的，增加一个物理通话按键的话，就很鸡肋，用户不可能每次爬上梯子按一下。所以产品的功能是在场景下产生的，我们在对产品功能有疑惑的时候，可以代入到用户的实际使用场景中去验证。

2.1.3　客户需求分析

我们应认真思考如何有效地寻找用户需求和痛点，以助力创业者、产品经理更好地洞察用户，提升产品或服务的质量。

要挖掘出用户需求、痛点，我们的第一步应该明确用户任务，即通过分析用户，洞察用户任务、需求以及需求背后的阻碍。

1. 拆解任务

用户任务可能包括多个子任务，每个子任务对应不同的需求。因此，通过将用户任务分解为更具体的需求，能够更好地理解用户期望，从而有针对性地设计和改进产品。

（1）任务分解。

将整体任务分解为更小的子任务，以便更细致地理解用户在执行任务时的各个步骤，如图2-3所示。

图2-3　任务分解步骤示例

（2）用户旅程图。

创建用户旅程图，描述用户执行特定任务时的每一个步骤、互动和体验，以便更好地理解用户需求和痛点，如图2-4所示。

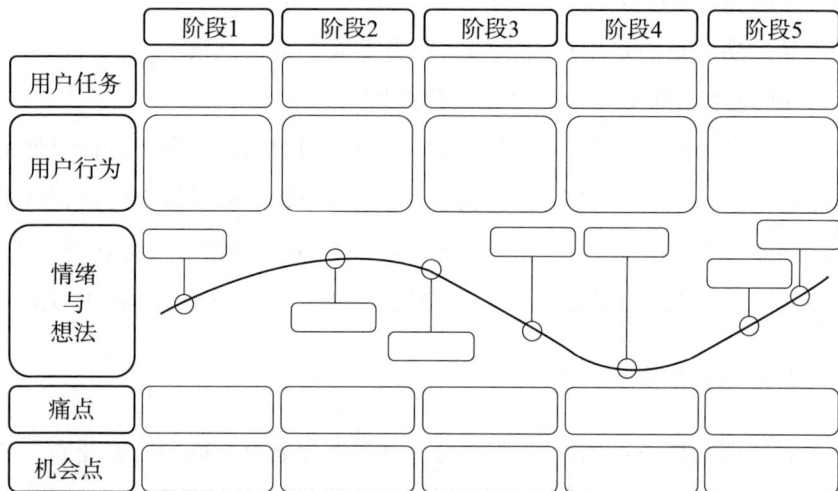

图2-4　用户体验地图

（3）分析场景。

确认任务所在的使用场景，分析用户在每个场景下执行任务的行为和需求。

（4）判断任务重要程度。

罗列需求列表，根据产品自身条件和重要程度，判断任务的重要或紧急程度。

2. 洞察痛点

洞察用户痛点不仅仅依靠对社会、行业和目标群体的观察与经验，还需要通过系统性的方法，梳理出用户的需求脉络，从过程中寻找用户完成任务的阻碍、风险和不想要的结果。

（1）定性分析。

定性分析确定用户痛点，采取观察用户行为、收集用户反馈意见、开展用户访谈、绘制用户旅程图等方式深入地了解用户痛点，为产品优化提供依据，助力产品更好地满足用户期望和需求。

（2）定量分析。

如果用户痛点对用户来说很轻，用户很可能自己就忽略不计了，导致的后果就是用户不会为这个痛点付费。

所以，需要通过定量分析确定用户痛点的严重程度，并以此衡量痛点是否需要被解决。

通过 A/B 测试（为同一个目标设立两个方案，让一部分用户用 A 方案，另一部分用户使用 B 方案，记录用户使用情况，看哪个方案更符合设计）、设置关键事件、问卷调查等方式，量化分析和统计用户的行为、满意度等数据，识别出痛点的严重程度，助力决策产品改进方向的优先级。

（3）用户任务、需求、痛点间的关系。

用户任务通常是用户为实现特定目标而进行的活动。

用户需求反映了用户对产品或服务的期望，用户任务驱动着需求的产生。

用户需求的满足程度直接影响用户的满意度，而痛点则是用户需求未被满足的具体表现，如图 2-5 所示。

用户任务、需求和痛点之间形成一个循环反馈的系统。用户在执行任务时可能发现需求未得到满足或遇到痛点，而解决这些问题又直接关乎用户任务的顺利完成。

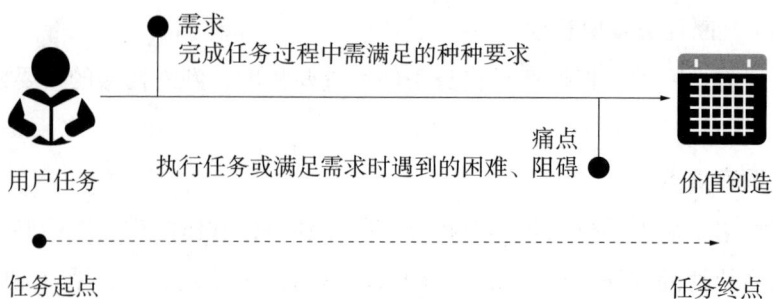

图 2-5　用户任务逻辑

因此，产品经理需要不断地循环分析这些关系，持续进行产品优化。

2.2　需求来源

在进行需求收集之前，先确定需求的来源。一般来说，需求的来源分为产品规划类需求、业务类需求、用户反馈类需求、市场及竞品需求、个人假想或观察。

2.2.1　产品规划类需求

应根据公司的战略方向、产品定位来制定产品规划类需求，从市场大框架来梳理产品架构，知道这个产品的目标是什么，产品边界在哪里。

在整个规划过程中，应不断优化、完善和调整产品架构图，可按三个层级梳理。下面以客服即时聊天系统为例来加以说明。

第一层，按照角色来判断梳理，客服即时聊天系统可以分为客户端、客服端以及运营端，主要解决客户能否及时找到客服人员的问题。

第二层，梳理各角色涉及的模块。客服即时聊天系统包括与客户对话的 H5 聊天页面（一种基于 HTML5 技术开发的移动端网页）、客户信息管理、对话管理、基本设置等。

第三层，针对各模块梳理大致要点，如对话管理可以分为在线对话、等待接入、传送对话、响应传送、结束对话、等待评估、客户评估、历史对话、常用语管理等，逐层拆分需求后，把产品架构图整理绘制出来。

2.2.2　业务类需求

1. 需求分析原则

需求来源于业务。在某些阶段应该站在业务架构的角度来识别与梳理这些已经筛选过且分类的需求。此时，我们要遵循原则，如图 2-6 所示。

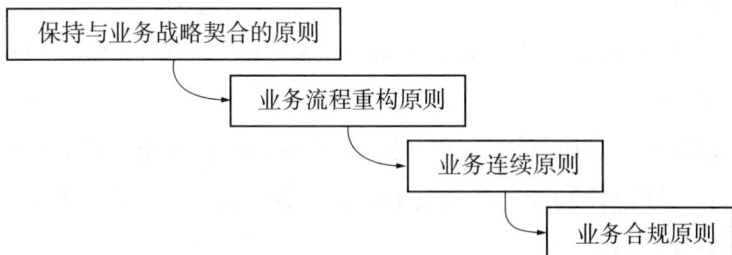

```
保持与业务战略契合的原则
        ↓
     业务流程重构原则
            ↓
        业务连续原则
               ↓
           业务合规原则
```

图 2-6　业务需求原则

需求是要满足业务的，业务则要满足企业的战略规划。每个需求实现时，流程可能会受到影响。我们不能故步自封，要敢于打破旧的流程，通过优化重构来寻求最好的解决方法，但前提是要保证业务连续性，不能出现"孤岛"现象，最终适得其反。

最后，要从企业规范、财务原则、信息安全等角度保证需求方案的合规性。

当接触到新业务时，在梳理业务流程时，收集业务类需求，首先要理清最基本的业务组织架构图，通过组织架构图理解管理体系和职能单元的设计，以及后续规划，然后通过用户调研，梳理出目前的业务运作流程。

在业务流程里，第一个基本元素就是角色。有了角色才会有分工、有协助，才能完成其价值目标。其次是活动，即每个角色都会有具体需要做的事情。当每个角色有了具体的活动，就会有产出，最后达成一定的目标。

2. 需求调研步骤

对业务类需求，最好的方法是轮岗参与业务环节和用户调研。对用户调研，运用需求调研五步法。

（1）先明确调研目标，了解业务模式和业务特点，了解业务目标和业务规划，了解当前业务运转方式，然后挖掘当前问题与痛点。

（2）选取调研对象，根据业务组织架构，选择每一个节点的关系人。

（3）设计调研大纲，根据调研目标和调研对象，针对每个相关人设计不同的问题。

（4）执行调研计划，提前将调研大纲发给被访者，以便被访者先大概了解访谈内容，提前准备。在访谈过程中，还应该循序渐进。在调研结束后，与被访者保持联系。

（5）总结归纳输出，对访谈内容进行整理，输出用户访谈记录表。

3. 场景分析

在此过程中，采用全场景分析法，即谁在什么情况下，在什么时候，带着什么目标，通过什么途径，采取了什么样的行动，完成什么样的目标，具体可拆分为以下几步。

（1）场景要素。

（2）梳理出尽可能详尽的业务流程。

（3）基于业务流程找到对应的全场景。

（4）基于全场景找到对应的用户需求。

（5）确定边界，也就是确定哪部分场景需要系统支持，哪部分场景不需要系统支持，哪部分场景需要"手工＋系统"支持。

这样，业务类需求基本就能提取出来了。

2.2.3 用户反馈类需求

根据用户反馈的需求优先级整理成用户需求池。用户在提需求的时候，经常会按照他们平时的工作习惯，直接给出解决方案，让你按照他们提的方案进行修改，那么这个需求到底该不该做呢？

我们不能只做需求的传递者，而是要做一个需求解决者，利用五步法深挖需求。

（1）是谁。

提出人是谁？使用人是谁？受影响人是谁？

（2）想要做什么。

明确基本场景：是谁想要解决谁的什么问题？这个问题中有需要进一步

细化和明确的概念吗？发生频率有多高？

（3）了解需求背景。

多问"为什么"：核心问题（痛点）是什么？强烈程度如何？实际价值是怎样的？

（4）是否有更多的可能性。

横向替代场景是什么？纵向互补场景是什么？把该有的功能点都列出来，看是否有更多的细分场景。

（5）如何解决。

要解决这些问题，有哪些可行的解决方案？这些方案实现的成本有多高？你觉得哪种方案最适合？该解决方案对用户而言有什么优缺点？有没有其他需要挖掘的需求点？

把这些问题进行场景化描述，问题一一确认完毕后，这个需求就能确认并纳入需求池中了。

2.2.4　市场及竞品需求

首先深度体验竞品功能，梳理出功能清单，体验竞品模块的功能流程和用户路径，再看该模块和其他模块产生的交互点。了解竞品模块后，再根据自己产品的实际使用场景来梳理可以借鉴的点。对竞品分析，重点还是要从产品使用者的视角，挖掘出更多的用户痛点。

将需求收集完毕后，接下来要进行需求管理。需求分为功能性需求和非功能性需求，功能性需求包括业务需求和用户需求。然后对需求优先级排序，一般运用 RICE 原则和价值成本模型，制订需求版本迭代计划。

RICE 原则：

（1）Reach（触达）：多少用户提出来的；

（2）Impact（影响力）：对用户的价值有多少；

（3）Confidence（信心）：产品经理的信心；

（4）Effort（努力）：标准化的难度和研发成本。

需求排期都是在综合分析后作出的决策，并不是单一的分析，看的还是产品经理的经验和能力。

2.2.5　个人假想或观察

1. 从有效抱怨中找需求

有效抱怨有如下特点：

（1）目标明确：聚焦具体问题，提出可执行的解决方案；

（2）理性沟通：情绪稳定，用事实和数据支撑观点；

（3）尊重对方：避免人身攻击，寻求共赢结果。

案例分享

场景：顾客在餐厅就餐时，发现菜品未熟且服务员态度敷衍。

有效抱怨：向餐厅经理反映："您好，我点的牛排中心还是生的，可能烹饪时间不足。另外，刚刚向服务员反馈时，他直接离开未回应。能否请厨师重新处理牛排？同时建议加强服务培训，避免类似问题影响体验。"

结果：经理道歉，重新烹饪牛排并免单，承诺改进服务流程。

关键点：描述具体问题（牛排未熟、服务态度）；提出明确诉求（重做菜品、改进服务）。

有效抱怨的核心是"对事不对人"，通过结构化表达将问题转化为行动指令。无效抱怨则因情绪化和模糊性，浪费双方时间且难以解决问题。掌握有效抱怨技巧能显著提升问题解决效率。

2. 用心理反应法找需求

我们每个人都有自己的兴趣点。

如何发掘自己的兴趣点呢？答案是采用心理反应法。

一般情况下，如果你觉得自己对什么都没有兴趣，找不到自己的兴趣点，通常来说有3种可能性：

（1）你抑郁了，对啥都提不起兴趣；

（2）你气血循环不好，身体亚健康了，导致你啥都不想干，不是想坐着就是躺着；

（3）你没用心挖掘自己的兴趣点。

如果是前两种情况，我建议你找医生。

如果是第三种情况，你可以试着用下面的心理反应法来找到你的兴趣点。

所谓心理反应法，就是你要时刻留意自己内心微小的变化点，经常留意自己内心的变化、情绪的变化，找到那个可以让你内心舒服、宁静的瞬间。

别小看这个点，虽然稍纵即逝，但对你非常重要。

找到这个点之后，你可以马上记录下来，然后往前推，看看是什么事情让你开心、让你沉浸，这个事件可能就是你的潜在兴趣点。

当然，可能你要收集很多个点，才能找到真正的兴趣点，因为并非每个事件都可以成为你的兴趣点。

假设今天你休息在家很无聊，然后站在窗台边，发现你曾经种下的玫瑰开花了。你看着那朵花入了迷，觉得挺漂亮的。

恭喜你，在你看着花的那一瞬间，你进入了心流状态，请你马上把这个瞬间记录下来。

请你静下来仔细思考一下，你是对种花这个事情感兴趣，还是对玫瑰从种下到开花的过程感兴趣，还是仅仅对看着花，感觉花在当下这么漂亮更感兴趣？

因为这又可以延伸出几个方向，这可能就是你的兴趣点。

如果一两次后还是没有找到这个点，那么就多记录几次。

这个例子说明，其实这类心理状态会在很多情况下产生，有可能是你看某类书籍的时候，有可能是你做某个动作的时候，甚至是某个你陪孩子学习、玩耍的时候，都有可能，请你抓住这个瞬间，马上记录下来。

这个方法非常简单，可帮助找到自己的兴趣点。

同理，你也可以用这种方法找到产品的兴趣点，从中寻找灵感，你应该马上就能延伸出多种产品创意。

3. 从痛点上找需求

其实痛点有很多，每天都留意一下产品消费者的行为或投诉，挖掘出他们觉得痛苦的点，背后都能代表一大群人的需求。

例如，因为你上班坐着的时间比较长，每次久坐站起来的时候膝盖会疼。

可能你觉得这没什么，只是一件很小的事情，走一会儿就缓过来了。但是对这种情况进行深入分析，可能是因为久坐导致血液长期循环不好，也有可能是膝关节炎症，甚至半月板出现损伤，如果不干预会越来越严重。

对大多数办公室的人来说，都不愿意运动，也缺乏运动。怎么直接解决这个问题呢？

可以用膏药辅助改善膝盖的血液循环系统，然后把药食同源的材料做成茶包……

如何用辅助的方式解决这一系列问题呢？

相信通过仔细研究会有一套系统的解决方案。推而广之，这可能就是产品设计或升级的机会。

在你身边隐藏的痛点和需求太多，只是你没有用心地找到一个问题，深挖一个痛点而已。

2.3 需求调研

需求可以通过用户研究方法来得出，常用的用户研究方法如下。

（1）情景访谈：走进用户的现实环境，了解用户的工作方式、生活环境等情况，以用户心理体验客户需求。

（2）焦点小组：组织一组用户进行讨论，了解用户的理解、想法、态度和需求。

（3）单独访谈：组织一对一的用户讨论，了解用户的感受、想要什么及其经历。

（4）问卷调查：利用线上和线下将问题向用户发放进行填写，从而收集用户对产品的反馈意见。

（5）任务分析：通过任务分析了解用户使用你产品时的目标和操作方式、习惯。

（6）内容化：对产品进行内容上的整理、优化，让用户更容易地了解你所表达的内容。

2.3.1 需求与调研

1. 用户调研的误区

用户调研，是一种吸引人的、高效的用户体验的方法，是一种要求调研人员通过调研领域工具收集问题、分析问题、总结问题的方法。

其中，设计师要以用户体验为中心的理念围绕用户使用产品完成什么工作、希望什么工作和需要什么技能这 3 点提问，并根据用户反馈信息来优化产品交互界面和 UI 界面（软件的用户界面），如图 2-7 所示。

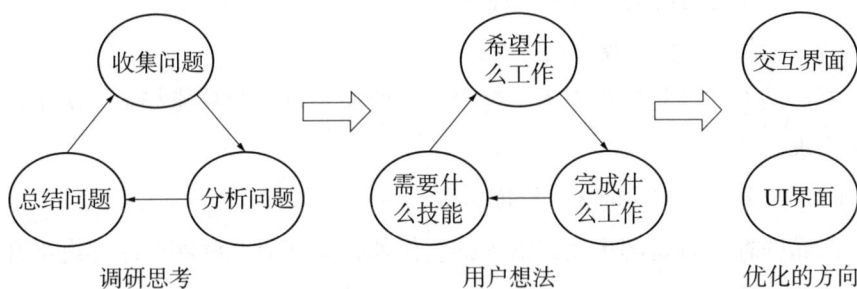

图 2-7　用户调研逻辑

市面上研究用户的方法主要分为通用基础类和进阶自由类两类。在这两类中又会细分出多种表现形式，如图 2-8 所示。

图 2-8　研究用户的方法

很多初次调研的人都会认为调研的目的是拿到用户的反馈结果，所以调研人员往往只要拿到调研结果就会认为自己已经成功完成了调研任务。

然而，拿到用户的反馈结果只是调研的第一步，最重要的一步是学会怎么透过现象看本质，即洞察产品的问题，清楚知道用户的需求，初步构建产品升级方案。

2. 好产品 3 要素

（1）产品是如何出现的。

人的需求和产品存在什么关系？一个好产品需要具备什么特点呢？

首先，要从需求的载体入手。产品是为了解决问题（需求）而创造出来的解决方案。比如大家想便捷地预约出租车（需求），所以有了网约车（产品）；大家想在家就吃到饭店里卖的美食（需求），所以有了外卖（产品）。由此可见，产品是为解决需求而出现的。

（2）产品为了解决需求而存在。

好产品的共性是解决需求。综观一个产品，每一个功能都是解决用户的一个需求。

（3）区分产品需求的 3 个维度。

产品的存在就是解决用户需求的。例如，大部分互联网产品都离不开产品本身的两个需求：怎么获取更多的用户并让用户使用我们的产品？当我们的产品到了有用户有流量的阶段，产品用什么方法进行盈利？横向地看，有以下 3 种概念，能帮助我们区分产品需求的 3 个维度，如图 2-9 所示。

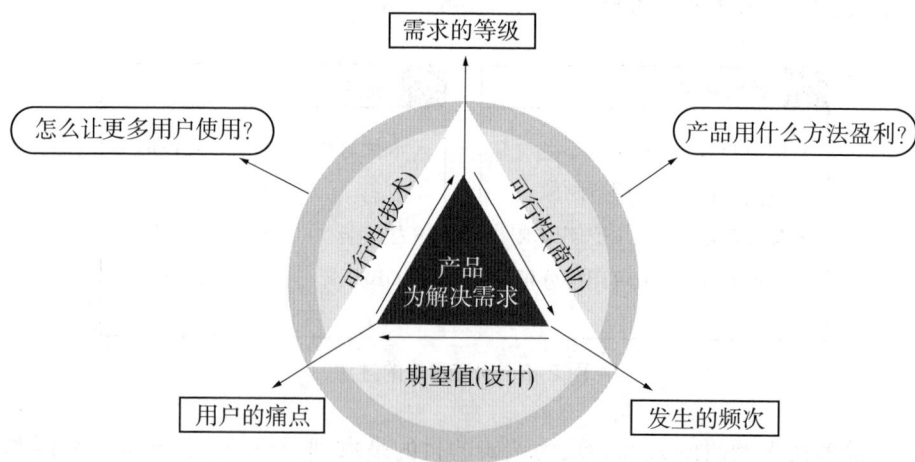

图 2-9 产品需求分析

需求的等级：刚需是相对于弹性需求而言的，弹性需求是指不是必须要实现的需求，是为了增强用户体验感而添加的需求；与之相反，刚需则是用户必须要满足的需求，从字面解释就是用户不可或缺的东西或者必须要做的事情。

发生的频次：是指用户想实现的一个需求欲望在一定周期内的频率。

用户的痛点：是指用户在解决自己需求时产生的困难，也就是用户没有使用我们的产品时，用户用他自己的解决方案来解决自己的需求时所带来的困难。

要做一个好产品，就要拆分产品的需求，考虑在技术角度能否实现，在商业角度是否会盈利，在设计角度是否满足用户的期望。那怎么把产品的需求拆分为用户的需求呢？

3. 产品需求和用户需求的关系

如果把需求纵向按照表面至深层次分类，可以分为 3 种，即边缘需求、次要需求、核心需求，如图 2-10 所示。

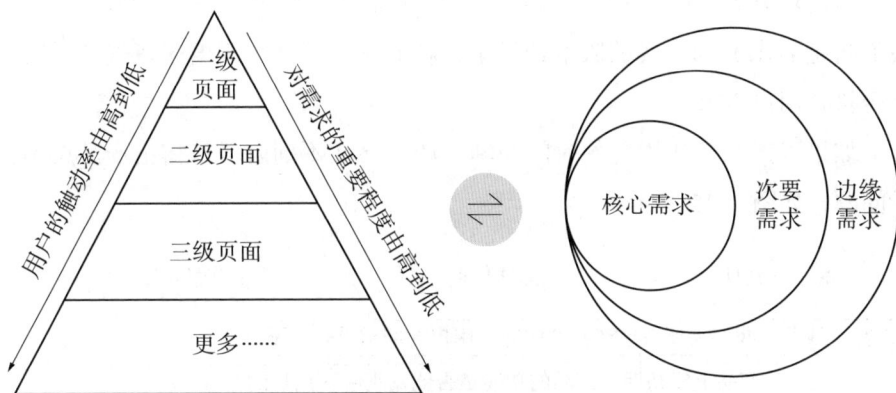

图 2-10　产品需求和用户需求的关系

整个产品的生态链条按照类型可以把用户分为流失用户、不活跃用户、回流用户、活跃用户、忠诚用户。

如图 2-11 所示，可能用户和需求之间没有关系。图中并没有涉及用户的分类，那是因为用户单独存在于产品中是没有意义的。换句话说，用户和需求产品关系对产品才有意义。比如，从和需求产品关系的角度讲，我们可以把用户分为 3 类：所想所说（明显的）；行为、使用（隐性的）；所知、感觉、梦想（潜藏的）。

图 2-11　需求产品关系

对需求分类、用户分类、需求与用户关系这 3 方面有一点清楚的认知后，我们再把需求放到真实的版本迭代中，就能从以下几个维度来审查产品需求是否符合用户需求。

如果以产品迭代周期的时间为轴，产品会在不同阶段暴露出产品层不同的问题，如图 2-12 所示。

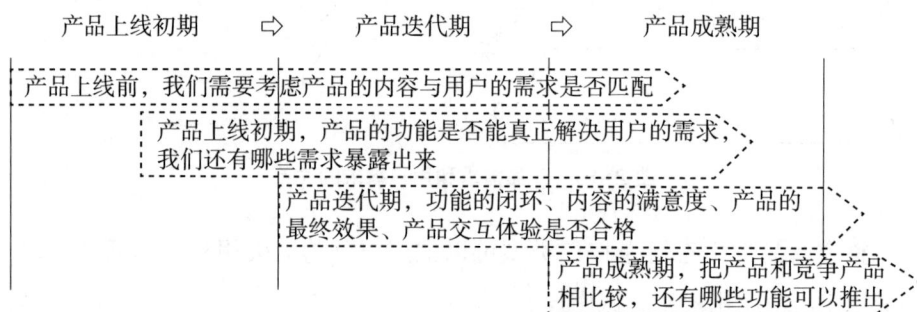

图 2-12　产品的迭代问题

综上所述，产品在不同阶段会出现不同的用户需求，不解决上一个阶段的需求,产品就很难进入下一个阶段。那么重点在哪里?我们要解决产品需求的第一步就是了解需求,但是在实际工作中,我们接收到的需求很可能并不是用户真正的需求。

4. 惯性思维可能是伪需求

惯性思维是指随着日积月累,大脑潜意识已经形成的定型化的思维路线、方式、程序、模式,不用大脑思考,潜意识就会做出相应的反应。

如果我们想做体验好一些的产品,产品功能直接按照用户的惯性思维设计就可以,不用再做产品的改版了。这样思考虽然看起来在逻辑上是通顺的,但是在实际工作中却是不可取的。

因为用户数量庞大,用户接受的教育程度也是不同的,所以不同的用户会拥有不同的惯性思维。换句话说,我们不能把惯性思维用一个公式来代替,因此,我们的产品也不可能用一个定式来设计。

在调查需求时,惯性思维有时会导致用户表达的需求不是自己的真实需求。如果说用户的惯性思维像迷雾,那么用户调查就是拨开这层迷雾,了解用户的真正需求。行业里有关于需求理解的经典例子,如图 2-13 所示。

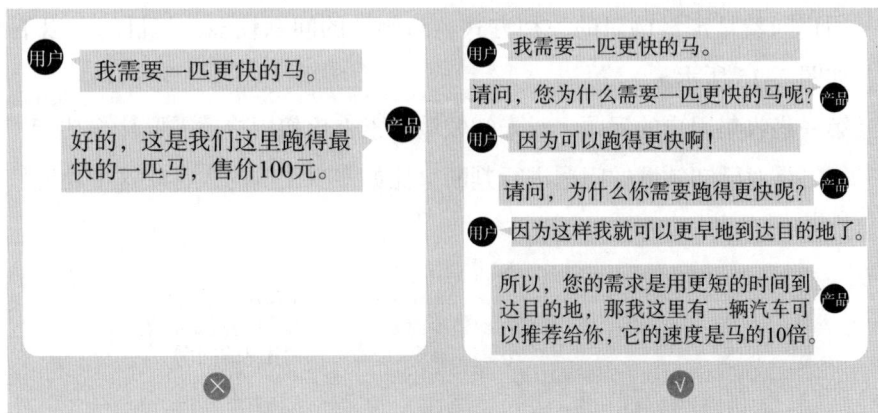

图 2-13 需求挖掘案例

正所谓"洞察人性,以己推人"。充分利用同理心,把自己变成用户,用用户的方式去思考,把需求的真正痛点剖析出来,避开惯性思维给我们传递的用户伪需求。

5. 了解封闭性问题和开发性问题

有人会说，产品还没有上线，没有流量，那用户调研就没有意义，针对从0到1的产品做用户调研是不现实的，因为没有用户可言。其实不是这样的，我们可以通过对竞品用户调研的方式来收集用户的问题，如图2-14所示。

图 2-14　调研方式与流量关系

对已经有流量的产品，调研的方式有很多，除用户问卷和用户访谈两种方式外，还可以通过分析产品中的流量波动来洞察用户的需求。

那么，什么时候使用用户问卷，什么时候用用户访谈深挖需求呢？

2.3.2　问卷调研设计

1. 用户问卷

用户问卷是定量调研的一种方式，封闭性的问题较多，其目的有以下两个，如图2-15所示。

第一是收集用户的问题，对未知领域探索，比如用户还需要什么功能。

第二是对已知领域的问题进行判断，比如多少比例的人喜欢这个功能。

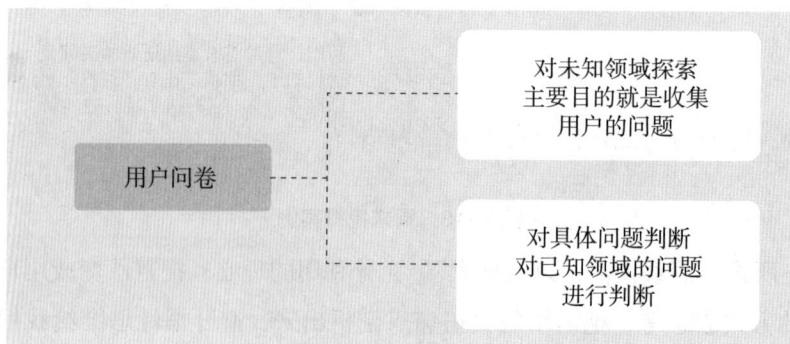

图 2-15　用户问卷

一般情况下 10 ~ 20 道题目是合理的。因为题目设计太少可能达不到问卷的目的，而设计太多的话，用户回答后可回收的有效问卷样本会较少。

2. 如何设计调研问卷

（1）制作问卷的 6 个思考维度。

在调研问卷的投放及回收活动中，设计人员参与的工作相对较少，主要集中在最初的调研问卷设计环节。

一般调研问卷设计之前，设计人员要思考：我们需要调研什么内容，针对设计方案的哪个部分？目标用户是谁，有哪些硬性要求？为了在用户问卷设计阶段获取更多信息，要本着以下 6 个思考维度进行问卷设计。

①明确主题：围绕一个主题发问，主题要清晰明确。

②结构合理：设计的问题要有结构性的体验，逻辑性要强。

③通俗易懂：问卷的文字表达要让用户容易理解。

④问卷长度：要控制问题的长度，数量控制在 10 ~ 20 道题。

⑤投放时间：要选择用户经常使用产品的时间进行精准投放。

⑥划定范围：在投放前后，要记录分发了多少份问卷，回收了多少份问卷。

（2）调研问卷的结构梳理。

调研问卷都要问什么具体问题呢？在这个阶段，设计人员应主要思考：

①需要调研什么内容，针对的是设计方案的哪个部分？

②目标用户是谁，有哪些硬性要求？

一般问卷的内容涉及品牌认知、满意度、忠诚度、使用偏好、用户结构和追踪信息 6 个方面的问题。

①品牌认知：对产品品牌的熟悉程度。

②满意度：一般包含整体满意度、不同维度、满意之处、不满意之处等。

③忠诚度：复用意愿。

④使用偏好：设备偏好、内容偏好、使用动机等。

⑤用户结构：人口学角度、使用时间、活跃度。

⑥追踪信息：用户账号、联系方式。

2.3.3　用户访谈是最直接的调研方法

1.用户访谈

用户访谈是设计人员直接参与的一个环节，是定性调研的一种方式，开放性的问题比较多。

用户访谈最常用的方法有以下两种。

一种是可用性测试，即向用户询问一系列预定问题，如果在观察后使用，则为自由形式的问题，然后根据他们的答案作出进一步的决策。

另一种是情景访谈，即参与者在日常环境中模拟平时使用产品的场景，然后再根据场景中用户的行为反馈，发现用户需求。

两者区别如表 2-2 所示。

表 2-2　情景访谈和可用性测试之间的差异

	情景访谈	可用性测试
研究设计（早期草图、原型）	无	有
用户行为数据	无	有
	用户在采访中报告他们的信任和看法	研究人员观察用户的行为
自报告（某些）数据		有
	有	在用户测试中，研究人员的发现不仅基于人们的所作所为，还基于人们的言论
参与者必须与很多人交谈才能使研究有效	是	否
	访谈依顺用户提供意见，回顾事件并进行讨论	一个可用性测试可以提供信息，即使用户没有多说话
主持人/采访者与用户保持正常的眼神交流	是	否
	面试官经常面对用户或坐在他们旁边，看着他们，好像他们正在交谈	可用性测试主持人会避免与用户直视，坐在用户旁边或后面一点，理想情况下，用户应该暂停怀疑并采取行动

	情景访谈	可用性测试
主持人与参与者之间建立了牢固的关系	是	否
	采访者通常需要与用户紧密地绑定在一起以获取信息	在会话设置中，主持人要保持中立，不能暗示或提示

用户访谈是由设计人员与研发人员一起共创问题，设计访谈思路，构建访谈大纲，之后在采访过程中，一个人负责向被访谈者提问，另外一个人负责对访谈进行记录，结束访谈后共同对访谈内容进行梳理的一种方式。

用户访谈过程 6 个步骤如下。

（1）申请录音许可：在记录采访前向用户询问权限。

（2）感到舒适：为了获得高质量的访谈，确保受访者对访谈者感到满意。

（3）按照问题大纲：在访谈中提问列表问题，谈话内容与主题相关。

（4）开放式问题：充分让用户说明或解释，切勿以"是"或"否"的答案来解决问题，否则会导致答案不够深入。

（5）允许沉默：允许用户沉默思考，给予充足时间思考后再回答，不要着急。

（6）保持中立：如果用户不喜欢任何回应，也不要作出强烈反应。

2. 调研的目标和流程

（1）调研目标。

在用户调研初期，要思考此次调研的真正目的到底是什么，是为了项目成功地验证，还是为了进行市场探索？

明确调研目标可以让调研更有针对性，否则做调研就失去了方向，调研也就没有了意义。

例如，B 端（企业端）产品的调研目标是项目验证，即搞明白用户在真实场景下遇到的真实问题到底是什么。

由于 B 端业务链路比较长，角色比较多，业务模块之间的功能关系复杂，所以调研首先要划定一个范围，避免重复性提问或跑题提问，造成用户不耐烦的情况。如果定好了调研目标，就可以避免在调研过程中偏离主题，提升用户配合调研的积极性，确保调研结果真实有效。

（2）调研构思。

调研前的构思其实就是一个访谈目标的再延展。我们可以思考几个问题，比如本次调研的范围是公司产品的一条业务线，针对这次调研活动，前期展开构思的讨论主题有以下几个方面。

①调研的目标，即此次调研想要获得什么结果，要围绕哪条业务线进行调研。

②调研的对象，明确指出都有哪些用户是这次的调研对象。

③调研的问题，这是重点，把围绕调研目标的问题梳理清楚，并且把这些问题结构化地整理出来。

④调研的方式，即调研的前期、中期、后期都采用什么办法收集问题、整理问题，需要什么资源才能推进调研的进行。一般在头脑风暴的思考或讨论阶段重点构思的还是调研前期，调研问卷的相关信息，设计多少个问题，怎么设计等逻辑问题。

⑤调研的环境，即打算把用户约到公司来，还是到客户公司去，或者是到外面的咖啡馆去访谈，以及需要高层提供什么样的资源等。

⑥设计访谈脚本。访谈一般以比较轻松、愉快的方式进行，为了不使访谈者和被访谈者之间讨论的话题偏移调研目标，前期应该围绕调研主题进行一些用户体验问题梳理。

⑦访谈技巧，就是预设用户思维的模拟。用户一般是有惯性思维的，其实用户还有其他思维方式，比如用户为了不伤害被采访者的自尊心，反馈的问题不是那么尖锐。所以，要提前预设一些问题，利用用户的反向思维方式，深挖出用户的痛点和机会点。

⑧调研的结果。收集完用户的反馈，只是调研的开始，最重要的就是对问题的梳理：哪些问题对这次调研结果是有价值的？有价值的信息之间是否存在逻辑关系？如果改动一个功能，会不会影响其他业务模块的功能逻辑？如图 2-16 所示。

逻辑框架的整理　　　　对访谈环境的模拟

前期(一)　　前期(二)　　中期　　完成

目标　对象　问题　方式　环境　脚本　技巧　结果

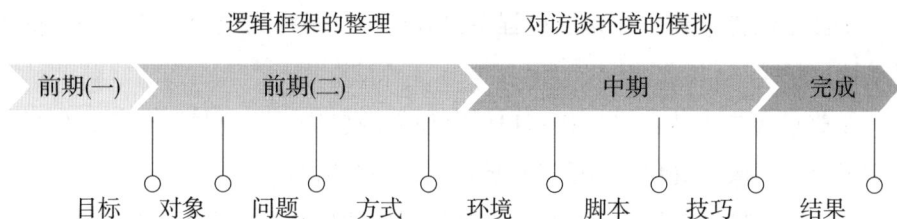

图 2-16　调研构思

（3）调研流程。

流程设计是对调研在时间排期上的规划。调研流程其实没有很明确的要求，但可以参考以下流程去设计，如图 2-17 所示。

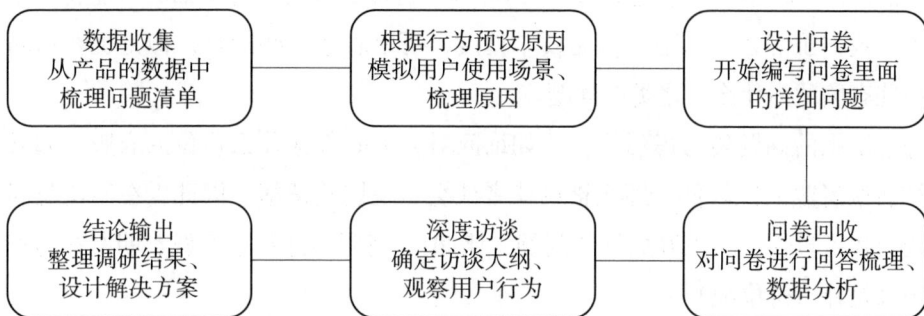

数据收集
从产品的数据中
梳理问题清单

根据行为预设原因
模拟用户使用场景、
梳理原因

设计问卷
开始编写问卷里面
的详细问题

结论输出
整理调研结果、
设计解决方案

深度访谈
确定访谈大纲、
观察用户行为

问卷回收
对问卷进行回答梳理、
数据分析

图 2-17　调研流程

如果公司有专门的用户调研部门，那参与整个流程的将会是用户调研部门参与者，他们将会共同决策以上流程的内容，并且根据行业的特性和公司资源进行调研流程调整。

如果公司没有专门的用户调研部门，调研工作的参与者将会是产品相关人员和设计师。调研工作流程就是快速地决策调研目标，快速建立用户画像，针对画像进行调研问题梳理，得出最终结论。

3. 用户访谈设计

（1）用户访谈的前期准备。

在用户访谈中，最重要的是让被访谈者感到舒服。只有和被访谈者建立融洽的关系，才能获得更多有关产品和用户的需求点。访谈技巧如下。

①提前进行互动：在采访之前，先进行一次视频或者电话通话。

②注意眼神交流：在访谈过程中要有点头、眼神的交流，切忌一直低头做访谈记录。

③尊重客户表达：尽量让用户说完他们的想法，不要打断他们，如果用户有思考，请保持沉默，不要过早地进入下一个话题。

④语速尽量保持匀速：不可语速过快，给被访谈者造成压力和焦虑。

⑤保持真诚的态度：不要迎合客户，因为过度的表演只会显得比较虚伪，让被访谈者产生不良情绪。

⑥调研目标要明确：善解人意要有度，比如被访谈者回答一个问题时已经表现出很沮丧的情绪，作为一个善解人意的人可能会说："对不起，是我们产品的问题，浪费了您这么多宝贵时间。"这样回答后，这个话题可能就终止了，我们虽然善解人意，但是要掌握度，可以表达一些歉意，但是也要追问一些有关"为什么"之类的问题。

⑦问的问题要考虑后果：比如询问对方平时都穿什么价位的衣服。如果被访谈者收入比较低，那么被访谈者就会出现尴尬情绪。因此，在问这类问题时候可以换成更加开放性的问题，比如："请问，您身边亲戚、朋友穿的衣服都是什么价位呢？"

（2）访谈排期。

地点：由于在用户访谈中会提问一些开放性的问题，所以用户所在环境应当是让用户感到放松的环境，利于访谈顺利进行，比如办公室、咖啡馆等。

时间：每个行业都有相应的工作时间，所以在电话预约访谈用户的阶段，就要考虑这些行业特点，避开访谈者忙碌的时间。

备选名单：在实际调研中经常会碰见用户回答"不清楚，不知道"的情况，此时后面的问题就很难展开。为了提高工作效率，避免访问资源的浪费，在访谈初期，就应准备被访谈的备选人员名单，如果被访谈者不配合可直接进入下一个被访谈者流程。

任务排期：为了每一个时间节点都可以调动起被访谈者，可以制作一个用户到访的表格，对所有的用户进行到访日期的排序，同时也可以记录哪些用户进行了访谈调研，哪些用户没有进行访谈，并记录是出于什么原因没有到访。

在安排采访时，最好在每次采访中间留出 30 分钟左右的时间，这样可以有一些时间来记录用户的想法，同时也让自己保持良好的精神状态。

（3）怎样筛选目标用户。

招募的方式以"线上 + 线下"为主，通过微信、QQ 等社交软件对产品的用户进行招募，询问其是否愿意参加用户调研。

①招募足够数量。首先要选择高度活跃用户，例如网络调研的用户可以是首次注册时间和形成习惯之间存在一定时间间隔的用户，选择几个不同的间隔时间，可以是几周或者是控制在一个月内经常使用产品的用户，联系他们，询问是否愿意参与用户访谈。

第一种情况是自己身为负责人自发地启动这种活动，那么在询问的过程中可以给用户一些奖品激励，如公司的礼品或者纪念产品，也可以直接送优惠券。

第二种情况更为简单，就是公司委任，比如 B 端行业向部门最高领导进行申请，部门领导会直接传达给线下部门领导进行接待，当然这种访谈形式也属于线下一对一访谈，就是要直接找到相关的产品使用用户。

②确定目标用户的类型。明确产品目标用户是非常重要的，清晰的目标用户会让用户调研事半功倍。

在目标用户确认后，也要在细分用户时保证样本的均衡性，因为不同的用户角色身份对使用 B 端产品的业务线不同。要确保影响调研结果的关键性因素都要有角色的涉及。

如果是增长类型的用户访谈，应该倾注精力在边缘用户与非用户身上。体验类型的用户访谈，才会把注意力放到已有用户身上，如表 2-3 所示。

表 2-3　不同类型用户访谈比较

	用户 A	用户 B	用户 C
（1）性别、年龄、职业、学历、目前所在城市	女，25～30 岁，上海，数据分析师	女，25～30 岁，广州，程序员	女，20～25 岁，在校学生

续表

	用户 A	用户 B	用户 C
（2）您目前在使用哪款 App 呢？	只用过 A 款 App	只用过 B 款 App	用过 A 款 App，还用过 C 款 App，广告太多，删了
（3）您是从哪儿知道这个 App 的？	豆瓣上，通过别人的使用经验，对比了几个后最终选择了 A 款 App，没选 B 款 App 是因为可以免费录入的单品数量太少了	公众号文章	从公众号的文章里知道，但当时并不想用，后来是想要构建胶囊衣橱才使用的
（4）当初这个 App 是什么地方吸引你下载使用的？	可以看到自己有多少衣服以及每件衣服的使用频次，还有穿搭记录	搭配功能	搭配功能，其他的功能比如记录衣服总数或者次数啥的倒可以用其他 App 代替
（5）您是从什么时候开始使用的呢，大概使用了多久，现在还在使用吗？	2 个月前使用的，使用了 1 个月左右的时间，现在没用了。每日穿搭记录太不方便了，所以没用下去了	使用了 3 个月左右，现在也没用了。一是只能录入 30 件不够用；二是之前的搭配如果删除了，与其关联的都会变成空白	大概用了 10 次，就没再用了
（6）您大概有多少件衣物，是把所有的衣服都录入了吗？	录入了四五十件，只录入了冬季衣橱	只录入了部分的衣股，目前有 50 多件衣服	录入了一部分
（7）在您录入单品时，App 有没有什么操作，是让你特别不爽想吐槽的？	通过淘宝搜索找类似的图片录入，拍图再上传，工作量还挺大的	在可接受范围，自己整理图片会有点麻烦	想构建胶蛋衣橱的想法很强烈，所以不太麻烦，可以克服
（8）如果录入的形式改成只填一个标题就可以创建单品，可以后期再上传照片，是否会更便捷呢？	对我来说并不会，录入肯定需要一定的工作量，还是更倾向于上传照片，这样更直观一些	会便捷，但是如果填一个标题就创建，后期很大概率不会再去上传照片	如果有的话挺好的。那样可以后期再上传照片

续表

	用户 A	用户 B	用户 C
（9）在您使用过程中，App 有没有什么操作让你觉得需要改进？	（1）衣服会丢失，数字显示但是图片不显示 （2）每日穿搭记录没有办法使用拼图功能，有这个功能但是点击没反应，这就要上传实际穿搭，增加了记录的难度 （3）不可以收藏自己得意的穿搭	日历记录穿搭的功能只能选择之前已经组合好的搭配，如果我想要今天临时组合，就实现不了，需要先去搭配那里组合一张，然后日历才能选择	（1）使用的时候很卡 （2）有保存不了的问题
（10）您愿意为一些功能付费吗？	会，但是我要确定好用才会去做这个投入。如果只是简单的功能点，一般在知道这个产品要收费就不会使用了，但是如果有更吸引人的功能，例如可以智能抠图，或者选衣服生成搭配图还可以加贴绣花边分享到社交网络这种，那我可以考虑	目前不会，最主要的搭配功能，伴随着我对衣服的极简以及了解，这部分就变得不那么必须了	愿意
（11）你身边还有人使用这些 App 吗？你会安利给你朋友吗？	不多，有几个；会推荐给几个朋友，不是所有人都感兴趣，有极简主义想法，不太会穿搭但又对穿搭有兴趣的人会比较爱用	没有；目前不会安利给别人，觉得不太符合我的需求	没有；安利给几个朋友，她们没使用，她们喜欢穿搭，但没有构建衣橱的需求，觉得麻烦

③筛选目标用户。可以在调研前期阶段，通过用户反馈的问题回答筛选出用户对产品的黏性，比如可以设置"请问你使用产品多长时间""你每天使用产品的频次是多少""如果换一个产品你愿意接受吗"等问题。

④特邀用户。特邀用户可以理解为产品使用的核心用户。这类用户最好

是产品的深度使用者或是某一个领域的资深测评人，从事媒体领域的相关人员，目的就是从更大的行业视野角度去审视产品的核心竞争力。一般而言，这类用户的信息渠道很广，观点具有前瞻性。

⑤培养用户。首先要明确在目标用户范围内进行用户的挑选，把目标用户的数量控制在 5 ~ 10 人。

一个产品从 0 到 1 的过程，很大程度上是需要一批种子用户（新产品的第一批用户）的反馈，而且这批种子用户在反馈阶段可以直接暴露产品的问题。对访谈来说，这是质量最高的一批用户。

在产品迭代的过程中，也要注意培养这批种子用户的依赖程度，因为他们是见证产品一点点变好的群体，对产品的迭代有一定的特殊意义。市面上使用这种培养用户的企业有很多，比如小米公司的手机产品，他们就会为小米粉丝建设一个社区平台，在社区平台上随便发布自己在使用手机产品的心声，用户就会对产品的迭代拥有参与感。培养一批种子用户，然后在他们身上不断收集产品优化建议，从而让产品迭代的需求真正贴近用户。

4. 用户访谈的问题脚本设计

用户访谈说白了就是和普通谈话一样，只不过访谈需要支付报酬，并且需要前期准备一些问题的脚本。因为用户访谈是一个定型的形式，会提问一些开放性的问题。这些脚本要围绕产品的使用过程、使用感受、品牌印象等话题进行问答。

按照访谈目的的不同，可将访谈分为结构式访谈、半结构式访谈和开放式访谈 3 类。

（1）结构式访谈。

访谈问题答案相对固定，比如："你喜欢什么颜色？""你对当前产品的满意度打多少分？"结构式访谈聚焦于特定的问题，能快速获取数据并为设计提供方向和指标。

（2）开放式访谈。

访谈问题比较开放，通常围绕某一主题展开深入的讨论，比如："你对此有什么看法？"开放式访谈能让用户详细地说出自己内心的真实想法，有利于挖掘用户潜在的需求和动机。由于问题的开放性，主持人在访谈过程中需要把控主题以免访谈偏离主题。

（3）半结构式访谈。

结构式访谈和开放式访谈结合进行，是用户访谈中比较常用的一种访谈方式。在整个访谈过程中，访谈问题会从简单到复杂，从具体到抽象，从行为到态度。前期的暖场访谈，一般会采用结构式问题，通过几个简单的问题了解用户的基本情况，同时也拉近与用户之间的距离，如表 2-4 所示。

表 2-4　访谈分类

结构式访谈	开放式访谈	半结构式访谈
涉及的问题会相对具体	了解基本情况，找出问题	有研究的框架脚本设计
拥有特定的问题设计	基本围绕一个问题深入讨论	可以随时新增访谈内容
访谈对象可随意表达自己想法	需要把控整体访谈的节奏	会用录音的形式进行记录
对象不会有更为深入的看法	有利于挖掘用户的需求和动机	可较为深入地了解用户的想法

5. 访谈提纲的结构化

访谈过程不是线性的，而是网状式的。所谓网状式，就是由一个问题出发引出多个问题，而这些问题之间会存在某种逻辑关系。当用户回答过多的重复性问题时，会出现不耐烦的情绪，影响我们最终调研的结果，所以在初期要设计访谈大纲，使访谈过程中的提问切合实际情景，具有清晰的逻辑关系。

重点关注访谈结构和逻辑，把访谈中的要点和还未访谈的要点提前梳理出来，由点及线解析出整体访谈线索，避免用户出现不耐烦情绪。

有什么简单的梳理问题结构化的方法吗？提问思路应该为"定义问题（产品定位）—询问细节（产品的亮点、风险/发生的概率）—演示步骤（机会点）"。比如，可以询问如下问题:?

您选择我们的产品的是要解决什么问题呢？/ 您是怎么使用×××功能的？

能告诉我具体的步骤吗？

这个功能您是否满意？

这个功能是否解决了您的问题？

如果涉及操作，您是否愿意演示一下给我看看呢？

如图 2-18 所示。

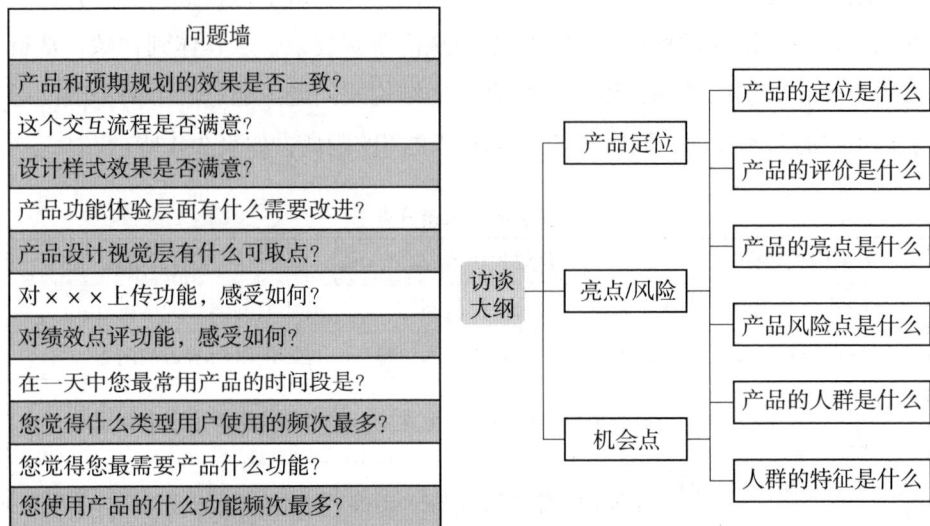

图 2-18　访谈结构

这些问题准备完毕后，最好预演一遍。可以在这个过程中模拟访谈的环境，把重点问题标记出来。评估所花费的时间长短是否合适，一般访谈的时长控制在 15~40 分钟，具体的提问技巧如图 2-19 所示。

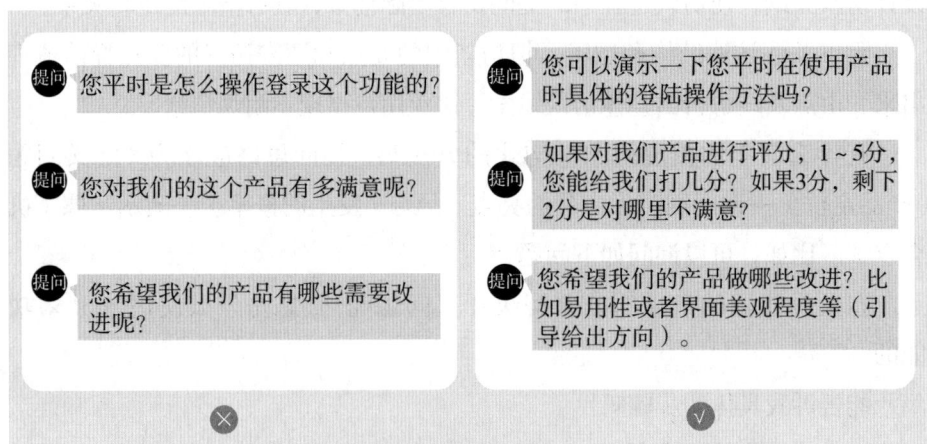

图 2-19　提问技巧

2.3.4 用户访谈技巧

1. 访谈中关键的能力

在访谈时的一个基本准则是"让用户更好地诉说"，善于深挖用户需求。因为连环问是很容易引起用户反感的。有些时候用户不是这个领域的专业人士，可能会听不懂你的问题，随便编个理由解释给你听，你就拿到了一些没用的垃圾数据，更有可能是对调研结果产生误导的信息。所以在访谈过程中，要尽量把问题变成直接的、能够转化成用户只需回忆或者陈述事实的问题，或者在准备问题的阶段就把问题的广度和深度都思考好，避免正式访谈阶段手忙脚乱。

访谈人员在访谈的过程中，要利用系统的理论知识和方法，洞察用户需求的机会点，再围绕这些机会点，提出设计的解决方案。

在此过程中设计师要具备 5 种特质，即好奇心、批判性思维、结构化思维、气氛调节、节奏把控。具体如图 2-20 所示。

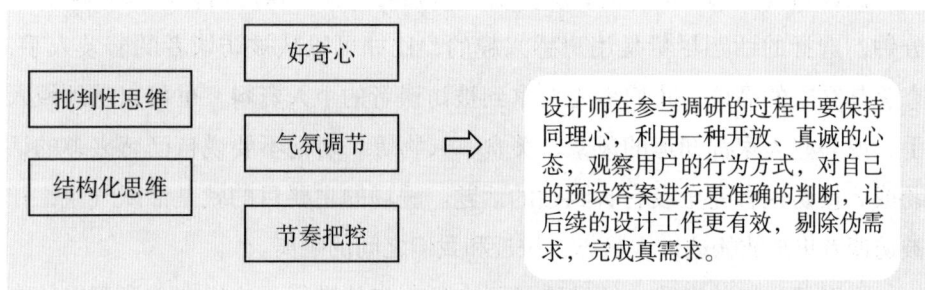

图 2-20 用户访谈技巧

2. 阶梯式的问答逻辑

阶梯式的问答技巧属于循序渐进的方式，是一种很常见的访谈技巧。

在访谈的过程中，要利用系统的理论知识和阶梯式的访谈技巧，洞察用户需求的机会点，再围绕这些机会点，提出设计的解决方案。

（1）开场介绍。

万事开头难。开场介绍是奠定访谈氛围的关键。首先，访谈者需要做一个自我介绍。其次，介绍一些访谈的目的、访谈的流程。用户在访谈过程中自由随意一点就可以，没有回答对错之分，诉说自己的真实感受和想法即可。需要明确告知用户在访谈过程会进行录音，但是这些只是方便进行后期的资料整理，只有团队内部几个成员观看，不会泄露到社会上，请访谈用户不用过分担心。

总之，开头应尽量拉近和被访谈者的距离，减少对方对自己的不信任感，告知大约的访谈总时长，疏解因为占用太多时间造成被访谈者的情绪焦虑。下面为具体示例。

××先生／女士您好，我是××体验设计中的×××，很高兴您能接受我们邀请，参加这次××的用户访谈活动，也很荣幸您可以见证、参与我们的产品迭代优化的开发环节。您是我们忠实用户，我们在后台看到您最近都有在使用我们的产品，接下来您可以简单描述一下使用我们产品的整体感受，以便后续可以为您提供更好的产品体验。本次访谈大约20分钟，其间会有设备录音，但您不用担心，此次录音不会在社会上公开发表。那么接下来，就请您说说您使用产品的感受。

（2）暖场。

拉近和被访谈者的距离，其实有一些技巧。在访谈之前，可以闲聊2～3分钟，选择的话题尽量是用户感兴趣的，比如可以从被访谈者的着装入手，夸奖其穿衣的品位。我们事先会拿到被访谈者的个人资料，也可以从地域入手，说一些大家都知道的风景、美食、人物等。切记不要说自己感兴趣的话题或者被访谈者完全没有听到过的话题。暖场的主要目的就是活跃气氛，让被访谈者更加放松地进入状态，拉近和我们之间的距离。

可以把开场的自我介绍和暖场两个环节交替进行，这样在访谈逻辑的衔接上没有生硬的感觉，更像是一次闲聊。

（3）一般问题。

一般问题就是指一些比较基础的问题，被访谈者不用做太长时间思考或者回忆，可以直接作答的问题，比如："您平常在哪些时间段使用我们的产品？""您在日常的产品使用中还用过其他家的什么产品？""您最喜欢产品的哪项功能？"然后围绕一个觉得被访谈者会聊很多或者觉得很有价值的问题，进入下一个环节。

（4）深入问题。

提一个好问题是访谈的重点，前期的气氛烘托和问题设计都是为了探索在这个环节中用户的行为和用户的方法具体是怎么变化的。在这个环节中，我们要观察被访谈者的行为细节和行为背后的动机是什么，背后的动机也许就是用户的痛点或设计机会点。在这个环节中，提问者要多问几个"为什么"，尽量把被访谈者产品描述的细节点都问到了，这样最容易判断用户的需求痛点到底是什么。

尽量少问中立导向的问题或偏正面导向的问题。在这个阶段，要提问一些负面导向的问题，比如："那您觉得我们产品这个功能改成这样会不会更方便？"这样才能得到最真实的反馈。

对不太爱回答问题的被访谈者或者不太主动回答问题的被访谈者，态度和语气要尽量缓和，因为自己的形象代表公司的形象，即使是被访谈者不太配合，也要耐心引导被访谈者进行回答。

另外，要尽量少听被访谈者的解决方案。有部分被访谈者会因为聊的话题是自己非常感兴趣的内容，不自觉地产生一种代入感，进而反客为主地去倾诉他们的"解决方案"。这时，需要用一种批判性思维看待这个事情，毕竟自己是专业人员，一般用户给予的解决方案都是片面的、不可取的。

在提问过程中，应注意以下两个方面。

①关注数字。在用户访谈的过程中，设计师经常会听到"从不""经常"这种词。这个时候，我们就要特别注意。我们可以把"从不"用 0 代替，"偶尔"用 30% 代替，"经常"用 60% 代替，"总是"用 90% 来代替，这样我们就可用量化的概念来衡量用户的使用频次了。

②访谈沉默。在访谈过程中，我们也要给予用户充分的思考时间，大约可以保持在 3 ~ 10 秒，避免被访谈者不经思考地回答问题。我们要确保被访谈者的回答是比较详细并且是相对肯定的。

提问技巧如表 2-5 所示。

表 2-5　提问技巧

评估维度	问题举例
功能预期	刚才这个页面，您注意到了什么？ 您如何理解这个页面的内容？您认为它是什么？ 您刚才点击是想做什么？您没有下一步操作的原因是什么？您点击退出的原因是什么？

评估维度	问题举例
功能认知	点击之后的结果和您想象的一样吗？ 现在这个页面，您注意到了什么？您怎么理解这个页面的内容？ 您在生活中见过其他类似的产品 / 页面 / 功能吗？
功能接受度	刚才这个页面，您最感兴趣的部分是什么？ 您刚才在 ×× 模块停留时间比较久，是在看什么？
预期使用场景	刚才这个页面为您提供了什么信息 / 帮助？ 在您的实际生活中，有没有遇到过需要这些信息 / 帮助的情况？您通常是如何解决这些问题的？
概念迁移发散	您在生活中有没有遇到过类似的问题？有没有类似的经验？ 同类问题情境中，发生过哪些好的 / 不好的事情？ 在您刚刚描述的场景中，您最需要的是什么？您最想要解决的问题是什么？

（5）回顾与总结。

每一次用户访谈，尽量做到在迎接新的被访谈者前做一个简单的小结。回顾访谈的过程，以及对用户行为和态度的分析，有助于梳理自己的问答思路，如果有什么心得体会也可以直接记录下来，方便后期资料整理。另外，回顾刚刚自己设计的问题，总结被访谈者的回答重点，这个相同的问题也可以放到下一个被访谈者身上，看看新被访谈者是怎么回答的，有什么可取的信息可以借鉴。

（6）结束语和感谢。

结束语一般都是放在表明本次访谈已经结束之后，向被访谈者表达感谢的阶段，明确告知用户的回答非常有参考意义，"我们会尽快把被访谈者的意见反馈给相关部门，后期有什么问题也可以采取 ××× 的方式联系我们，我们会尽力帮助您"。

如果访谈前已告知被访谈者会有红包或者礼品奖励的话，此时应明确告诉被访谈者会在什么平台或者哪里领到相应的奖励，往往很多设计师都会忽略这一点。设计师要重视起来，因为一些参与感强、愿意表达自己想法的被访谈者往往都是产品的优质用户或者是种子用户，设计师在访谈结束后需要维护好这层关系，方便进行下次访谈调查。

3. 避免访谈误导

在用户访谈过程中应注意以下几个要点。

（1）少用引导性问题。

访谈目的是获取用户的真实感受，这个感受最好是用户主观的，所以在访谈中，要尽量避免具有引导性的问题，比如："我们优化了×××功能，您体验后觉得感受如何？"

"我们优化过了×××功能"会让被访谈者觉得优化过的功能会比老的功能要好，并按照这个思路阐述自己的感受，那我们就很难获取被访谈者真正的需求点。

（2）避免问题范围过大。

范围很大的问题，往往需要较长时间思考或者是问题不很具体，比如："您体验过我们的产品了，您的意见也很有价值，我还想问一问您对房屋租赁功能有什么想法？"

这个问题看似具体，是产品中的房屋租赁功能，但还是不够具体。因为房屋租赁是产品其中一个功能模块，包含合租找房、整租找房、地图找房、通勤找房、价格找房、标签找房等多种形式。

如果问题不够具体，被访谈者回答的信息就不会具体，甚至会和预设的问题大相径庭，使我们失去整体被访问过程的节奏。

（3）避免问题描述得过于仔细。

是不是描述的问题越具体就越好呢？答案显然不是的，例如："如果在您心愿单最下面再推荐给您一次房屋推荐列表里面的房源，这个功能您感觉如何？"这个时候用户就会想自己刚才操作的过程中"心愿单"到底是什么场景，有些回忆不起来了。当问题问得非常具体时，用户就很难去回忆刚刚的操作，而用户一旦回答不上来，或者回答得很简单，甚至产生厌烦的情绪，那么就会导致访谈缺乏深度。

（4）避免明知故问的问题。

在问题设计前期，我们可以设计一些相对简单的问题来帮助被访谈者快速进入角色，但是不要全篇都是简单或明知故问的问题，使被访谈者觉得是在浪费他的时间，比如："我们的产品您都是在哪里获取的？" 90% 以上的用户安装应用程序都是在手机的应用商店，只有少部分安卓用户是在电脑下载安装包再安装到安卓手机上的，这个问题属于明知故问的问题。要尽量提一些比较有价值的问题，例如："您是从什么渠道获取我们的产品信息的？"

（5）避免损害企业／个人形象的问题。

在访谈期间，自己代表公司的形象，所以在交谈的过程中要注意自己的言语和态度。比如，当用户回答问题时，有人为了拉近和被访谈者间的距离，只会随声附和。

2.3.5　访谈结果的验证

1. 用亲和图法总结数据

在用户访谈结束后，面对大量访谈数据，面对用户的各种痛点或需求，如何进行梳理？要优先解决哪些问题呢？我们可以采用亲和图法。

（1）亲和图法含义。

亲和图法是把大量数据（想法、问题、困难、解决方案）整理为有逻辑、结构化、可视化的分类的方法。

（2）整理数据。

把访谈的结果收集起来，然后把文件编上号码。最好不要使用被访谈者的姓名，而是对其进行编号，比如 U01、U02、U03 等。

把用户的基本行为、调研过程中高频出现的词汇，比如产品的某个功能、某个场景都记录下来。

"用户的行为动作""用户使用这个功能需要解决什么需求""用户有什么目的""他是如何操作的"，用便贴条把关键词梳理出来，觉得很有必要的机会点或者需求点可以用文字进行描述。

以一个维度的信息为例子把这些关键词或者有交集的需求点联系起来，并且添加一些自己的心得体会。

在进行用户行为数据分析整理的阶段，可按照动机、行为、态度 3 个维度进行用户数据整理。

（3）构建亲和图。

最后把亲和图构建出来，把同类的问题贴在墙上，把问题编号并用文字描述这个类目，尽量写一些用户访谈中提及的关键词。以此类推，把重要的类目都排好序。然后思考用户关于产品的设计想法是什么，后续需要研究的问题是什么，来寻找用户的痛点或者机会点。

2. 展望下次调研

用户调研是一种挖掘用户需求的好手段，要在访谈过程中了解不同的用户是在什么场景使用产品的，最常用产品的什么功能，以及用户在使用过程中心理和情绪上的变化。

2.4 用户需求挖掘

有一个需求挖掘的故事。一个男生来五金店买钉子，买钉子是因为他想挂一幅画，挂一幅画是因为他很孤单，他很孤单所以他很想找个女朋友，所以他真正的需求是找个女朋友，应该给他介绍一个女朋友。

故事很好听，但却大错特错。从业务上看，一个五金店老板如果不想着怎么卖金属器械，而是研究牵线搭桥的话，那小店离倒闭也就不远了。从数据上看，想不想找女朋友，又怎么会轻易告诉陌生人呢？

这是需求挖掘中一个比较普遍的错误：挖掘用户需求，非得挖到别人不知道的八卦奇闻才算有深度，深层的需求才算是真需求。

大部分企业的业务范围有限，面对的是海量用户。因此，不能脱离业务实际，做太细致深刻的挖掘，无论是业务上还是数据上，都是做不到也没有必要做到的。

因此，用户需求挖掘的本质，是从有限的数据里，筛选关键区分维度，提升用户响应概率。

我们要做的，不是搞清楚每个用户的每个层次的需求，而是要通过区分，提高用户响应概率，识别核心用户群体。

那么如何挖掘用户需求呢？

2.4.1 用户需求挖掘步骤

挖掘用户需求的工作流程可分为 5 个步骤。

1. 区分核心用户

在精力有限的情况下，先抓住大客户才是关键，因此做好分类是很必要的。还以五金店老板为例，五金店的用户分类可能如下所示。

第一类（企业对企业类客户）：物业维修部、装修队、工地。

第二类（企业对消费者类大客户）：装修、改水电、维修的客户。

第三类（企业对消费者类小客户）：偶尔买一个灯泡、插座、钉子的散客。

问题在于，当男生进门时，五金店老板并不知道他到底是哪一类。如果置之不理，可能会损失掉一笔大生意，但如果问一大堆问题，估计会把客人吓跑。因此，第一步的用户需求挖掘的问题很简单："您想买点什么？"

2. 对业务分类

男生回答："我想要买钉子。"你联想到了什么？这个回答听起来很简单，但其实透露了很多信息，每一类业务都可能有固定的商品组合和消费特点，比如对五金店而言。

工程类业务：大量的钢筋、各种物料（不会零散采购）。

水类改造：水管、扳手、防水胶带。

电类改造：电线、开关、插座。

墙体维修：水泥、刷子、油漆。

物件维修：钉子、锤子、钻机。

这叫作业务强相关性。即使不作关联分析，这些商品也是天生捆绑在一起而出现的，并且根据业务规模大小，有固定消费量。所以，事先做好业务分类非常重要。当我们无法采集大量用户信息的时候，可以通过仅有的购货记录，利用业务相关性去推断用户需求。

比如，这里的老板听到男生需要钉子，可以很快推断：不是企业类用户，而是与维修有关。但是老板仍不知道，男生到底是直接消费者类大客户还是散客，还需要第二步挖掘，问题也非常简单："您买钉子做什么？"

3. 抓关键信息

男生回答："我想要买钉子，在墙上钉一幅画。"这句话也能立即反映出来这是个散客。这里借助前面两个简单的问题，我们已经完成了关键信息的抓取。

做好用户分群和业务分类以后，再做需求挖掘是非常容易的。在实际业务中，传统企业主要靠销售、导购、业务员去抓关键信息，互联网企业主要靠埋点、推送 / 反馈、问卷、浏览频次等抓关键信息。

4. 推送商品 / 活动

现在有了假设，我们可以尝试验证，推一个商品或活动试验一下。

这时候，五金店老板就会说："你需要钉画的话，用 1 寸小钉子比 3 寸的大钉子好看，容易钉还不显眼。"这样就能锁定男生的需求，比那些不理不睬的老板成功概率高。

同时，因为钉子和锤子、钻机是高度关联的，有交叉销售机会，还能做个交叉推荐："你有锤子了吗？可以买个小钻机，比锤子省事，修其他东西也能用。"如果推荐成功，就能成功地把客单价从 1 元钱提升到 200 元钱。

5. 验证推送效果

有推送，就有成功和失败两种可能，因此需要验证效果。需求挖掘，本质上是个概率问题，需要通过数据验证推送，进而验证我们选择的挖掘维度和挖掘方向是否正确。

对五金店老板而言，这里有两个维度要验证：

（1）钉墙推荐 1 寸钉子（基于用户需求考虑，更容易成交）；

（2）钉墙的男性推荐钻机（男性喜欢机械，有机会成功）。

这实际上已经是个小型 A/B 测试了。如果有数据可记录的话，老板会看到，这两个假设可能成立，也可能失败。

数据积累总结经验，比如做了 200 组，发现用户根本不考虑美观，就是什么便宜买什么，那以后的策略，就是散客来了直接卖最便宜的东西给他。

当然，也有可能发现这个策略可行，10 单能交叉卖出 3 单钻机。那以后就按这个策略走。

这样我们找到了一个区分方向，验证了一个可提升成交的机会点，从用户买钉子中挖出了钻机的需求。

这套方法论可以推广到各个行业，特别是在数据记录较少的情况下。一般传统企业业务类型比较固定，倾向于先区分业务。互联网企业的业务比较灵活，甚至能无中生有创造新场景，往往倾向于先区分用户，甚至有可能针对不同场景分类。

区分用户、业务或场景都是第一步预动作，也是最重要的一步。通过分类可以清晰后续挖掘的方向，明确挖掘深度，为验证挖掘是否有用提供标准。

2.4.2 用户需求场景化

在不同场景下，用户需求存在一定的差异性，只有在特定的场景下谈论用户需求才有意义。

比如同样是蛋糕，在饿的时候人们的需求是充饥，所以外观是次要的，味道好更重要；在庆生的时候，人们的需求是纪念和庆祝，因此别样的外观设计更能让用户感受到不同的意义。

1. 在场景中挖掘用户问题和用户需求

在场景中，与用户目标和任务相伴随的通常存在一些难题需要用户去克服，可以通过以下几个角度挖掘用户需求，如图 2-21 所示。

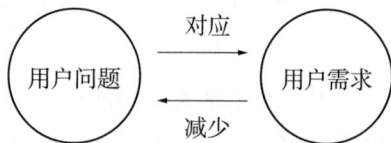

图 2-21　用户问题与用户需求的处理原则

场景化：用户是在什么情形下遇到这个问题的？可以描述下具体的情形吗？

情绪体验：在遇到这个问题的时候，你是什么感受？心情是怎样的？

行为反应：在遇到这个问题的时候，你直接的行为反应是怎样的？

努力尝试：针对这个问题，你尝试过怎么去解决吗？效果如何？

直观的情绪体验和行为代表用户本能反应，而且由于人的主观情绪体验和行为会有不一致的情况，因此将两者相结合更能体现用户的痛点和需求，后续的努力尝试代表用户对可能存在的解决方案的理解和探索，也是用户对问题更深远拓展的一个重要方面。

2. 场景随时间而变化

场景可能还会随着时间而变化。比如，以前买电视就是用来收看电视节目的，场景比较单一，如今随着智能电视的普及，电视的功能和使用场景越来越丰富，可以辅助健身、进行投屏、连接游戏设备玩游戏等。

因此，在对场景进行询问的时候，也可以从以前的场景、现在的场景、设想未来的场景等不同角度去探索，由此挖掘用户需求的一些变化。

2.4.3 纵横向延伸：探索更多、更本质的用户需求

在需求的挖掘方面，还可以通过纵横向的延伸对比，取得举一反三、触类旁通的效果。

1. 时间维度：进行流程的延展，扩展至全流程考虑问题

当用户需要完成一个任务时，扩展至全流程通常包括任务前、任务中、任务后 3 个阶段。在这 3 个阶段中，用户分别需要做哪些事情、触点有哪些、要考虑哪些因素等，即用户需求的关键来源。以用户使用吹风机为例，流程可以拆解为如图 2-22 所示。

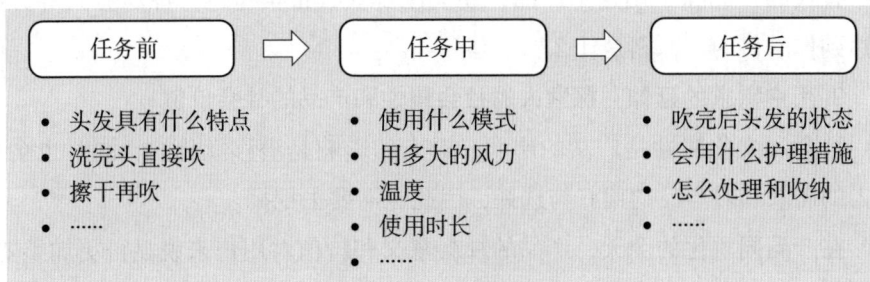

任务前	任务中	任务后
• 头发具有什么特点 • 洗完头直接吹 • 擦干再吹 • ……	• 使用什么模式 • 用多大的风力 • 温度 • 使用时长 • ……	• 吹完后头发的状态 • 会用什么护理措施 • 怎么处理和收纳 • ……

图 2-22 扩展全流程

通过对流程的拆解，可以看到用户在不同阶段需要做哪些事情，会有怎样的情绪体验和行为反应，全流程会有哪些触点，由此挖掘出用户的需求。

2. 迁移类比：探寻用户的本质需求

迁移是心理学中的一个概念，是指在一种情境中获得的技能、知识或态

度对另一种情境中技能、知识的获得或态度形成的影响，既包括类似的情境，也包括不同的情境。产品是需求的解决方案，对应到需求挖掘，即包括相同品类的产品（竞品）和不同品类的产品（替代品）的对比。

比如用户基于大屏看影视的需要，选择了 A 品牌的电视，用了一段时间觉得 B 品牌的电视更好，于是后面又切换到了 B 品牌。在这种情况下，用户的本质需求都是大屏观看影视，仍在同品类中进行转换。

如果用户是出于玩游戏的需要，从电视转移到了移动端，产品形态已经发生了本质的变化。在这种情况下，我们需要去研究用户转换的原因是什么，移动端有什么优势和体验感是电视所不能比的，以及电视应该采取怎样的措施来进行完善和吸引用户。

比如，为什么现在方便面的销量下降了？其中一个重要的原因就是外卖的普及和平台的便利与优惠。有句话说得好："打败你的不一定是竞争对手，看不见的对手才是可怕的。"这种情况如今很普遍。短视频对长视频的冲击、移动端对电视的冲击等，本质上都是这个问题。

因此，在用户需求挖掘中，可以尝试进行以下询问。

同品类：你除了用这个产品，还用过其他同类型的产品吗？使用体验如何？用其他同类产品的原因是什么？

替代品：你除了用这个产品，还会用哪些其他类型的产品、方式和方法来达到你的目的，原因是什么？

3. 用户需求的延伸：探索人的社会属性和产品的社会价值

社会和文化属性是广义的层面，对人的影响是潜移默化的，同时也会影响人的需求和对产品的偏好与选择，因此也需要去挖掘。

在产品同质化的今天，产品的社会意义和价值对用户来说显得更加重要。比如在一篇小家电的推文中，很多用户评论到小家电带来的成就感、幸福感等。因此，在用户访谈中也可以尝试去挖掘这方面的信息。

具体来说，一方面，人的社会属性体现在价值观、生活方式、生活理念、消费习惯和消费理念等方面，由此影响人们对产品功能的选择和偏好；另一方面，产品在被用户选择之后，也被赋予特殊的社会价值和意义。因此在用户需求挖掘中，可以尝试询问以下内容。

针对用户的生活方式和理念：你平时经常会做哪些事情？为什么会做这些事情？这些事情对你来说意味着什么？如果用 3~5 个关键词来形容你现在的生活，你会怎么形容？为什么会这样形容？

针对产品的社会价值：这款产品在你的生活中扮演什么角色？它给你带来了什么？如果做个比喻，你会把它比作什么？原因是什么？

总之，用户需求很多时候是内隐的，没有被直观地展示和显露出来，再加上用户很多时候受各种主客观条件的限制，也不一定能够十分准确地表达，因此需要借助各种方式去进行引导和启发，挖掘更深层次的需求，从而为产品开发和设计提供一定的方向。

2.4.4　需求洞察：从收到需求到明确需求

当我们收到不同来源的需求时，应该怎么理解需求呢？下面分析从收到需求到明确需求的过程。

当我们接到一个需求时，第一步要先弄清楚这个需求是不是最真实的诉求。

需求洞察可保证方向不跑偏，再结合现状、经验、资源等维度制定最终的解决方案。这样的方案即便有优劣之分，但都是可行的。

需求洞察能够让我们真正地理解需求提出方实际的痛点或诉求。也正是在需求洞察的过程中，我们能辨别出此需求是否是伪需求，以及我们形成的方案是否真正解决了用户的痛点，是否还有更优方案。

1. 明确需求

我们先看一个例子。需求提出方说："帮我买瓶水。"我们的解决方案一定是想办法帮他买一瓶水吗？

首先，我们要搞清楚他为什么要水。此时，我们一定要尽量克制自己使用惯性思维。他可能是渴了要喝水，但是有没有一种可能，他是热了要喝水？或者他是健康生活爱好者，为了保持每天水的摄入量而要喝水？或者他手脏了要买瓶水来洗手呢？或者他想用水浇花呢？甚至他可能只想要那个瓶子。所有这些情况，都有可能最终指向一个需求——"帮我买瓶水"。

考虑买水这个场景，我们还要权衡：现在买水方便吗？贵吗？路远吗？

也就是我们在解决这个需求时，团队所付出的工作量及成本有多大。

如果是因为热了买水，那有没有其他的解决方案呢？比如买根冰糕，比如打开空调。如果是因为想用水洗手呢？我们也可以提供一张湿巾。如果是其他原因，我们同样可以找到不同的方案，同时结合现状选择出最优解。

因此，我们在获取到需求方的诉求后，第一反应不应该是如何立刻满足，而是先思考一下这个诉求背后的原因。再者，这个背后原因是不是真正的原因？如果不是，我们还需要进一步思考或追问，最终挖掘出真实诉求。

以上这些思考就是需求洞察过程。

再如，客户为了提高视觉冲击力、突出重点而提出要把封面的关键词字体放大。"把关键词放大"是我们收到的需求，而"提高视觉冲击力"则是需要我们洞察之后得出的真实诉求。因此，我们的解决方案不应只是简单地把字体变大，而是通过色彩搭配、比例调整等方式突出关键词。

在需求洞察的过程中，需要我们善于提问、聆听，进一步分析重点，最终摸索出真实诉求。

如何洞察需求呢？搞清楚角色是谁。

B端产品所面向的角色多种多样，不是单一的个人，通常包括决策者、管理者和执行者3个不同维度。这些角色对产品使用具有各自不同的需求和关注点。我们需要从全局的角度去精准定位以及抽取不同角色的需求。

（1）决策者。

决策者通常是企业的高层管理人员，他们对产品的采购决策至关重要，他们的关注点在于产品能否为企业带来实际价值，解决现实问题。

与C端产品不同，B端产品的设计必须以满足决策者的需求为首要目标。这意味着我们需要重点关注产品能否在降低成本、提升效率、增加收入等方面给企业带来直接的经济效益。因此，在产品设计过程中，我们需要将解决企业问题作为优先考虑的核心，而不是仅仅追求用户体验的完美。

在与决策者沟通产品需求时，我们不应过分强调产品的美观或交互体验，而是应该更专注于产品的商业价值和实际效果，以此来赢得决策者的信任和支持。

（2）管理者。

除了决策者，还有一个重要的角色——管理者。他们通常负责业务的管理与监督。产品是否被公司所接纳，在于管理者是否买账。他们的需求也要放在优先级较高的位置。

管理者的需求是对公司总目标的分解。不同级别的管理者关注的业务需求也不一致。中层管理者侧重过程数据，高层管理者侧重结果数据，他们的期望通常比较具体，因此在需求整理阶段要特别关注他们的诉求。

（3）执行者。

执行者是产品最频繁的使用者，类似 C 端用户。他们格外关注产品的易用性，希望产品界面简洁明了，功能易于操作，能够快速上手，以提高工作效率。

执行者对产品的操作会直接影响到管理者对数据的分析和决策，进而影响其监督和评估团队的工作情况。因此，执行者对产品的反馈可能影响管理者对产品的印象。若我们希望客户持续选择我们的产品，我们就必须确保在净推荐值（一种衡量客户忠诚度的指标，通过计算推荐者与贬损者的百分比差值得出）上能够满足执行者的需求。

2. 需求提炼原则标准

需求提炼就是搜集和梳理需求的过程。在此期间，我们经常会遇到各方不同的观点，如何在众说纷纭中权衡是需求提炼的首要问题。

（1）触达量。

当涉及需求争议时，一般采用集体诉求优先的原则。我们倾向于优先考虑应用更广的集体需求。例如，一个网络产品在设计拓扑结构时，部分团队成员主张采用一种复杂的结构，而另一些则倾向于简化设计。在这种情况下，更倾向于采纳能够满足大多数人需求的简化设计方案，因为这能够提高产品的整体适用性和易用性。

在同一个用户群体内，不同的用户通常有着相似的工作环境和职能角色。这意味着他们对产品的期望和需求往往是趋同的。例如，对网络管理员而言，他们更关注产品的稳定性和性能优化，而不太在意个性化的用户界面。因此在产品设计中，我们会更加注重满足整体用户群体的共性需求，而不是过分迎合个别用户的特殊偏好。

此外，在需要多人协作完成的场景中，我们会更加倾向于考虑人数较多的需求。例如，在网络产品的开发过程中，一般面临着需要多个团队同时协作的情况，如网络架构师、开发工程师和运维团队等。因此，我们会优先考虑那些能够促进团队协作、降低操作冲突和数据错乱的功能需求，以提高整体工作效率和协作质量。

（2）优先级。

敏捷开发作为目前主流的开发模式，以快速迭代、"小步快跑"为特点，在较短的开发周期内提交软件，强调在每个迭代周期结束时逐步交付需求。

在处理各项的需求时，我们需要有效评估它们的优先级。需求管理实质上也是优先级管理，需要合理安排有限的时间和资源。

首先，重要且紧急的需求，通常涉及产品的核心功能，应当列为研发周期的最高优先级，重点跟进。

其次，紧急但不重要的需求，通常是临时性的，对整体产品的后续迭代影响有限，可以暂时搁置，考虑在二期规划中实现。

再次，重要但不紧急的需求，往往具有长期收益性，可以作为紧急需求之后的次优先级。

最后，不重要也不紧急的需求优先级较低，可以考虑不予实现，以节省资源集中精力应对更紧急、更重要的事务。

优先级安排如图 2-23 所示。

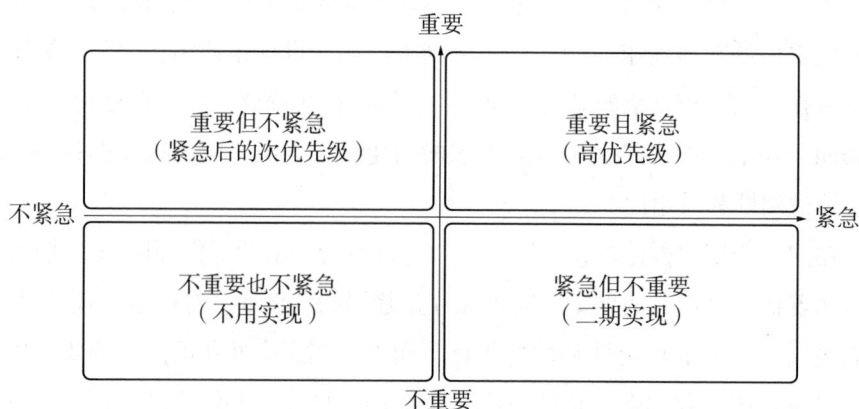

图 2-23　优先级模型

（3）权重值。

提炼需求的最终目标是更好地解决业务问题，实现商业目标。

在 B 端产品中，由于各产品关系人拥有不同的权力和付费能力，他们对需求的重视程度也不尽相同。一般来说，"决策者＞管理者＞执行者"的顺序决定了需求的优先级。因此，权力和付费能力较高的决策层和管理层的需求通常会被优先考虑和满足。

因此，在提取 B 端需求时，可以采用一个重要性公式来量化需求的重要程度：

$$重要性 = 触达量 \times 优先级 \times 权重值$$

面对来自多方渠道的需求输入，建立一套公开、透明、可靠的需求评估机制尤为重要。采用类似于需求重要性公式的机制可以有效协调各方对需求优先级和上线时间的期望，从而避免对产品部门产生抱怨和不配合的情绪。通过明确的评估标准和流程，可以确保所有利益相关者都能参与到需求决策的过程中，并最终达成共识。

3. 需求的价值分析

那么该如何洞察市场机会，分析出有价值的需求？

在当今竞争激烈的市场环境中，挖掘市场真实需求至关重要。然而，很多产品经理却经常陷入挖掘不到市场真实需求的困境。同时，有些产品需求因为没有充分地进行分析，做着做着就被突然喊停。

（1）机会的搜索。

这是寻找机会的起始，产品经理通过多元化的渠道和手段来收集市场信息，如了解行业态势、挖掘用户需求、分析竞品形态、关注政策变化等。这一阶段就像一个广度优先的搜索过程，需要广泛收集和整理各类信息，从而全面了解市场状况，为后续发现机会作铺垫。

①市场趋势。对产品经理来说，了解行业动态、收集行业报告和数据是很有必要的。这些信息能够帮助产品经理快速了解行业的发展趋势。此外，还要通过参加行业峰会、阅读专业杂志等了解行业最新动态，预测未来可能出现的变化和发展，从而寻找新的机会点。

②用户研究。通过问卷调查、现场访谈和追踪反馈等方式，产品经理可

深入了解现有客户的需求和痛点，从而更加精准地定位产品方向，并设计出满足客户期望的产品。随着产品的不断迭代和反馈的收集，挖掘出用户的深层次需求，并寻找解决问题的最佳方式。

③竞品分析。通过密切关注竞争对手的产品状况、最新动态和市场表现，发现优劣势。产品经理可以针对竞品的不足之处，有针对性地制定更加合理的产品方案，以此提高自己产品的市场竞争力。竞品分析是指对竞争产品或类似产品的功能、特性和用户体验进行比较和评估，从而洞察用户需求、市场趋势和产品差异化的方法。以下是需求竞品分析的一般步骤。

功能比较：比较竞争产品的功能，了解它们有哪些特点和独特之处，确定竞争产品是否满足用户的核心需求，以及自己产品在功能上的差异化优势。

用户体验比较：评估竞争产品的用户界面设计、互动流程和用户体验，考查其易用性、流畅性、一致性，以及提供给用户的附加价值。

定价和商业模式比较：了解竞争产品的定价策略和商业模式，包括收费方式、订阅模式、广告收入等，评估自己产品的竞争力和市场定位。

挖掘用户需求：通过分析竞争产品相关的用户评论、意见反馈等，了解用户对竞争产品的看法和反馈，发现用户对竞争产品的满意度、不满意之处和需求痛点，从中挖掘出用户的实际需求。

确定竞争产品：确定与自己产品直接竞争的产品，包括同行业主要竞争对手的产品或类似的产品。这些产品应该具有相似的功能、服务或目标用户。

收集竞争产品信息：收集竞争产品的相关信息，包括它们的功能特点、用户体验、定价策略、品牌形象、市场占有率等。这可以通过竞品的官方网站、产品文档、使用演示、用户评论等渠道进行收集。

分析竞争产品：对竞争产品进行深入分析，了解其功能、特点、优势和劣势，比较和评估它们与自己产品的区别，并找出优于竞争对手或有待改进的方面。

政策法规：政策的微调可能会引发行业和市场翻天覆地的变化，但往往也蕴含新的机遇。产品经理要密切关注政策变化和发展趋势，敏锐捕捉市场的空白，从而挖掘出新的发展机会。

（2）机会的识别。

在进行机会搜索以获取充分的需求后，接下来要对这些需求进行深度分析和筛选。通过综合评估创新性、差异性、持续性、风险性、合规性，筛选出符合要求的优质需求，从而为产品改善和用户满意度提升提供有力的支持。

①创新性。随着市场竞争日益激烈，创新已成为提高企业竞争力的关键手段。产品经理要在深入了解市场需求和行业趋势的基础上，挖掘出机会并判断是否有创新点。创新点可以是新功能、新技术、新思维、新模式。具有创新需求不仅有助于提高企业的竞争力，更能满足客户的需求，从而为企业赢得更多的市场份额。

②差异性。针对同一需求或痛点，市面上提供了很多相似的解决方案，产品经理必须找到与竞争对手不同的独特之处，提供个性化的产品或服务，通过差异化的策略来填补市场的空白或满足客户的实际需求，从而在市场中获得一席之地。

③持续性。在满足某一需求时，必须评估该需求是否具备可持续性。就是需要判断这个需求是仅针对单个孤立问题一时的需求，还是具备深度和广度能带来长期可持续扩张具有业务价值的需求。

④风险性。在满足市场需求的过程中，产品经理需要预测并评估潜在的风险，包括技术、人力、市场、财务等多个维度。若风险过大，应谨慎选择或寻求其他解决方案，以确保业务稳定发展。

⑤合规性。在机会判断的过程中，产品经理必须充分考虑政策法规的要求，以确保所提供的产品或服务符合法律和道德标准，避免出现负面情况，导致影响业务的稳定性和可持续发展。

（3）机会的评估。

在发现并确认了各种机会后，必须对每个机遇结合公司内部情况进行评估，以判定实际操作性和前景盈利性。其中，对市场空间性、战略匹配度、投入产出比这 3 个维度的评估是不可或缺的环节。

①市场空间性。首先，了解市场空间的大小。如果市场空间过小，即使占据了全部市场份额，也难以获得足够的利润。反之，如果市场潜力巨大，即使只占据了微小份额，也可能获得可观的收入。

②战略匹配度。每个公司都是有战略方向的，机会点要在公司的"主航道"上，即公司的主要业务领域和核心竞争领域。如果战略方向不匹配，那么很容易造成资源浪费、风险增加，甚至会导致失败。

③投入产出比。需要全面评估实现的成本，包括人力、物力、财力等方面的投入，以及对现有功能、资源分配、团队协作等方面的影响。有了这些维度的评估，才能有效地权衡利弊，作出最佳决策。

通过以上3个步骤，我们对挖掘出来的需求进行多维度的全方位评估分析，从而全面了解产品的机会和风险。这样，我们才能确保抓住的机会真正具有价值，并让产品在激烈的市场竞争中取得持续成功。

4. 观察用户行为

（1）观察用户行为的重要性。

产品经理在用户研究中观察用户行为可以提供独特而有价值的洞察。这些洞察对于产品的设计、改进和决策具有重要意义，可以帮助产品经理构建更符合用户期望的产品，对产品设计和改进具有指导作用。

①真实体验。通过观察用户行为，产品经理可以获得关于用户在真实使用情境下的体验和反应的直接洞察。这比仅仅依靠用户的口头表达更加真实和准确，可有效避免仅仅依赖用户主观回忆或推测的局限性。

②隐含需求。用户可能无法明确，或者他们自己并没有完全意识到自己的需求。通过观察用户行为，产品经理可以发现用户的隐含需求，即他们实际行动中的偏好、习惯和行为模式，从而更好地理解他们的真实需求。

③发现问题和痛点。观察用户行为，可以帮助产品经理发现用户在使用产品时遇到的问题、困惑或痛点。通过观察用户的互动和反应，可以识别出产品中的潜在问题，如界面不直观、功能冗余或难以理解的操作流程。这些问题的发现可以指导产品改进，提升用户体验。

④产品优化和创新。通过观察用户行为，产品经理可以了解用户在产品中的实际使用方式和习惯。这可以为产品的优化和创新提供灵感和指导。了解用户的行为模式、偏好和习惯，可以帮助产品经理设计更符合用户期望的功能、界面和交互方式，提升产品的竞争力。

⑤用户反馈验证。观察用户行为，可以帮助产品经理验证用户反馈的真

实性和可信度。有时用户的言语反馈可能与实际行为不一致，或者他们的主观意见可能受到偏见或情绪的影响。通过观察用户行为，产品经理可以对用户反馈进行验证，从而更好地理解他们的真实需求和体验。

（2）使用场景观察和用户测试收集数据。

产品经理在用户研究中可以使用场景观察和用户测试来收集数据。这两种方法可以收集有关用户在实际使用情境中的行为、反应和体验的详细信息。

①场景观察。场景观察是指通过观察用户在真实或模拟的使用场景中的行为来收集数据。可以用于观察用户在特定情境下如何与产品交互、解决问题、完成任务等。

数据收集方法：产品经理可以通过直接观察用户、记录行为、拍摄视频、截图等方式收集数据，同时观察用户的肢体语言、表情和反应也是重要的数据来源。

②用户测试。用户测试是指在控制环境中，让用户使用产品并完成特定任务的过程。可以用于评估产品的易用性，发现问题和痛点，并收集用户的反馈。

数据收集方法：产品经理可以设计测试任务和场景，并请用户按照指定的步骤进行操作和反馈，同时可以使用观察、记录用户行为、用户访谈和问卷调查等方法来收集数据。

在使用场景观察和用户测试进行数据收集时，应注意以下几点。

设计合适的场景和任务：确保场景和任务与用户实际使用情境相关，并能够评估产品的关键方面，如界面设计、功能实用性等。

观察和记录细节：细致观察用户的行为，记录关键细节，如操作步骤、时间耗费、错误和困惑等。

引导和提问：在用户测试中，可以通过适当的引导和提问来了解用户的思考过程、满意度、问题和建议。

保护用户隐私：在数据收集过程中，确保用户的隐私和个人信息得到保护，遵守相关法律法规和道德准则。

综合分析和解读：对于收集到的数据，需要进行综合分析和解读，并与其他用户研究方法的数据进行对比和验证。

通过场景观察和用户测试的数据收集，产品经理可以获得真实的用户行为和反馈，发现问题和改进机会，并为产品的设计和决策提供有力的依据。这些数据可以帮助产品经理更好地理解用户需求和体验，优化产品的功能、界面和交互，提升产品的用户满意度和市场竞争力。

（3）解读用户行为并提取洞察。

产品经理在用户研究中解读用户行为并提取洞察是为了深入理解用户需求和行为模式，从而指导产品设计和改进。产品经理解读或洞察用户行为的方法和步骤如下。

①数据收集和整理。产品经理需要收集用户行为数据，并对收集到的数据进行整理和处理。这包括去除重复数据、处理缺失值和异常值，并确保数据格式的一致性和准确性。这可以通过场景观察、用户测试、用户反馈调查等方式进行。确保数据的准确性和代表性，并将其整理成可分析的格式，如记录用户的操作步骤、时间耗费、错误和困惑等。

②数据分类和归类。根据研究目标和问题，将数据进行分类和归类。这可以帮助产品经理组织数据，使其更易于分析和理解。常见的分类方式包括按主题、功能、用户类型等分类。

③数据分析和模式识别。在数据整理后，产品经理可以使用数据分析工具或手动分析方法，探索数据中的模式和趋势。例如，观察用户在特定任务中的常见行为模式、偏好和困惑点。同时，比较不同用户之间的行为差异和相似之处。

④形成用户画像和用户旅程。通过分析用户行为数据，产品经理可以形成用户画像，即对用户的特征、需求和行为的综合描述。此外，产品经理还可以绘制用户旅程图，展示用户在使用产品时的关键阶段、行为和情感变化。

⑤提取洞察和发现问题。基于数据分析和用户画像，产品经理可以提取洞察和发现问题。这些洞察可以是用户行为的深层动机、未满足的需求、痛点、偏好或行为模式。产品经理应该关注与产品设计和改进相关的洞察。

⑥验证洞察。提取的洞察需要与其他用户研究方法的数据进行对比，如用户访谈、问卷调查等。通过多个数据源的交叉验证，可以增强洞察的可信度和准确性。

⑦洞察应用和决策指导。产品经理应将提取的洞察应用于产品设计和决策中。对于发现的问题和改进机会，产品经理可以提出相应的解决方案，并优化产品的功能、界面和交互，以更好地满足用户需求。

2.5　需求洞察的原则

需求洞察的原则可归纳为"三四五"原则，如图 2-24 所示。

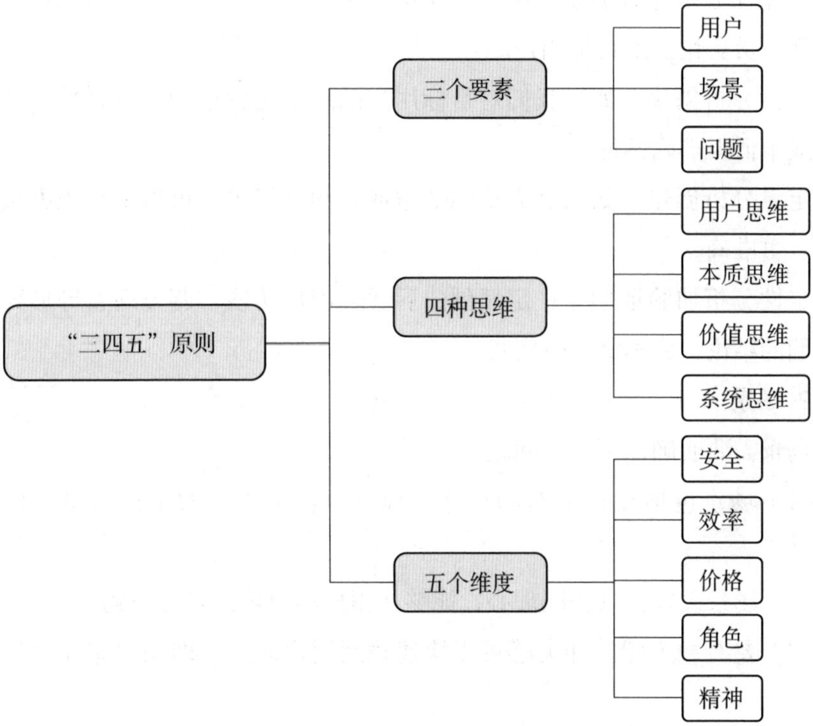

图 2-24　需求洞察的原则

2.5.1　三个要素

1. 用户

（1）确定目标用户。

在设计一款产品前，一定会去寻找目标用户，假如是教育行业，那我们的目标用户就可以是学生、家长、教师、学校、政府等。

（2）用户群体细分。

如果目标用户是教师，那可以按照具体的科目进行细分，如语文老师、数学老师、英语老师；也可以按照目的细分为想要提高工作效率（行为）或想要提高教学能力（目的）。具体的分类维度需要按照不同目标用户来细分。

（3）创建人物角色。

创建任务角色有助于产品经理明确目标用户，使产品紧贴目标用户，同时使新成员更快了解目标用户。

定性分析创建：如果我们对目标用户的理解比较透彻，可以采用这种方法，成本低但准确性低。

定量分析创建：如果有大量的数据或者相关报告，可以采用该方法，更快速、更准确。

定性分析加验证创建：定性创建后通过用户访谈、调查问卷等形式来验证我们的结论，成本高、时间长。

2. 场景

场景需要明确以下 3 个问题。

（1）场景包括在什么时间、什么地点、什么人、做了什么事、目标是什么。

（2）场景设置要具备同理心，能够从用户的视角去思考问题。

（3）要有冲突感。冲突感可以快速找到用户痛点，即用户想要达到什么目的。

3. 问题

用户的问题是很多的，但是迫切性、重要性不同，需要根据问题的特点界定需求的优先级。

2.5.2　四种思维

四种思维是指进行需求洞察时需要采用的用户思维、本质思维、价值思维、系统思维，可以帮助更好地完成需求分析。

1. 用户思维

用户思维是指具备同理心，重新定义我是谁（用户）、我在哪儿（场景）、我要干什么（需求）。每个人都必须有用户思维，但是如何表达出自己的用户思维呢？通过用户视角和用户语言。

例如，"汽车卖点""涡轮增压"这些关键词看似高大上，看似给产品赋能，但是对新用户而言，这些词汇比较复杂难懂。我们应该用专业的词汇加上用户理解的语言来陈述我们的观点，比如"涡轮增压能提供更足的动力"。

为什么要有用户视角呢？因为用户视角的例子更具有说服力。

自我视角对比用户视角的例子如下所示。

自我视角：某洗碗机高温杀菌率高达 99%。

用户视角：某洗碗机高温杀菌率高达 99%，给宝宝更安全的餐具。

2. 本质思维

了解到用户的表面需求后，需要探索更高层次的用户需求。例如福特需求调查的例子，用户说他想要一匹更快的马，这是表面的需求，实际上用户是想更快地到达目的地，往更高层次去探索，用户可能想要得到他人的尊重。当然，并不是所有的需求都需要高层次的探索，要视具体情况而定。

人的需求层次理论主要有马斯洛需求层次理论，需求层次由低到高为生理需要、安全需要、社交需要、尊重需要、自我实现需要。现在基本每个人都可以满足生理需要，所以需求的来源可以是安全、社交、尊重、自我实现这四个层次。低层次的需求可以思考是否与高层次有关。

3. 价值思维

价值思维具体包括用户价值和商业价值。这与需求的优先级有关，满足这个需求，我们能够给用户带来的价值与给企业带来的价值，一定要平衡。另外，满足所有需求前，请先思考是否与商业价值有冲突。

价值思维就是将产品可能涉及的角色价值串联起来，制定规则，变相引导。通过价值链来设计产品功能链，使功能之间环环相扣。

例如，教育领域的新商业模式可以满足教育局的需求痛点，但教育局一定是与相关区域的各个学校相互挂钩的，这样就出现了"教育局—学校"这样一条价值链。从上至下，从宏观到微观的思维来看，我们需要首先满足教育局的痛点，再刺激教育局向学校提出新的需求。这也是满足价值链的思维方式，将两个角色价值联系在一起，但这是最为表面的思维，仍需深度挖掘。若教育局让学校使用某产品，一些学校不想使用怎么办？我们需要做的是让用户愿意使用我们的产品，让学校主动配合教育局的政策。

4. 系统思维

系统思维是指将单个需求与整个产品联系在一起考虑。一个需求的满足会联动其他需求或功能，所以要用全局、系统的眼光看问题，并且不仅要拓展思考的广度，也需要加大挖掘需求的深度。这就需要站在领导的角度思考问题，思考宏观层面。

广度和深度都是需要日常积累的。比如用网络的登录功能需要考虑登录方式有手机短信验证码登录、人脸识别登录、第三方登录等；再比如，用手机号注册一个账号，需要判断手机号是否符合 11 位数字格式，是否是已注册账号，是否能够接收验证码。

2.5.3 五个维度

1. 安全

在马斯洛需求层次理论中，较低层次的生理与安全需求，对应的行业有餐饮业、医疗业、金融业、化妆品行业。主要解决的是不健康、不安全的问题，要从功能上进行满足。比如，很多人都愿意把自己的钱放在余额宝中，因为这种投资比较安全，虽然收益低，但不会出现亏损的情况。

2. 效率

时间长：用户需要录入大量数据时，若只能逐个输入 Excel 表格的话，需要花费大量的时间，所以需要批量导入的功能来解决时间太长的问题。

距离远：假如你想吃一份炸鸡，但是炸鸡店距离太远，而外卖公司可以帮助解决这样的问题。

体验差：体验差主要与产品的设计有关，假如刚刚提到的批量导入功能由 10 个步骤简化至 2 个步骤，可以提高用户的使用体验。再如，某软件很多次更新版本后，想要发布笔记就必须进行强制更新，用户的使用体验就会很差。

3. 价格

首先需要澄清一个误区，价格并不是越低越好，而是能够让用户感受到自己占了便宜。

（1）更高的销量。

较低的价格会导致利润比较低，所以必须有更高的销量才能满足企业的利润需求。比如，某科技公司承诺，利润率永远不超过5%，但是其产品的销量极高。很多模仿其做高性价比产品的企业之所以会死掉，就是因为产品的销量低，导致收入难以支撑企业的开支。

（2）更低的成本。

为了能够保证低价格的利润可观，就需要更低的成本。以大型超市为例，销量高的产品肯定与供应商的议价能力更强，会有更低价格的产品。所以销量高、成本低是良性循环。

（3）商业模式的创新。

例如某超市的单品价格低，意味着利润会比较低，但是由于商业模式的创新，采取会员制，每年会员的收入对企业来说是巨大的财富，这些会员用户也将是公司的忠实用户。

4. 角色（外显性）

（1）身份角色。

奢侈品牌质量并不一定比其他品牌好，款式也不一定比其他品牌时尚，但为什么依然供不应求呢？这是因为满足了一类用户的身份角色，虽然贵，但是可以彰显身份。

（2）个性角色。

现在的年轻人穿着时尚并且想拥有自己的个性，所以近年来国潮品牌崛起，大量有个性的服装品牌崛起，它们的目标用户就是追求时尚、个性的年轻群体。

（3）关系角色。

典型的产品有某款钻戒，以爱情为导向，一位男士一辈子只能定制一枚。

5. 精神（内隐性）

填补精神的空虚。孤独的时候，相信不少人会打开视频软件，也一定会刷到很多心灵鸡汤的内容。

很多产品是多维度满足用户需求的，比如一方面满足角色需求，另一方面也满足体验需求。

第 3 章
需求分析

我们往往会获取到大量需求，但每一个都需要满足吗？这需要对需求进行系统分析。

例如，在红包功能的带动下，A 公司的软件支付业务迅猛发展，同时也暴露出平台存在的很多问题。比如用户在发红包的过程当中，很多时候发不出去；在提取资金的时候，资金常常到不了账。

在众多的需求前提下，应该怎样评判先做什么，后做什么？这成为 A 公司当时需要解决的问题。于是，团队按照重要程度把整个需求分为四个层级。

第一层级是资金的安全性和可用性，就是说在保障安全的前提下，每一笔支付都能够顺利地进行，让用户资金像水一样流来流去，不会出现中断，这是一个必备的前提，也是基础的保障。

第二层级是用户体验，用户在使用 A 公司的软件支付业务时能够感到快速、清晰，并且能够在界面美观的前提下，感到舒服、愉悦。

第三层级是扩展性和兼容性，让各种各样用户的银行卡都能够被绑定、使用，让用户线上和线下的场景都可以被兼容。

第四层级是产业的生态，行业上下游和银行合作机构的关联紧密，有助于支付行业长期健康、有序、平稳地发展。

这四个层级构建了评判需求优先级的体系。它就像一个金字塔一样，从基础到高级，依次去满足、去实现，如图 3-1 所示。

对于第一层级，最大的痛点是用户在节日期间红包发不出去。A 公司发现，支付业务和传统的互联网业务有很大的不同，它的链条非常长。从 A 公司平台到 A 公司支付平台，再从基础支付平台到银行接口，任何一个环节都可能导致用户的支付变慢。在梳理过程中发现，银行接口处理的并发量是一个重要的瓶颈。这是因为，传统银行的设计无法满足互联网移动支付业务小额高频，一秒钟达到几万笔甚至几十万笔的支付请求。

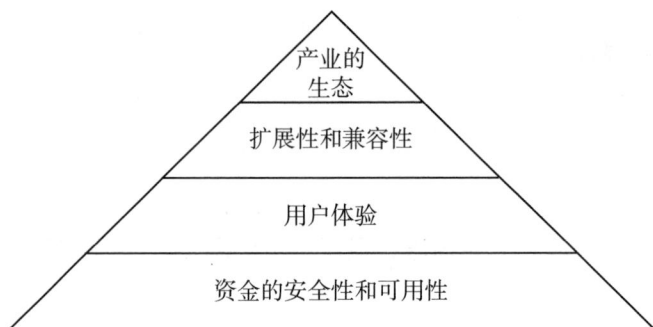

图 3-1　需求层级

通过这样的梳理，产品经理重点优化了银行接口，使银行的核心处理系统满足支付业务的小额高频的处理请求。最终，在银行团队共同努力下，开发的总容量扩展了 30 倍以上，解决了这样的一个痛点。

第二层级用户体验，最大的痛点是提现到账速度慢。A 公司的产品经理做了一个用户调研，发现赎回到账的速度竟然比其主要竞品慢 6 倍以上，这使他深受触动。于是，产品经理把从用户提现开始到送交银行处理的整个链条进行了逐步拆解，发现 A 公司内部处理的时长达半个小时以上。这是因为 A 公司在处理提现到账的时候，每一笔都要经过人工审查，在支付业务中，这显然是不能接受的。于是他优化了系统处理的方式，把人工审批变为自动处理。通过这样的提升，大大缩短了提现处理的时长。

另外，A 公司还把银行批量处理的接口进行了单笔处理，这使发到银行的数据包等待的时长大大缩短。经过这一系列的改善，用户提现几乎可以做到实时到账，从而大大优化了用户在提取资金时的核心体验。

一般来说，每个业务都可以建立从基础到高级的需求模型。我们应优先保障可用性，不断优化体验。这两层需要不断打磨完善，是产品的核心竞争力。之后，再扩展用户群，放大影响力，实现业务生态布局从基础到高级依次向上满足。

需求分析是经过深入的调研和分析，准确理解用户的具体要求，将用户的需求表述转化为完整的需求定义，从而确定系统必须做什么的过程。

在对接需求过程中，随着需求方将需求描述得越来越具体，产品经理能在结合自身业务的前提下，尝试寻找能够解决需求方问题的更优解。这是产品经理在此过程中体现出的价值，也是要产品经理去对接需求的原因之一。

不光要从产品功能设计角度寻找更优解，当你弄清了需求方描述的需求后，如果对业务足够了解，心里应该也有了需求实现的技术方案。

3.1　理解需求

什么是需求？需求分类的维度有很多，但笔者认为应该从源头开始分类，也就是从立场的角度，分为用户需求和公司需求。我们一般所说的需求都是用户需求，但也不能忽略公司需求。

3.1.1　理解用户需求的模型

1. 基于 KANO 模型理解用户需求

KANO 模型将用户需求分为基本型需求（痛点：用户有意识）、期望型需求（痒点：用户可能有意识）、兴奋型需求（兴奋点：用户可能无意识）、无差异型需求、反向型需求，如图 3-2 所示。

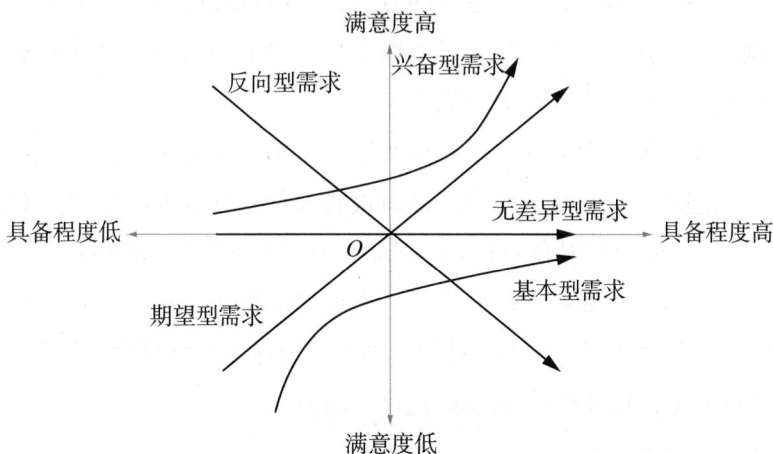

图 3-2　KANO 模型

（1）基本型需求。

用户认为产品应该有的功能和服务，并且这些功能基本能满足他们的需求。如果没有这些功能，用户满意度将大幅度下降。

（2）期望型需求。

用户虽然不能详细地描述，但能大概想象他们所需要的，希望能够提供的功能和服务。如果此类需求得到满足或表现良好，用户的满意度会显著增加。

（3）兴奋型需求。

用户一般可能是无感知的，这时候一旦能提供出乎意料的功能或服务，就能产生惊喜。挖掘这样的需求能让用户的满意度大幅提升，从而提高用户的忠诚度。

（4）无差异型需求。

不论提供与否，对用户体验无影响，属于质量中既不好也不坏的方面，它们不会导致用户满意或不满意。

（5）反向型需求。

拥有这项功能反而会引起强烈不满和导致低水平满意需求。

比如，电商类产品对用户来说的基本型需求，就是能高效地购买东西，所以应能通过搜索、筛选等手段快速找到所需的商品，完成正常的下单购买流程。

期望型需求有很多，比如在吃的方面，一般城市用户希望能买到更原生态的农副产品，能吃得更健康；没有明确购买目的的用户在浏览商城时，系统能个性化地推荐给他们想要的商品。

对公益型电商平台来说，用户的兴奋型需求可以是用户使用产品完成一些精神上的追求，比如购买农副产品时被告知能帮助到大山里的贫困户；也可以是产品上一些小的功能点让用户觉得惊喜，比如生日时的问候等。

对需求的分析，如在产品开发前，需要知道哪些是基本功能，哪些是增值功能，功能的优先级又该如何排列，都可以通过 KANO 模型来界定。

KANO 模型使用过程的案例如下。

（1）问卷设置。

问卷设置划分维度主要为正反两个方面：提供时的满意程度、不提供时的满意程度。每个功能、方面都需要提供正反两方面的题目，可以进行适当标红、加粗，防止目标客户群看错。

如果我们在 A 产品中提供 ×× 功能，请问您的感受是以下哪种？

（如有需要，增加图文解释 ×× 功能）

（　　）非常喜欢 / 非常实用

（　　）理应如此 / 比较实用

（　　）无所谓

（　　）勉强接受 / 不太实用

（　　）很不喜欢 / 一点也不实用

如果我们在 A 产品中没有提供 ×× 功能，请问您的感受是以下哪种？

（如有需要，增加图文解释 ×× 功能）

（　　）完全没影响

（　　）影响很小

（　　）无所谓

（　　）比较有影响

（　　）非常有影响

正反题的选项文案可以进行语境修改，5 分制即可。

（2）样本设置。

为了达到统计意义上的样本量，建议样本量达到 30 个以上。在后续进行问卷数据清洗时，可能会清洗掉部分不符合的样本，这时应适当增加样本量。

在实际操作中，也可能在定性的研究中使用这一模型，即不再要求 30 个以上的样本量。

（3）整理分类。

把提供此功能和不提供此功能进行交叉，得出 6 种不同的需求类型。

A：兴奋型需求

O：期望型需求

M：基本型需求

I：无差异型需求

R：反向型需求

Q：可疑结果

如表 3-1 所示。

表 3-1　需求分类模型

需求分类					
		不提供此功能			
		完全没影响	影响很小	无所谓	比较有影响	非常有影响
提供此功能	非常喜欢	Q	A	A	A	O
	理应如此	R	I	I	I	M
	无所谓	R	I	I	I	M
	勉强接受	R	I	I	I	M
	很不喜欢	R	R	R	R	Q

根据目标客户群对某一功能的评价，得出这一功能在以上 6 个分类属性中的比例，即 A 为 26.7%，O 为 60%，M 为 0，I 为 23.3%，R 为 0，Q 为 0。

对 A 产品中的 ×× 功能得出它的属性为 O（期望型需求），即当提供此需求时，目标客户群满意度会提升；当不提供此需求时，目标客户群满意度会降低。

（4）数据分析。

在得出各个功能的对应属性后，可以计算 Better-Worse 系数，以便进行四区域图的展示。

增加后的满意系数 Better=（$A+O$）/（$A+O+M+I$）

消除后的不满意系数 Worse=$-1\times$（$O+M$）/（$A+O+M+I$）

例如，对应 A 产品中的 ×× 功能得出它的系数如下：

Better=（26.7%+60%）/（26.7%+60%+0+23.3%）=86.7%

Worse=$-1\times$（60%+0）/（26.7%+60%+0+23.3%）=-60%

（5）结果呈现。

计算各个属性的 Better-Worse 系数，然后通过四区域图的形式展示出来。

以 Better 系数和 Worse 系数分别为横、纵坐标，以中点为界，如图 3–3 所示。

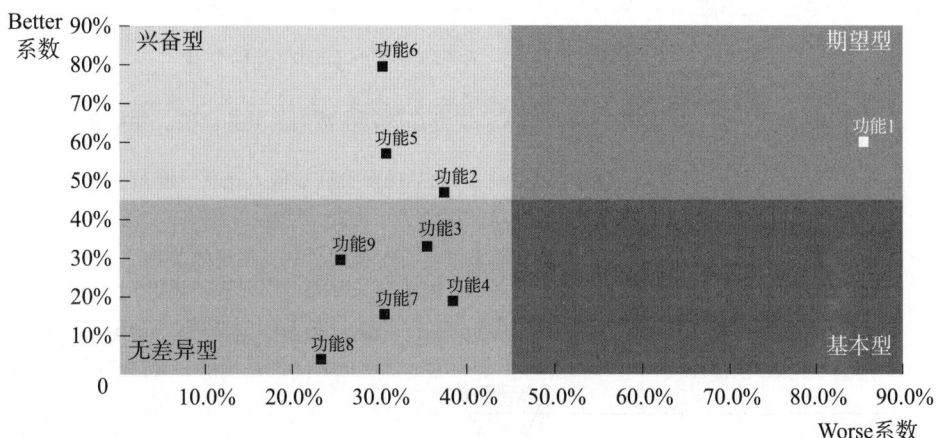

图 3–3　需求分类结果

第一区域为兴奋型：若不提供此需求，目标客户群满意度不会降低；若提供此需求，目标客户群满意度会有很大的提升。

第二区域为期望型：当提供此需求时，目标客户群满意度会提升；当不提供此需求时，目标客户群满意度会降低。

第三区域为无差异型：不论提供与否，对目标客户群体验无影响。

第四区域为基本型：当不提供此需求时，目标客户群满意度会大幅降低，但如果优化此需求，目标客户群满意度也不会得到显著提升。

在实际工作中，首先要满足目标客户群最基本的需求，即第四区域表示的基本型需求。

在满足最基本的需求之后，再尽力去满足目标客户群的期望型需求，即第二区域的功能需求，这是竞争性因素。提供目标客户群喜爱的额外服务或产品功能，使其产品和服务优于竞争对手并有所不同，引导目标客户群加深对本产品的良好印象。

最后，争取实现目标客户群的兴奋型需求，即第一区域表示因素，提升目标客户群的忠诚度。

2. 基于马斯洛需求层次理论理解用户需求

平常工作中我们可能用得更多的是马斯洛需求层次理论。马斯洛将用户需求从本质上分解成不同层次，如图 3-4 所示。

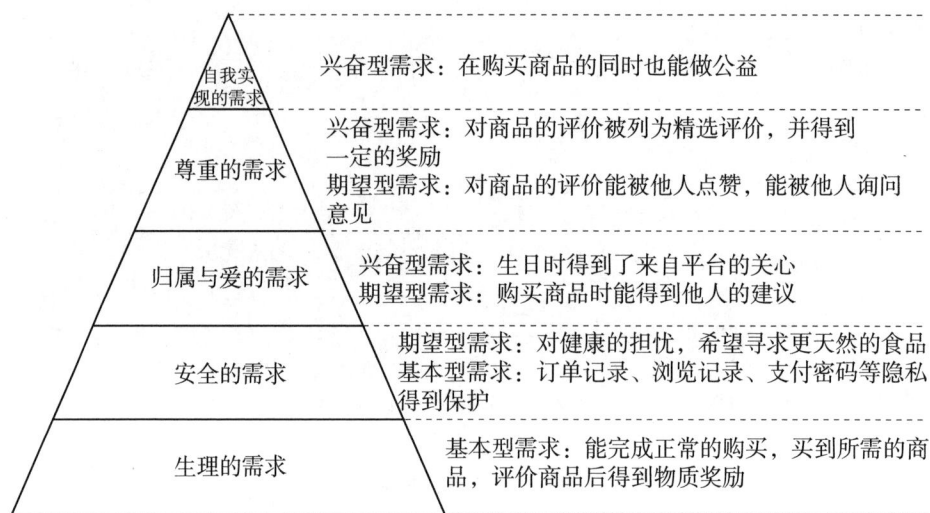

图 3-4　需求层次理论

（1）生理的需求。

基本的吃穿住行用等，这些人类活动是需要相应物品去支撑的。现代人类不可能每样产品都自己去生产，只能购买。线下去商店购买是一种途径，通过电商平台购买也是一种途径。

（2）安全的需求。

人们的感觉器官能通过外界的一些途径获取信息，而获取的信息结合自身的认知，可能会转化为一些使内心不安的因素。减少了安全感，自己出于本能会主动地去获取安全感，如对健康的担心、对贫困的恐惧、对无知的忧心等。

从期望型需求来说，比如人们都希望能吃得更好，这个"好"不只是食物的丰富，还有食材的纯天然。人们抵触添加剂，正是源于对健康的担心。你以前不知道吃什么对身体好，现在告诉你了，你就获取了信息；但你以前认为这是骗人的，你就会不相信，产生不了对安全的需求感。如果告诉你原理呢？吃了之后你的身体会得到什么，是怎么产生作用的，可能就会改变你的认知。所以，安全的需求也可能是期望型需求。

从基本型需求来说，比如在设计网络支付软件产品时，在用户输入支付密码的时候加一些交互，可能会打消用户对泄露密码的顾虑，让用户能更安心地输入密码，也提高了用户对平台的信任感。

（3）归属与爱的需求。

人是群居动物，对归属与爱的需求是刻在基因里的。人人都希望得到关心和照顾，同时也与一个人的生理特性、经历、教育、宗教信仰等因素都有关系。社交包括友情、爱情、亲情等情感，可以分为熟人社交和陌生人社交。

从期望型需求来说，比如在购买商品时能参考商品的评价、购买数量等他人留下的痕迹；购买过该商品的用户可以对商品进行评价，没买过的用户也可以对别人的评价进行点赞、评价等操作。这些互动性的功能能连接起每个用户，让用户觉得这并不是一个冰冷的商城，而是像菜市场买菜那样热闹。

从兴奋型需求来说，比如用户生日的时候可以推送祝福，对用户来说就是来自陌生人的关心。

再如，用户购买商品后可以通过微信分享，赠送给朋友。这个赠送不单是直接填朋友的收货地址，还需要朋友的接受，相当于增加了互动。所以，利用社交的属性可以为产品带来新的用户。

（4）尊重的需求。

人人都希望自己有稳定的社会地位，也希望个人的能力和成就得到社会的承认。马斯洛认为，尊重的需求得到满足，能使人对自己充满信心和热情，体验到自己活着的价值。

尊重的需求作为期望型需求时可以是对人的尊重，作为兴奋型需求时可以是对成绩的尊重。

尊重的需求是可以隐含在社交需求之中的，对用户的尊重，可以是来自其他用户的，也可以是来自平台的。

比如，用户只是单纯地购买一个商品而没有与他人产生交集，又哪里来的尊重呢？商品评价的点赞就是尊重的需求的体现。你发布了一个评价，其他人觉得你的评价对他有用然后点赞，点赞数量越高，就觉得他人对你的认可度越高。当平台将你的评价作为精选评价时，就是平台对你成绩的尊重。同时，平台的尊重也可以是一些文案上的体现，比如多用敬语。

（5）自我实现的需求。

自我实现的需求是指对实现个人理想、抱负，发挥个人能力到最大程度的需求。人们希望自己的表现或成绩得到他人认可。炫耀也可以理解为自我实现的外在表现。

从产品设计上来说，比如线上平台的会员有不同的等级，通过一些规则能达到较高的等级，但用户也希望自己的等级能被别人看到。所以，在商品评价页面里的用户头像上可以加上等级，甚至加上一些交互效果。

从更高层面来说，作为公益电商平台，我们可以告知用户，在我们的平台上购买农副产品，可以帮助到贫困地区的卖家，为他们的脱贫致富贡献一份自己的力量。这就相当于升华了单纯购买商品这一行为的意义。

一般认为，生理的需求可以对应基本型需求；安全的需求可以是基本型需求，也可以是期望型需求；归属与爱的需求、尊重的需求可以是期望型需求，也可以是兴奋型需求；自我实现的需求可以对应兴奋型需求。

3. 用户需求的特征

（1）用户在满足自己需求的同时会付出成本。提高用户使用产品的欲望不光要挖掘需求的深度和广度，还要降低用户的使用成本。

用户下载、打开客户端后就可以浏览商品，无须注册或登录账号，只有购买等涉及用户数据的功能才需要。如果为了平台的注册量，用户一打开就要求注册登录，恐怕很多用户就放弃了。

比如分享链接到某平台的功能，点击率并不是很高，后来改变了一下分享的方式，通过图片分享到某平台，发现点击率大幅度提高，这其实就是降低使用成本的一种方式。别人分享链接给你，你只能看到标题和副标题，不知道链接的内容，点击后也需花时间等待页面的出现，而图片能承载的信息比链接更多，可能更容易引起兴趣，也无须等待，从而降低了用户获取信息的成本。

（2）只有较低层次的需求得到满足后，用户才有动力去追求更高层次的需求。其实这一点也可以用到需求的优先级管理里，只有实现了最底层的功能，才能去做更高层次的功能，比如运营活动。

（3）不同层次人群的需求不同。每个产品的定位不同，可以用不同的维度来对目标用户人群分层。分层的目的是更好地研究不同层次人群的喜好，并针对这群用户来设计产品功能。

比如读书类 App 可以通过用户兴趣来分层，而电商类 App 是直接产生交易，可以用价格来分层。当然，分层也不是绝对的，具体功能具体分析。

（4）不同情形下，用户对需求的迫切程度可能不同。比如在疫情防控期间，大家宅在家里没事做，可能对视频平台会员的需求量更大；专家提醒大家要加强锻炼，这可能也是健身类 App 向非健身爱好者推广的一个机会。产品需要根据市场而不断改变。

3.1.2　理解公司需求

公司需求是指在满足用户需求之后，公司希望能得到一定的回报。这种回报可以是金钱，也可以是愿景等。

这是大的需求方向。有了这个方向，就可以拆解成许许多多的小需求，然后逐一去完成。就像搭建一个电商平台，就要有后台，后台就要有商家管理、商品管理、订单管理等功能。

同时，在公司不同的发展阶段，公司需求的侧重点不同，甚至会发生改变。比如一个公益电商平台，希望通过搭建中间桥梁，能帮助到大山里的贫困户，这是愿景，而通过收取佣金能得到一些金钱回报，同时也能把生意做得更大。

再如，搜索引擎的权重比例也会随着公司的发展而不同。一开始，公司的需求可能是鼓励商家多上商品，所以上新多的商家其商品的权重分数会更高，展现在用户面前的概率也会更高。商品数量丰富后，为了冲销量鼓励商家多推广，就可能使累计销量这一因素的权重比例分数更高。销量有了就要抓品质，那么好评率、差评率、退货率等因素的占比就会更高。

3.1.3　用户需求与公司需求的关系

公司需求和用户需求之间的关系有时是相向而行的，有时是存在矛盾的，甚至是背道而驰的。要先满足用户需求才有实现公司需求的可能，所以公司需求可以因为用户需求而妥协。

比如用户希望能买到便宜的东西，那公司抽商家的佣金就需要少一点，但是公司投入金钱搭建这么一个电商平台也需要盈利才能运转。所以，公司扩大销量就要运用一些运营手段，像发送活动的推送。如果推送的频次没把握好，可能用户就会认为这是一种骚扰。

产品经理的任务之一是对这些矛盾点进行不断协调，不断地去试错，以便找到更佳的平衡点，并尽可能实施。

3.2 需求分析流程

产品经理主动发起一个需求或接受一个新需求时，一个非常重要的环节是需求分析。一般而言，这个阶段花心思最多的是提炼需求、优化需求、权衡利弊，但往往忽略了对需求的真伪辩证分析。

一个伪需求带给产品的伤害是灾难级别的。它不仅仅是做出一个没人用的产品，还浪费了公司的资金，更糟糕的是项目团队所有成员的努力都白费了，十分打击团队的士气。因此，在需求分析时，排除伪需求乃重中之重。

3.2.1 需求分析过程

需求分析是对需求收集环节得到的需求信息进行加工处理，目的是去粗取精、去伪存真。

需求分析包括需求解释、需求过滤、需求分类、需求排序，如图 3-5 所示。

需求解释：将客户提出的原始需求，翻译成企业内部规划和开发人员能看明白、能听懂的正式需求，尽量减少内部的沟通成本，并且使需求可度量、可验证。

需求过滤：需求过滤活动主要聚焦于判断需求是否对企业有价值。如果需求对企业没什么价值，那么就可以将需求退回修改或直接拒绝，不进行下一步处理。

需求分类：需求分类是对正式需求按一定规则进行分类，便于后续采取不同的处理和满足方式。

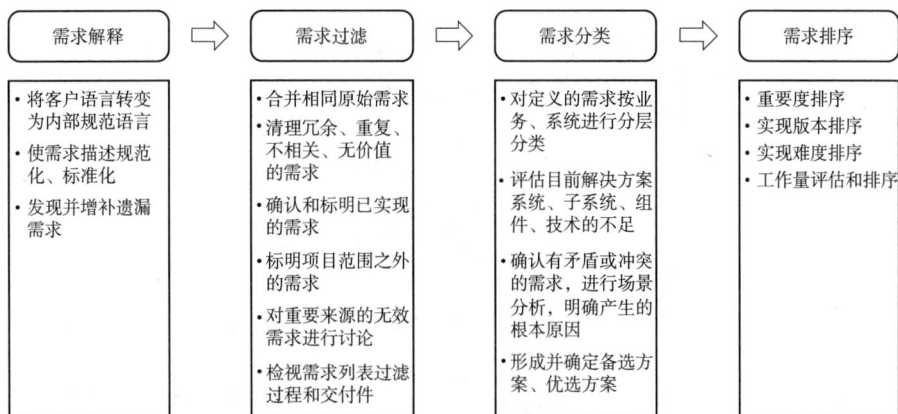

图 3-5　需求分析流程

需求排序：需求排序通常是在同类型需求中进行优先级排序，因为资源是有限的，在资源有限的情况下，需保障优先级高的需求先实现。常用的需求排序方法包括价值分析法、德尔菲法等。

某无线基站产品客户需求分析样例如表 3-2 所示。

表 3-2　某无线基站产品客户需求分析样例

需求提交者信息			需求分析信息							
需求提出时间	姓名	所属部门	需求编号	需求场景	需求描述	产品线	需求渠道	$APPEALS	客户优先级	需求传递路径
2018 年 3 月 10 日	张三	无线市场部	OR20180310	宏基站体积太大，机房空间狭小	更小的体积，便于机房安装	无线产品线	非销售项目	P- 外观、尺寸	最优	产品立项流程

需求分析后，形成需求列表，进入需求分发、需求实现、需求验证阶段。

1. 需求分发

需求管理的要点是在合适的时间，将客户最关注的需求分配到最合适的产品上。需求分发在这方面起着重要作用。需求分发的目的是将经过分析的需求恰当地分配到最佳的组织和流程中去处理。需求分发的过程如图 3-6 所示。

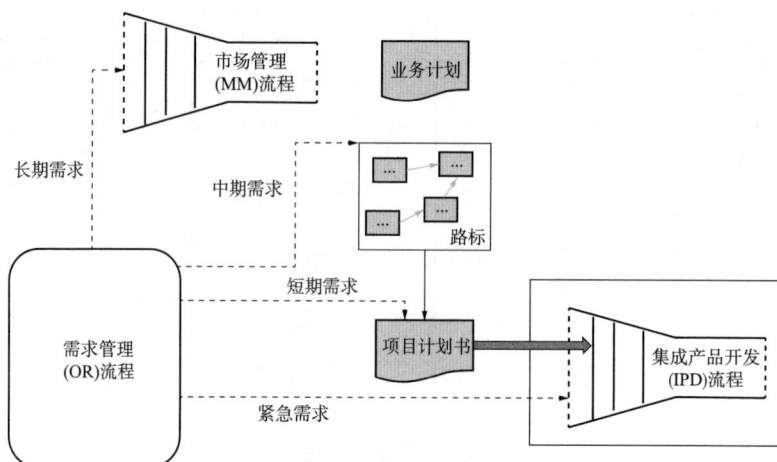

图 3-6　需求分发示意图

长期需求：面向未来 3~5 年的产品需求，主要有产品长期需求和技术演进需求。经过需求分析团队批准后，这类需求进入市场管理流程进行战略分析和规划。

中期需求：面向未来 1~3 年的产品需求。这类需求在业务单元的产品路标规划中进行处理。

短期需求：1 年内的需求，即客户和市场希望尽快满足的需求。这类需求需要进行产品立项，进入项目任务书开发流程进行处理。

紧急需求：管理层、高价值客户提出的希望马上实现的需求。紧急需求需要经过需求变更纳入产品开发项目中去处理。应该尽量减少紧急需求的比例，因为紧急需求占比越高，说明企业在需求规划方面的能力越需要提高。

2. 需求实现

需求实现的过程可简要分为客户需求、市场需求、产品包需求、设计需求、系统规格书、开发和测试等内容。

客户需求：来自企业客户的需求，包含业务需求（描述客户的高层次目标）与用户需求（描述用户目标）。

市场需求：针对具体细分市场而言，综合考虑业务需求、用户需求、竞争环境及宏观环境因素，通过市场分析形成对市场机会的描述，属于细分市场客户群的共性需求。

产品包需求：来源于市场需求、内部需求、标准约束，描述了提供给客户和下游环节的所有交付物的需求，包含客户问题、系统特性、系统需求。

设计需求：对产品包需求进行分解和整理，用来指导系统设计的需求描述。在需求实现过程中，需求分解是非常重要的方法。由系统工程师、硬件工程师、软件工程师、结构工程师一起分析产品包需求，将需求分解成硬件需求、软件需求或结构子系统，再将其进一步分配到下一层子系统、部件或模块中，最终把需求变成系统规格书，用来指导开发和测试。

需求转化状态如图 3-7 所示。

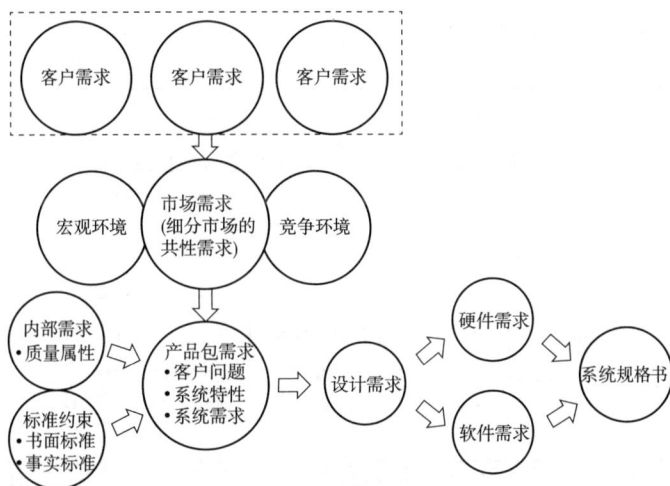

图 3-7　需求转化状态

其中，产品包需求是非常重要的概念。产品包需求分层描述案例如表 3-3 所示。

表 3-3　产品包需求分层描述案例

分类	定义	分层关系	基站案例	手机案例
客户问题	客户期望产品解决的问题	客户问题	目前的基站体积太大，导致安装不方便、运输成本高，而且很耗电	手机不支持通话录音，导致无法记录关键信息，客户希望手机在通话中能够录音

续表

分类	定义	分层关系	基站案例	手机案例
系统特性	产品为解决客户问题所需要的能力	系统特性	体积小、功耗低、安装灵活、快速部署	手机支持通话录音功能
系统需求	对系统特性进行分析加工后，形成产品的黑盒交付需求，包括功能需求、非功能需求； 系统需求不涉及具体的实现方案	系统需求	产品采用模块化结构，基带控制单元和射频模块分开部署	通话时用户可以选择录音，通话结束时自动停止； 录音文件采用MP3格式； 用户可以随时回放录音

产品包需求是在产品的规划、立项及开发过程中逐步形成和完善的，如图 3-8 所示。

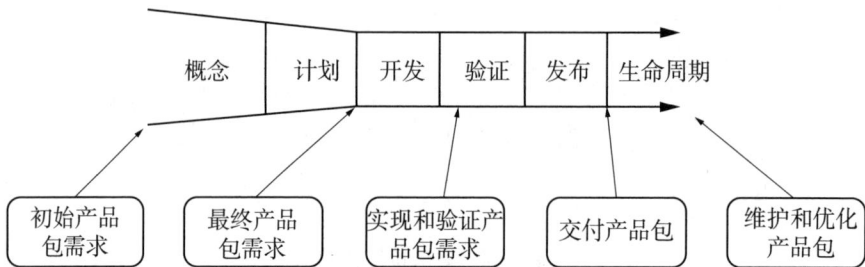

图 3-8　产品包需求实现过程

通常在产品立项时由立项团队输出初始产品包需求。

产品立项后，由产品开发团队对初始产品包需求进行进一步加工和完善，并加入产品开发需要满足的内部需求，如质量需求、技术需求、内部规范及产品目标市场的法律法规需求等。

在分析阶段形成较为完善的产品包需求，最终在计划阶段结束时输出最终的产品包需求。

在产品开发过程的开发和验证阶段，产品开发团队负责完成对产品包的实现与验证，产品开发项目到达技术评审点时，向市场和客户交付完整的产品包。

在产品的生命周期阶段则重点关注产品包的改进与优化，直到退市。

3. 需求验证

需求实现之后，要进行需求验证。需求实现与需求验证的过程遵循 V 模型，如图 3-9 所示。

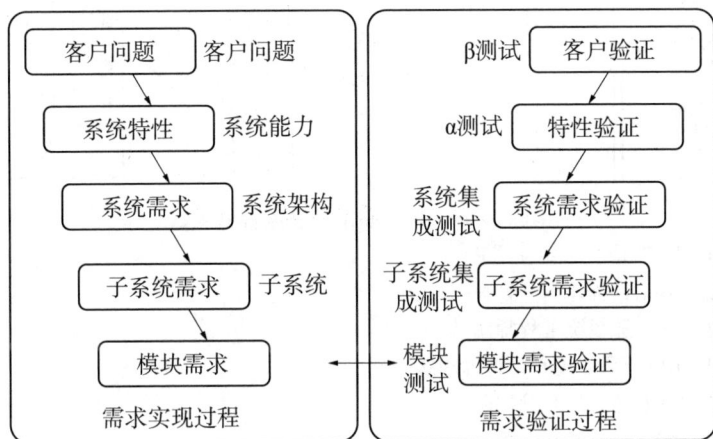

图 3-9　V 模型

从产品包需求实现角度看，整个过程首先是将客户问题转换为需求提交人的原始需求描述，经过需求分析后形成初始需求，作为企业内部的正式需求，基于此形成产品应具备的满足客户需求的系统能力，也就是系统特性。产品开发团队经过系统的分析与设计，形成产品的系统需求，并逐层分解为构成系统的子系统、构成子系统的模块、模块之间的接口的需求，这些统称为系统需求。这些需求分别由产品的系统架构、子系统、模块和接口的设计方案来满足。

从产品包需求验证角度来看，整个过程要经过模块需求验证（模块测试）、子系统需求验证（子系统集成测试）、系统需求验证（系统集成测试）、特性验证（α 测试）、客户验证（β 测试）等测试验证活动，最终交付满足客户需求的产品。

以上介绍了集成产品开发（IPD）需求管理流程框架。要做好需求管理，只有流程是不够的，还需要配套的组织架构，如图 3-10 所示。

| | PMT/RAT | PMT/RAT/SEG | IPMT/PMT | PDT/TDT | PDT/TDT |

项目范围

子流程	收集		分析		分发	实现	验证

概要活动

收集： 确定外部来源：•客户 •行业分析 •友商 •展览 •杂志　确定内部来源：•PDT •总体组 •用服 •预研 •市场 •研发

收集价值需求：•外部需求 •内部需求

分析： 需求过滤：•解释 •过滤 •检视　　需求分析：•分类 •排序 •证实

分发： 需求分发　市场管理　产品线路标规划　版本规划　分析　决策

实现： 需求纳入：•业务计划/路标 •PDT •开发需求 •新方案 •新产品/新版本 •加入正版在开发产品　需求跟踪　需求变更控制

验证： 验证需求

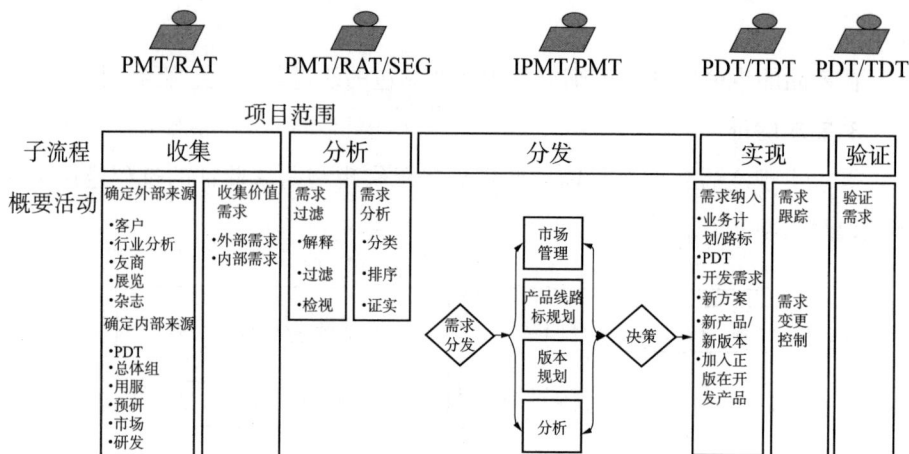

图 3-10　IPD 需求管理流程框架

注：（1）PMT 是产品管理团队

（2）RAT 是需求分析团队

（3）SEG 是系统工程师团队

（4）IPMT 是集成产品管理团队

（5）PDT 是产品开发团队

（6）TDT 是技术开发团队

需求收集工作是全体员工，包括各功能部门员工和高层管理者的职责，而需求分析工作则由专门的需求分析团队或者系统工程师团队来完成。

需求分析主要从需求要素分析、定位分析、需求分解、优先级分析 4 个方面进行。

（1）需求要素分析。

需求要素分析从需求本身出发，不考虑其他因素。

这些要素包括内容、用户/角色、频次、强度、价值、场景—动机 6 个方面。分析各个要素的目的是什么呢？

分析需求内容，是为了弄清楚需求是什么。

分析需求用户/角色，是为了弄清楚需求为谁服务。

分析需求频次、强度，是为了弄清楚需求对用户的重要性、紧迫程度。

分析需求价值，是为了弄清楚需求值不值得做。

分析需求场景—动机，是为了弄清楚需求真伪、用户目的，更深入理解需求。

（2）定位分析。

需求的定位分析是分析需求对产品当前阶段目标的意义。

分析需求的定位，有以下两个目的。

一是作为优先级排期的判断条件之一。如果需求与产品当前阶段的目标密切相关，则需要作为高优先级上线。

二是为了框定需求范围。每个需求的实现程度都有深有浅，可以简单，也可以复杂，了解需求之于产品的定位，就能判断需求要做到什么程度。如果一个需求对产品很重要，那就需要做得很丰富；如果只是辅助需求，则需要适当简洁。

（3）需求分解。

原始需求的颗粒度往往较粗，不利于后续的分析、设计、开发等工作，所以我们需要对这些颗粒度较粗的原始需求进行分解，分解为一个个完整、独立、可实现的子需求。

（4）优先级分析。

优先级分析是以拆解后的子需求为单位进行的，根据各类优先级的判断方法、原则，初步评估各子需求上线顺序及时间。

3.2.2　需求分析方法

用户需求是用户对产品或服务的期望和要求。用户需求分析可分为定性分析和定量分析两种。

1. 定性分析

定性分析明确用户需求。通过观察用户行为、用户访谈，结合产品原型邀请用户体验测试等方式，帮助团队更深层次、更全面地理解用户诉求；帮助产品团队更好地满足用户期望，并在产品设计和改进中发现新的机会。

2. 定量分析

通过量化数据和统计分析来提供客观的见解，以此评估需求的紧急重要程度；通过用户调查和问卷、A/B 测试、设置关键指标、用户满意度调查等方式，获取客观、可测量的数据。以此帮助团队识别需求优先级，支持团队作出明智的决策。

用户研究数据分析是从收集到的用户数据中提取洞察的过程。以下是一些常用的方法和技巧，可用于用户研究数据分析。

（1）定量分析方法。

描述性统计：计算数据的频率、百分比、平均数、中位数等统计指标，以了解数据的总体特征。

分布分析：绘制直方图、条形图、箱线图等图表，探索数据的分布情况和离群值。

相关性分析：通过计算相关系数、回归分析等方法，了解变量之间的关系及其影响程度。

（2）质性分析方法。

主题分析：通过文本分析或人工归类，发现用户反馈中的关键主题和问题，并对其进行总结和归纳。

情感分析：分析用户反馈中的情绪和情感倾向，了解用户对产品或服务的态度和满意度。

引用分析：提取用户反馈中的具体示例和引用，以支持洞察的提取和说明。

（3）比较分析方法。

用户群体比较：将不同用户群体的数据进行对比，了解其差异和特点，以便更好地满足不同用户的需求。

时间趋势比较：比较不同时间段的数据，发现用户行为和反馈的变化趋势以及产品改进的效果。

（4）数据可视化。

利用图表、图形和仪表板等可视化方式，将数据转化为易于理解和解释的形式，以便于发现趋势、模式和关键洞察。

使用合适的图表类型，如折线图、柱状图、饼图等，根据数据类型和分析目的选择最合适的可视化方式。

（5）整合多个数据源。

将不同来源的数据整合在一起，如用户调查、用户行为分析、市场调研等，以获得更全面的洞察。

通过交叉分析和对比分析，将不同数据源的信息结合起来，找出共同点和差异，提供更深入的理解。

（6）建立数据驱动的故事。

将数据转化为故事，以便更好地与利益相关者沟通和传达洞察。

将数据结果与产品目标和用户需求相联系，讲述一个有逻辑和启发性的故事，以支持产品决策和改进。

以上方法和技巧并非穷尽所有，根据具体的研究目标和数据特点，可以选择合适的方法进行数据分析。同时，灵活运用多种方法和技巧，结合实际情况，可以获得更全面和深入的用户洞察。

3. 从数据中发现用户需求和行为模式

通过分析数据进行用户研究可以发现用户需求和行为模式，以下是一些方法和技巧。

（1）定性数据分析。

用户反馈分析：仔细研究用户提供的文字反馈，寻找用户对产品的需求、问题和期望。通过主题分析、情感分析和引用分析等技术，识别关键需求和情感倾向。

用户观察分析：观察用户在使用产品时的行为和交互过程。注意他们的行为模式、习惯、困难和满意度，以发现他们的需求和偏好。

（2）定量数据分析。

用户行为分析：分析用户在产品或网站上的行为数据，如点击、浏览、购买等，以了解用户的偏好、兴趣和行为模式。使用用户行为分析工具可以提供有关用户行为的详细数据。

用户调研数据分析：分析用户调研数据，如调查问卷、访谈和焦点小组的数据。通过统计分析和关联分析，寻找用户需求之间的关联性和优先级。

（3）综合分析。

数据整合：整合不同来源的数据，如定性和定量数据、用户行为数据和用户调研数据，以获得更全面的图景。通过数据整合，可以深入了解用户需求和行为模式，并发现潜在的机会和挑战。

模式识别：通过分析大量的用户数据，寻找重复出现的模式和趋势。例如，某个功能被大多数用户频繁使用，或者用户在特定情境下表现出相似的行为模式。这些模式可以揭示出用户的需求和偏好。

（4）用户画像和用户故事。

基于数据分析得出的用户洞察，创建用户画像和用户故事。用户画像是对目标用户的描述，包括他们的特征、需求、目标和偏好。用户故事是从用户视角描述用户在特定场景下的行为和需求。

（5）反复迭代。

用户研究是一个持续的过程，通过不断收集和分析数据，发现新的用户需求和行为模式。在产品开发过程中，进行多次用户研究和数据分析，以不断优化产品，满足用户需求。

通过以上方法和技巧，产品团队可以深入了解用户需求和行为模式，基于数据驱动的洞察进行产品改进和优化。同时，与用户进行反馈和交流，进一步验证和细化洞察，以确保产品与用户需求保持一致。

3.2.3　需求真伪判断

需求是产品的组成部分，也是产品最终要达到的目的，它既是原因也是结果。一个产品由需求发起，结束于满足需求。产品需求也可以来源于市场。随着时间及市场趋势的变化需要，产品不断地更新和创新。

如何判断一个需求是否有价值呢？

1. 需求市场的调研维度

判断一个需求是否有价值，可以从多个维度对需求市场进行调研，主要有以下几个维度。

需求市场的用户体量：支持这个需求的用户数量越多，说明用户对需求产品的需要程度越高，说明这个需求越有市场价值，有可能转化为较好的商业回报。

是否解决问题：需求是产品最终要达到的目的，或者说需求是为了解决实际场景的问题才出现的。所以能否满足用户的实际需要、精准直达用户痛点，解决实际场景下的问题并产生好的结果，是判断一个需求是否有价值的另一个参考标准。

　　商业可行性：从研发投入成本、实施困难程度、需求的紧急程度等角度评估。估算实施需求的成本，并预测它会带来的潜在回报，计算投资回报率（ROI），如果 ROI 为正，说明能够带来一定的回报。有一些需求可能具有非常好的社会价值，但是由于实施十分困难、研发投入成本高，无法得到好的商业回报，所以在实施需求时也要衡量自身团队的能力，看是否有相对成熟的应对方案。

　　能否顺应市场变化：可以从需求的周期性、需求的通用程度、需求商业化趋势、市场大趋势等角度来分析，确保产品不会在短时间内被市场淘汰。

　　竞争优势：当某一个需求的市场体量很大时，良好的用户体验可以提升该需求的市场竞争力，增加用户体量，进一步发挥市场价值。

2. 需求市场的调研方式

　　编写市场调研报告，包括市场角度的分析和用户角度的分析。

　　（1）市场角度的分析。

　　如市场的规模、盈利情况、增长态势等。调研这个需求产品化的程度有多少，目前市面上有多少产品是支持这个需求的，研究同类产品的市场策略以了解市场上的机会和差距。

　　（2）用户角度的分析。

　　多多体验和使用其他产品类似的功能，编写产品体验报告，写出使用感受、优缺点等用户角度的体验，然后从用户的角度对比分析这些使用感受。一般来说，需求的产品化程度越高，功能的体验感越好，就说明这个需求越有价值。

　　①数据分析。分析用户数据，了解用户的行为、流量来源、转化率等关键指标。可以揭示用户在产品中的使用模式、最常见的交互方式以及可能遇到的瓶颈。社交媒体的反馈数据也很有参考价值。社交媒体是用户表达意见、分享经验和提出问题的主要渠道之一，在社交媒体上关于某行业和产品的讨论、提及和反馈可以更好地反映用户的喜好和抱怨等各种情感反馈。

　　②与行业资深人士/咨询师交流沟通。行业资深人士有更加敏锐的市场眼光，可以帮助我们把握行业脉搏，扩展业务思路，了解最新的产品趋势、技术和应用案例。与行业资深人士/咨询师交流探讨的时候可以激发出更好的方案和思路。

③调查问卷。设计需求调研的调查问卷并回收结果进行分析，通过在线调查问卷的形式以了解用户的需求、痛点和偏好，还可以面对面进行市场访谈。

产品经理要具备敏锐的市场洞察力和用户洞察力，不断优化和完善产品，以满足用户需求，适应市场变化。

产品经理在日常工作中，经常会面临一个问题：如何区分真实需求、伪需求与弱需求。

有一次，笔者收到了一封用户的反馈邮件，描述了一个他认为极为实用的功能点。我心动了，觉得这个功能可能会是下一个爆款。但当我真正投入资源进行开发后，却发现实际使用的人数寥寥无几。这让我深感困惑，为什么看似完美的需求，在实际中却得不到用户的喜爱？这时，我意识到，可能自己被伪需求或弱需求迷惑了。

3. 需求真伪的判断标准

真实需求、伪需求与弱需求有哪些特点？应该如何判断呢？

（1）真实需求的特点及判断标准。

特点：

①直接解决用户的核心痛点；

②与产品的长期策略和愿景高度契合；

③能为产品带来明显的竞争优势。

判断标准：

①用户反馈：大量用户反馈和请求此功能；

②数据支持：数据显示功能被高频率使用；

③竞品分析：满足此需求可以使产品在市场中获得竞争优势。

（2）伪需求的特点及判断标准。

特点：

①看似解决了用户的问题，但实际上并不触及痛点的核心；

②可能是追随某个热门趋势，但与产品的核心策略不符。

判断标准：

①用户反馈：只有少部分用户反馈此功能；

②数据支持：尽管有用户点击，但实际使用率低；

③原型测试：用户试用后表示很难理解或不知道如何操作。

（3）弱需求的特点及判断标准。

特点：

①虽然解决了某个用户问题，但这个问题并不是大多数用户的核心痛点；

②与产品策略不冲突，但也不是核心策略的一部分。

判断标准：

①用户反馈：用户反馈较少；

②数据支持：数据显示使用率不高；

③竞品分析：即使满足了这个需求，也不会给产品带来明显的竞争优势。

生活中有哪些伪需求、弱需求的案例呢？

案例分享

1. 社交软件的天气分享功能

某社交软件上线了一个天气分享功能，允许用户在朋友圈分享当天的天气情况。虽然初衷是为了让用户更加亲近，但实际上，大多数用户并不关心他人所在地的天气，这个功能很快就被大家遗忘。

2. 购物网站的 3D 试衣功能

为了提升购物体验，某电商网站推出了 3D 试衣功能。但由于技术限制，模拟效果并不真实，用户反而觉得更加困惑，最终这个功能下线。

3. 办公软件的手势操作功能

某办公软件为了迎合市场趋势，推出了手势操作功能。但大多数用户已经习惯于传统的鼠标和键盘操作，新功能上线后反而增加了用户的学习成本，导致大量用户反馈不满。

3.2.4　如何避免伪需求、弱需求

1. 用户访谈与观察

定期与用户进行深入访谈，观察他们在实际场景中如何使用产品。如果在访谈中，多数用户都提到希望有夜间模式，而你在观察他们使用产品时，确实发现

在晚上他们因为屏幕太亮而频繁调整亮度，那么夜间模式很可能是一个真实需求。

2. A/B 测试

针对某一功能或需求，制作两个或多个版本，观察哪个版本的表现更好。可以推出新的首页设计 A 和 B，若通过 A/B 测试发现，A 版本的用户停留时间和转化率都明显高于 B 版本，那么 A 版本就更接近用户的真实需求。

3. 原型测试

在开发前，先制作一个低保真或高保真的原型，让用户试用并反馈。若用户试用后表示很难理解或不知道如何操作，说明这个功能可能是一个伪需求或设计不够友好。

4. 数据驱动决策

通过收集和分析用户行为数据，来判断哪些功能是用户真正需要的。若一个新功能尽管有很多用户点击进入，但很少有人真正使用，则可能是一个弱需求。

5. 竞品分析

研究竞争对手的产品，看它们如何满足相似的用户需求。若竞品推出了一个新功能，获得了很高的用户活跃度和好评，则可以考虑是否应该在自己的产品中实现类似功能，或者如何做得更好。

6. 需求评分

为每个需求设置一个评分标准，如用户反馈频率、技术难度、与产品策略契合度等，给每个标准打分，最后汇总得分来决定需求的优先级。需求的用户反馈频率高、技术难度低，与产品策略高度契合，那么它的总分就会很高，说明这是一个真实需求。

通过上述的具体操作和示例，你可以更加明确地判断哪些是真实需求，哪些可能是伪需求或弱需求，并据此作出决策。

在产品管理的道路上，了解如何区分真实需求、伪需求和弱需求，是每个产品经理都必须掌握的基本技能。但更重要的是，我们要始终牢记，每一个需求都代表着真实的用户和他的期望。

3.2.5　需求分类

需求通常可以分为大的战略需求和小的产品需求，这两个层次的需求有不同的焦点和影响范围。

1. 战略需求

在确定一款产品的战略需求时，首要任务通常由公司领导或老板履行。这个过程涉及选择产品所面向的行业，并进行深入的市场分析以明确当前行业的上下游情况。

（1）行业选择与市场分析。

需要仔细研究不同行业的发展趋势、竞争状况、市场规模等因素。这需要考虑行业的增长潜力、盈利空间以及市场饱和度。市场分析还包括对目标受众、竞争对手、替代品等因素的研究。

（2）上下游情况。

了解所选行业的上下游产业链，明确与其他企业之间的关联关系。上游通常指供应商，而下游则是最终用户或分销商。了解上下游关系有助于制定更全面、有效的战略。

（3）行业路径与产品环节。

分析行业的发展路径，了解市场中的关键节点和变化。确定产品在整个产业链中的位置，找到最有利的切入点。这可能涉及产品的独特卖点、创新、成本优势等。

（4）产品定位。

根据市场分析和行业路径，确定产品的定位。这包括产品的核心竞争力、目标客户群体、产品策略等。定位需要与公司的整体战略一致，以确保产品在市场中有清晰而有力的竞争优势。在制定战略需求时，也需要考虑潜在的风险。这可能包括市场竞争风险、技术风险、法规风险等。建立有效的风险管理机制，以应对可能出现的不确定性。

2. 产品需求

（1）功能性需求。

针对单个产品或功能模块，确定产品需要具备的具体功能，以满足用户的需求。这包括核心功能、附加功能和创新性功能。

（2）性能需求。

确定产品的性能标准，如响应时间、容量、并发用户数等，以保证产品在实际使用中的效能。

（3）用户体验需求。

关注用户在使用产品时的感受，包括界面设计、易用性、可访问性等。

这两个层次的需求是相互关联的，战略需求指导产品的整体方向和长期目标，而产品需求则是具体实施这些战略的手段。有效的产品开发需要在这两个层次上取得平衡，以确保产品不仅符合公司整体战略，也满足用户的具体需求，实现商业成功。

3. 产品需求的价值评估

那么产品需求该如何评定和执行呢？

（1）对标战略目标。

确保每个产品需求都与公司的战略目标和产品定位保持一致。产品需求应该是实现整体战略的手段，而不是偏离方向的随意添加。

（2）用户优先。

任何时候，我们都要将用户需求放在首位。通过用户调研、反馈和数据分析，明确哪些需求对用户至关重要。这有助于确保产品功能的实际价值。

需求需要基于数据进行决策，包括用户行为数据、市场数据和其他相关指标。数据可以提供客观的依据，避免主观偏见。

（3）重要性评估。

根据影响面和重要性，对产品需求进行评估。同层次的需求上，笔者采用的方法是根据营收和面向的用户占比两方面进行二次评定。一个需求影响到了 50% 以上的用户，那么一定是重要的、大的需求，需要着重考虑；一个需求影响了营收正负 20%，那么也是一个重要的、大的需求。

4. 产品设计的注意点

在产品功能设计的执行层面，需要着重考虑产品的友好度和善良性。

（1）用户体验为先。

将用户体验放在设计的核心，确保产品界面简洁、直观，让用户能够轻松上手。考虑用户的习惯和期望，提供一致且愉悦的使用体验。功能的设计是直观的，用户不需要长时间学习就能够理解和使用。合理的布局、清晰的标识和易懂的图标有助于提高产品的友好度。

在设计规范内进行产品功能的设计：制定产品的整体操作规范，确保每个功能的实现都符合这一规范。明确的规范可以减少用户的迷惑和困扰，提高产品的一致性。

（2）友好的错误处理。

当用户犯错时，提供友好和清晰的错误提示，引导用户纠正错误。如某小程序在用户不允许提供位置信息时，只有首页存在弹窗提示，而在无位置信息情况下进入到详情页面，就永远是正在加载，没有明确的二次引导。

（3）善良友善的设计。

考虑产品功能对谁更有优势，谁是强势方，谁是弱势方。通过确定强弱来分辨对谁友好，如一个对话功能，是否要区分已读、未读，就需要考虑产品是为谁服务的，发送消息的人是强势方还是接收消息的人是强势方，综合产品所处的地理文化环境确定强弱。

任何设计的想法都需要有明确的论点支持，并且进行多次、多层的挖掘，这样才会避免出错。

需求中最重要的一点是保持一致性，不管是战略还是产品短期 / 长期目标，以及对服务用户，都要保持一致性。无法保持一致性，产品就会七零八碎；无法保证整体性，就会降低用户的使用体验，而没有体验，就没有用户。

去现场前，产品团队要做足准备工作。为了获得客户的有效反馈，需要提前准备好产品演示方案，以便在客户现场可以获得更多有用的需求信息，确保最终的产品方案可以解决客户真实场景问题。

3.3　需求分析方法

3.3.1　基于场景的需求分析

用户需求是提出问题，产品需求是解决问题，在提出问题和解决问题之间少不了问题分析。

基于场景的需求分析可分为场景细分、用户细分、诱因分析、定义解决方案 4 个步骤。

1. 场景细分

场景细分是将用户需求中所涉及的场景尽量罗列出来。因为只有特定的、明确的场景才能让用户需求落到一个可评估的位置上，需求才有意义。可利用行业分析网站获取细分行业报告，也可以进行系统调研，将数据报告呈现给需求方。

例如，我们想解决用户语音转文字的需求，可以列举出在什么样的场景下用户有将语音转成文字的需求。主要有会议、演讲、授课、采访、访谈、庭审、语言练习、直播、播音、音视频录制 10 种使用场景。企业可根据自己产品的战略需求，对各个场景进行市场吸引力和竞争地位分析，找出自己企业最适合占领的场景细分。

2. 用户细分

在场景细分的基础上，可以做用户细分。用户细分就是在独立场景下，将此场景下的角色全部罗列。用户细分的目的是在特定的场景下，对特定用户进行诱因分析。如表 3-4 所示。

表 3-4　用户细分表

情景	会议场景			演讲场景		授课场景		采访场景			访谈场景	庭审场景			语言练习场景	直播场景	播音场景	音视频录制	
用户	主持人	参会者	会议记录者	演讲者	听众	讲师	学生	采访者	受访者	摄影师	沟通人	法官	书记员	律师	语言练习者	主播	播音主持	节目录制者	节目制作者

3. 诱因分析

诱因分析是需求分析中重要的一环。对特定场景下的特定角色，不仅要做到原因层面的分析，还要做到期望层面的分析，如果可以深入人心，我们也要对用户内心的真实诉求进行分析。例如，会议场景下记录员的基本诉求是将会议内容完整记录，并做成会议纪要发送给其他人。而整理会议纪要是一件耗时耗力的事情，所以他期望能够自动整理会议纪要，哪怕只是重点部分内容也可以，比如重要领导的发言。如果会议纪要不需要人去整理，直接生成，这就极大地解放了记录员。

4. 定义解决方案

这是最后一个阶段，根据情景、用户、诱因分析，结合核心技术能力、资源形成产品方案。一个完整的场景细分的需求分析流程如表 3-5 所示。

表 3-5 需求分析流程表

情景	会议场景			演讲场景		授课场景		采访场景			访谈场景	庭审场景			练习场景	直播场景	播音场景	录制 音视频	
用户	主持人	参会者	会议记录者	演讲者	听众	讲师	学生	采访者	受访者	摄影师	沟通人	法官	书记员	律师	语言练习者	主播	播音主持	节目录制者	节目制作者
诱因	做会议纪要	回顾会议内容		做演讲总结	知识梳理	做讲课总结	复习	做采访稿		做采访字幕	做沟通记录	庭审回溯	庭审记录		语言矫正	直播字幕	提示字幕	节目字幕存储	
解决方案																			

针对这么多的解决方案，如何才能确定哪一种解决方案是我们真正需要的呢？如果有能力应尽可能实现更多的解决方案，实现多种功能，因为实现更多的解决方案能帮助更多的人节约时间、实现价值。但资源是有限的，可按照满足主要情景、多用户原则开发钉子型产品，随着企业和产品的发展，逐步向多功能型产品发展。

3.3.2 痛点要素分析

用户需求应从痛点出发，找到用户痛点是成功的关键。需求是在一定时期内人们的某种需要或者欲望。而痛点是指尚未被满足的，而又被渴望实现的需求，它可以驱使我们采取行动做出改变，所以一旦找到了痛点，也就找到了产品开发的抓手。

光找到未被满足的需求是不够的，还要分析用户的需求程度和紧迫性。需求是动态变化的，需要找到用户的刚需。刚需是指在所有的需求里最重要的一个或两个。紧迫性是找到真正痛点的关键钥匙。紧迫性越高，痛点越痛，产品服务被需要的可能性也就越大。

痛点要素包括场景、刚需、紧迫性、用户量。

此处对场景和用户量不再赘述，重点介绍痛点需求模型。假设需求是一条纵轴，越往上需求越刚性；横轴代表紧迫性，随着横轴从左到右，紧迫性就会不断提高，我们就能更容易地发现痛点机会，如图 3-11 所示。

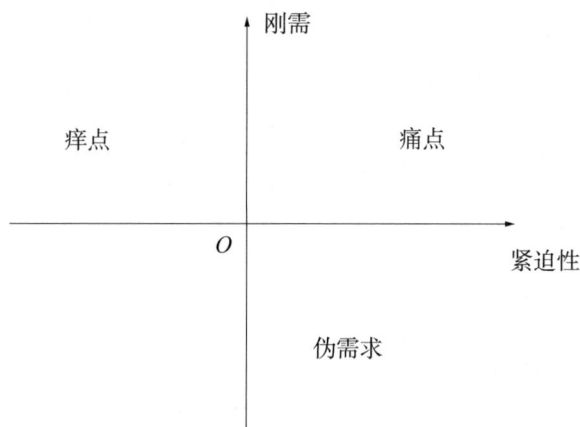

图 3-11　痛点需求模型

需求越紧迫，用户的痛点越痛，付费意愿也就越强烈。痛点需求模型的 3 个区域如下。

第一区域：痛点，代表刚需且紧迫性高。这是痛点需求，也是最有可能成功的切入点。如果你在解决用户的刚需，那么核心关键就是找到痛点出现的场景，因为需求越紧迫，你的成功率才会越高。

第二区域：痒点，代表刚需但紧迫性不高。这是常见的现象，毕竟痛点也不是随处可见。针对这类情况，我们需要提高我们产品和服务的吸引力，这样你才能吸引那些紧迫性没有那么高的用户。

第四区域：伪需求，就是那些紧迫性高但却并非真正需求的需求。这是我们最需要警惕的。每个人都希望能够享受到更好的产品或服务，但有时候这种产品和服务价格太贵或有很多限制，所以，虽然用户有需求，但这个需求很难变成刚需，尤其是很难变成大众化、高频的刚需，而很多项目则往往连需求都不是，只是想当然。

痛点能否变成用户需求，取决于我们是否有能力解决这个痛点。例如，痛点是从北京到上海走路太慢了，太浪费时间，为了解决这个痛点，提供了不同的需求解决方案，比如汽车、高铁、飞机等满足不同人群的需求。如果是在公司建立初期，发现了这个痛点，因为技术等条件限制，只能提供"汽车"这个解决方案，这样可以解决一部分人的痛点，但是汽车还是慢。随着技术发展，又提供了"高铁"这种解决方案，又多解决了一部分人的痛点，但还是不够快，最后提供了"飞机"这种解决方案。

所以产品开发初期，根据企业的资源优先解决那些关键的痛点，着重针对痛点来解决主要矛盾，让产品先活下去，中期再解决次要矛盾，后期再解决锦上添花的需求。

3.4 需求分析工具

3.4.1 5W1H 分析法

5W1H 场景公式是指什么类型的用户（Who），在什么时间（When），什么地点（Where），因为什么（Why）而产生什么（What）需求，并如何（How）来满足这种需求。

一旦对方的回答偏主观感受 / 猜测（我觉得……），没有事实依据时，就可以换疑问词继续追问客观问题，以获取更多的背景信息。

需求理解的核心就是借用 5W1H 分析法，追问项目背景、业务目标，拆解用户使用场景，如果下面这些问题都问清楚了，才算充分理解了这个需求，如图 3-12 所示。

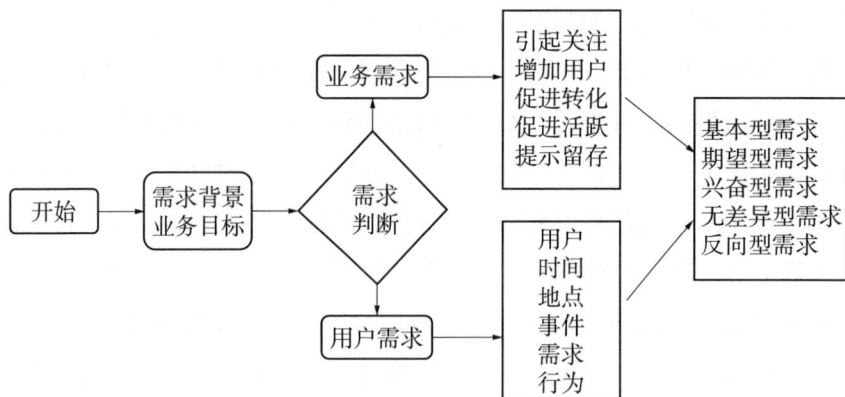

图 3-12　需求理解的流程图

如何才能快速识别伪需求？

在产品开发过程中，伪需求不仅可能会带来人力、物力、时间等资源的浪费，还可能会导致产品失败。因此，在确定产品功能和特性之前，必须进行深入的市场调研和用户需求分析，以确保所开发的产品能真正满足用户需求，避免受到伪需求的影响。

1. 透过现象看本质——深挖、探索用户真实的需求动机

如何才能透过现象看本质，这需要我们应用现有方法论，在日常工作中不断地锻炼自己思考事情的思维方式和逻辑。切忌将知道或了解误认为自己已掌握，只有通过不断地实践才能真正获得成长和进步。

What：需求是什么？明确地了解需求的内容和本质。对需求的描述一定要清晰、具体，避免使用模糊或不明确的语言。对需求的定义，需要尽可能地贴近用户的实际需求，不要用自己惯性思维的想象或假设来替代。

When：什么时候需要？确定需求的时效性。是真需求还是伪需求，一个重要的判断标准就是需求的紧急程度。如果用户只是希望未来某个时间点有这样的需求，那么这个需求就不是真需求，因为用户并没有表现出立即使用的意愿。

Where：什么场景会用到？明确需求的场景。真需求通常会在特定的使用场景下产生，要确认需求的适用场景。如果需求只适用于某些特定场景，那么相对于其他场景来说这条需求就可能不是真需求了。因此，一定要明确需求的适用范围。

Why：为什么要做？深挖用户提出这个需求的原因。是真有实际需要，还是只是出于某些特定的原因而提出的需求。这样可以帮助我们判断这个需求的合理性。

Who：谁提出来的？识别提出需求的人和他们的背景。是真用户还是假用户？他们的意见是否具有代表性？有时候会存在真需求被假用户或者少数人的意见所掩盖的情况。

How：怎么做？深入了解实现这个需求的方案。例如，考虑方案是否合理，是否具有可行性，是否存在其他方案等。有时候，实现伪需求的方案可能会暴露出其不合理性。

How much：成本、收益是多少？明确实现这个需求的成本和收益。如果实现需求的成本过高，或者带来的收益太低，成本收益不匹配，那么这个需求就可能是伪需求。

2.明确本质定结论

通过确认需求频度、范围、紧急程度、成本、回馈效益，判别需求的真伪。

通过以上方法可以筛选出一部分需求，剩下的需求可能需要分阶段考虑，因此所处当前阶段的需求可能还是伪需求，但此伪需求非彼伪需求，第二步我们其实关注的是实现需求的规划。筛选需求可以综合考虑以下内容。

（1）需求频度：明确需求的使用频率。主要是确认在业务实际应用过程中，面向用户的实际使用频次如何。如果频次很低又有其他已有方案可以实现，可以考虑延缓实现该需求。例如，针对云计算存储、虚拟化等产品，由于产品偏底层，好多功能可以通过底层命令的方式实现。若当前版本规划较紧张，对那些用户需求并非很强烈的低频需求，其实就可以考虑在后续版本实现。

（2）需求范围：明确并界定需求边界，让需求更明确。需求实现要有明确界限，开放式需求永远都做不完。开放式需求无论在我们工作还是生活中都很常见，尤其是一句话需求。

（3）需求紧急程度：可通过四区域法则来明确需求紧急程度，综合评定需求优先级。

（4）需求成本：确认实现或完成需求的实际成本。

（5）需求回馈效益：关注需求带来的实际效益和反馈。高成本低回报的需求都不能作为好需求。这种需求做多了，公司、团队承受的压力还是很大的，所以务必要把握好。

3.4.2 基于"为什么"找到需求本质

有时候，产品经理收到的需求非常具体，可执行性非常强。不过，这些信息只是需求的表象，并不是真正的需求。我们要多问几个"为什么"，找到需求的本质。

比如大家可能都经历过类似的场景。

业务员 A：菜单中要增加"产品测试"的功能。

产品员 B：为什么要增加这个菜单？

业务员 A：为了对数据模型做全量的数据运行测试。

产品员 B：为什么要做全量测试呢？

业务员 A：主要是为了在模型提交审核前验证模型的运行情况，避免审核时出错，造成模型被频繁打回，影响客户体验。

产品员 B：那没必要增加菜单吧，可以嵌入到模型开发中。

业务员 A：可以。

通过对话过程，我们可以推测业务员 A 接受的任务可能是产品要增加产品测试的功能，但是增加功能的方式有很多。业务员 A 经过自己的理解做了微调，并作为需求直接传达了。

当我们多问几个"为什么"，可能会找到需求的关键点，并提出更好的方案。

3.4.3 马斯洛需求层次理论

马斯洛在《人类动机的理论》中，首次提出需求层次理论，这种理论的构成有 3 个基本假设。

人要生存，他的需要能够影响他的行为，只有未满足的需要才能够影响行为，满足了的需要不能充当激励工具。

人的需要按照重要性和层次性排成一定的次序，从基本的（如食物和住房）到复杂的（如自我价值的实现）。

人的某一级的需要得到最低限度的满足后，才会追求高一级的需求，如此逐级上升，成为继续努力的内在动力。

1. 马斯洛需求层次理论概述

马斯洛把需求分成 5 个层次，由低到高依次是生理的需求、安全的需求、归属与爱的需求、尊重的需求和自我实现的需求。

围绕这些不同的需求层次，我们做了许多形态各异的产品，如围绕生理的需求，我们设计了房子、炊具、水龙头、呼吸机，甚至今天的美食平台、电商平台、住房类 App 也都是围绕这类需求展开的设计。

围绕安全的需求，我们设立了银行、保险机构，颁布了法律。

围绕归属与爱的需求，我们设计了各类社交类 App。

……

发现需求，无非就是要从身边抓起，发现生活中尚未解决的问题，或者那些解决得还不够好的问题是否有更好的解决方案。

2. 生活中发现需求的案例

某著名商业设计师在经历过两岁女儿被 100℃ 开水烫伤的惨剧后，心痛不已，经过一番痛苦的反思、自责，他发现了普通水杯的不便之处，突发灵感，创造了 55℃ 恒温水杯，即将 100℃ 开水倒入杯中，轻轻一摇，就可以得到一杯可以直接饮用的 55℃ 温水。

该产品发布后，出现了 "10 分钟售罄" "货源不足" 的局面，一时间成为爆款。

发现生活中的需求，从身边的小事抓起。从某种意义上来说，"发现需求 = 发现商机"。

随着社会的发展和人口结构的不断变化，人的需求不会严格按照这五个层次依次满足。20 世纪 70 年代，人们更多是为生理需求、安全需求烦恼，如何吃饱、吃好是首要解决的问题；"90 后" 更多是为了社交需求，自我提升而烦恼，到了 30 岁左右，又开始为安全需求烦恼，工作压力大，身体透支严重；"00后"更多是为了自我实现的需求烦恼，他们有优越的物质生活、丰富的知识摄入、强烈的自我意识，希望得到父母、领导、朋友的认可，更愿意为了自己的喜好付费。

消费者的需求终点，马斯洛早就给出了答案，即自我实现。对于消费者而言，就是"如何通过需求的满足成为更好的自己"。

这个"更好的自己"有两层含义：一是本身的自己，二是别人眼中的自己。我们要用别人眼中的大我，成就自己心中的小我。

消费者虽然想成为更好的自己，但他们并不知道如何成为更好的自己。我们都在被商业引导去成为更好的自己。

《乔布斯传》提到过一件事情：乔布斯从来不做用户调研，他说如果亨利·福特在发明汽车之前去做市场调研，得到的答案一定是消费者希望得到一辆更快的马车。

很多人讨论这件事的时候，都说乔布斯错了，因为消费者的真实需求不是一辆更快的马车，而是更快的方式。抱歉，乔布斯并没有错，错的是我们的主观意识。

乔布斯就创新问题发表过态度，他说："创新就是把各种事物整合到一起。有创意的人总能看出各种事物之间的联系，再整合成新的东西。这就是创新。"而后面这句话也同样重要："明白自己想要的是什么，这是我们首先需要清楚的。而用正确的标准来判断大众是否也想得到他们想要的东西，这才是我们要擅长做的。这才是公司花钱请我们做的工作。这与流行文化无关，与愚弄大众也无关。"

你问消费者："你需不需要一辆更快的马车？"他心里肯定是想要的，但是在"想要"和"能要"之间，需要乔布斯所说的正确标准来判断：

一是能否取代旧品或为消费者生活带来极大的改善；

二是是否易于消费者理解，操作是否简单；

三是价格能否被消费者接受。

三个标准缺一不可，否则你的创新就没有商业价值，推动不了社会的发展。

3.4.4　使用 5Why 分析法分析需求产生过程

5Why 分析法，又称 5 问法，就是对一个问题连续以 5 个"为什么"来追问，以追究其根本原因。

例如，用 5 问法分析机器停机的真正原因。

问题一：为什么机器停了？

答案一：因为机器超载，保险丝烧断了。

问题二：为什么机器会超载？

答案二：因为轴承的润滑不足。

问题三：为什么轴承会润滑不足？

答案三：因为润滑泵失灵了。

问题四：为什么润滑泵会失灵？

答案四：因为它的轮轴耗损了。

问题五：为什么润滑泵的轮轴会耗损？

答案五：因为杂质跑到里面去了。

经过连续 5 次问"为什么"，最终找到问题的真正解决方法——在润滑泵上加装滤网。如果没有这种追根究底的精神，最终很可能只是换根保险丝草草了事，真正的问题还是没有解决。

首先，我们从高维度进行需求分析，即对需求产生过程进行分析。从需求产生过程来看，一个业务需求的形成到最终传达至产品经理，需要经过漫长的流程和多重决策，信息在传递过程中必然会失真。我们可以通过 5Why 分析法分析过程是否存在问题，以保证需求的真实可靠。

因此，产品经理在分析需求产生过程时，可以尝试问以下问题。

业务目标是否合理？目标是否过高或者过低？是否可量化？

实现业务目标的策略，是正确路径吗？

业务痛点真实吗？是高层的痛点，还是基层员工的痛点？现状无法满足呢，还是他们不会操作？真的影响业务策略吗？

业务需要是对业务痛点的真实反馈吗？必须现在解决吗？

业务需求的方案是唯一解决方案吗？合理吗？业务内部不能自行解决吗？上线后能否助力目标达成？能为目标贡献多少？投入产出比合理吗？

以上罗列的问题仅抛砖引玉，建议产品经理在实践中尝试从不同角度、不同环节进行分析，锻炼自己需求分析的能力。

3.4.5 分辨伪需求的方法

分辨伪需求有什么比较好的办法呢？下面以 iPad 点菜和客户自助式贷款信息提交 H5 页面（一种基于 HTML5 技术的网页设计形式）两个需求案例，分别使用 Y 模型分析方法、用户场景流程分析方法演示辩证的过程。

1. 需求：iPad 点菜

背景：随着互联网各大软件的层出不穷，电子化、无纸化大行其道。A 公司是一家以提供高端定制化软件为卖点的技术公司，主要客户是国内高端的餐饮酒店。彼时餐饮酒店的菜单多为纸质菜单，单本价格不菲，而餐饮酒店的菜单随着季节交替变更较为频繁。于是，一些大客户餐饮酒店提出在 iPad 上实现点菜。

目的：开发一款在 iPad 上点菜的 App，取代纸质菜单。

A 公司拿到这个需求的时候，主要从以下几个维度分析，并得出了开发 iPad 点菜的结论，如表 3-6 所示。

表 3-6　iPad 点菜对比纸质菜单的维度分析表

维度	iPad 点菜	纸质菜单	对比结论
成本	一次性 iPad 成本 + 软件费用 + 菜品投影费用（iPad 成本 3000 元，软件 10000 元 / 年，投影 2000 元 / 次）	一年 4 次的纸质菜谱制作费，每本 500 元	iPad 点菜短期不合算，长期可以节约成本
菜品维护	更新后台菜品信息图片即可	要周期性制作	iPad 点菜相对简单
账单维护	与酒店系统直连，直接寄到客户房卡上	需要客户与服务员进行结账，然后录入到点菜系统	iPad 点菜无需人工记账，准确率提高

续表

维度	iPad 点菜	纸质菜单	对比结论
菜单外观	轻薄、高端	笨重、传统	iPad 点菜更高级
可见菜品信息	菜名、图片、价格、材料、自动计算结算价格	菜名、图片、价格	iPad 点菜可见信息更多，更方便

分析得出的结论没问题，但这是一个伪需求。为什么？让我们用 Y 模型来分析一下，如图 3-13 所示。

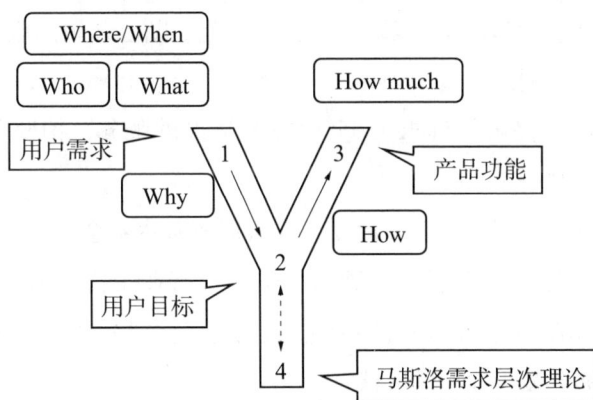

图 3-13　Y 模型图示

Y 模型需求分析的思路浅析如下。

第一层：用户提出的诉求。第二层：用户诉求的目的。第三层：用户心理上的诉求。结合成一句话就是，收集到用户的诉求后，我们要了解他诉求背后的目的，再确定他心理上想满足的点，最终设计出一个可以满足他心理诉求的功能。

那么，我们开始分析 iPad 点菜需求。

第一层（用户提出的诉求）：大客户餐饮酒店提出在 iPad 上实现点菜。

第二层（诉求的目的）：更低的成本、方便菜品维护、方便账单维护、更高级的外观、客人可以看见更多的菜品信息。

第三层（心理上的诉求）：对酒店而言，可以降低成本；对客人而言，可以享受到更高级的服务。

由此我们发现，iPad 点菜实际上是满足酒店和来酒店吃饭的客人两类用户的诉求，为酒店省钱，让客人感到高级。但是这里有一个很大的隐忧，对提出需求的酒店，更低的成本、方便菜品维护、方便账单维护这几个目的确实可以通过 iPad 点菜很好地实现，但是客人真的能通过 iPad 点菜体验到更高级的服务吗？

我们不能听需求提出人的一面之词，一定要站在用户的角度想一想，我们再通过 Y 模型的第三层反推一下客人会不会想要 iPad 点菜。

第三层（心理上的诉求）：吃饭的时候体验更高级的服务。

第二层（诉求的目的）：多样化的服务体验、贴心恭敬的服务员、优雅的就餐环境、很难吃到的美食……

第一层（用户提出的诉求）：全程服务员提供服务、拍照美美的高级包厢、品尝法国红酒……

这么一想就会发现，对客户而言，高级服务基本不会是用 iPad 点菜。

这也可以解释为什么餐厅、酒店、美发等行业宁愿在雇用员工、装修，以及一些花里胡哨的地方多花一些钱，也不会为了提高效率去落实电子化、数字化，因为那会减少他们的客流。

2. 需求：客户自助式贷款信息提交 H5 页面

背景：B 公司是国内领先的金融助贷服务公司，有一个与银行直连的客户关系管理系统，每天有 2000 名坐席在该系统通过"电话销售 + 文字沟通 + 系统录单"的模式进行作业。随着国内的监管日益严格，公司的安全合规部门也提出了更加严格的规定：不允许销售员工接触任何客户敏感信息（手机号、身份证号、银行卡号、家庭住址等）。为客户办理贷款期间，大概有 100 个字段需要客户提供，如果完全按照规定执行会导致部分贷款业务无法开展。

目的：通过让客户自主完成贷款信息填写，规避安全合规风险。

笔者当初想到自助式贷款信息提交 H5 页面这个方案的时候，半夜激动得睡不着觉，但与富有经验的销售主管聊过之后，便彻底否定了这个方案。接下来，让我们以用户场景流程分析方法得出结论。

用户：有贷款意向的白领、小微企业主，年龄段为 40 岁的正态分布。

场景：坐席端，上班时间，通过系统呼叫客户，此时除了知道客户有意向办理贷款和一个掩码的手机号，其他信息均需客户提供；客户端，上班时间，收到一个标记为 B 公司的来电。

通过以上分析，我们可以比较简单地得出这样一个结论：贷款的流程较为复杂，所需的信息较多，而主流的贷款客户并不是移动互联网的高端用户，难以完成贷款信息的自主提交。

作为产品经理，想到这么完美的一个解决方案，当然不愿就此放弃。如果不只是甩给客户一个表单 H5，而是给 H5 的同时，坐席给予操作引导，那么不就可以让客户完成贷款信息提交了吗？这样当客户提交后，系统再自动同步表单数据至坐席端，坐席只要负责简单的内容校验即可。

如果真这么做了，那产品经理就是想当然地闭门造车了。实际上，在上述流程中，客户流失率非常高，基本每一个客户端的判断都要损失 50% 的客户。而将表单交给客户填写，意味着留给客户思考的时间增加，客户思考得越多，乱七八糟的想法就越多，流失率就越高。

我国的金融贷款普及并不全面，民间借贷、高利贷、黑网贷仍是许多人心中的阴影，虽然 B 公司是正规的银行贷款，坐席也完全按照行业标准话术向客户说明贷款信息用途，客户在电话中依然非常防备。

大家可能会好奇，那最终如何解决安全合规的问题呢？其实最终的解决办法并不是靠需求，而是与安全合规部门做了沟通，在合规允许的范围内调整了规定。必要时才允许坐席在电话中向客户索要客户的敏感信息，且必须通过文字的形式。这相当于客户同意并主动提供。

3.5 需求整理

需求整理主要是通过需求分析归纳为产品开发可利用的需求文档，包括产品需求文档（PRD）、商业需求文档（BRD）和市场需求文档（MRD）3 种。

产品需求文档（PRD）是一份用来介绍产品是什么，以及如何实现的文档。简单来说，PRD 是产品项目由概念化阶段进入图纸化阶段的最主要的文档，是将商业需求文档（BRD）和市场需求文档（MRD）用更加专业的语言进行描述。例如，整个软件产品的开发是不同部门、不同角色、不同岗位协同工作的成果，因此在这个过程中，也就需要大家各自在自己的职责范围内，完成相应工作。MRD、BRD、PRD 就是过程中比较详尽的交付文档，一起被认为是从市场到产品需要建立的文档规范。

BRD 是基于商业目标或价值所描述的产品需求内容文档，其核心用途就是产品在投入研发之前，企业高层作为决策评估的重要依据，是产品生命周期中最早的文档。

MRD 在产品项目中有承上启下的作用，"承上"是对不断积累的市场数据的整合和记录，"启下"是对后续工作的方向说明和工作指导。

3.5.1 产品需求文档（PRD）

1.PRD 的作用

在介绍 PRD 之前，首先讲述一下产品开发流程中几个核心的节点。

需求来源：产品经理接收业务需求。

需求分析：产品经理分析需求是否合理。

需求确认：产品经理同业务方确认需求。

功能拆解：产品经理基于业务需求，拆解产品需求。

流程绘制：产品经理基于需求，明确系统实现流程。

原型绘制：产品经理绘制原型图，原型相当于产品的一个最初的演示。

PRD 书写：产品经理撰写 PRD，需要说明 PRD 中需求的背景、来源、价值，以及功能范围、功能说明。

PRD 评审：同业务方、开发团队、UI（用户界面）设计等相关部门，基于 PRD 文档召开需求评审会议。

产品开发：研发人员基于 PRD 开发代码；UI 人员基于 PRD 设计页面；测试人员基于 PRD 编写测试用例；产品经理配合各个部门推进需求开发。

需求从开始到结束，其间经过不同的阶段，需求的提出者、需求的实现者并不会一直同时跟进需求的进度，所以要确保开发出来的需求满足提出者的诉求，且参与其中的所有人可以理解一致。这个时候就需要 PRD 把这些需求描述清楚。

PRD 是项目启动之前必须通过评审确定的最重要文档：

（1）保证一致的需求理解；

（2）提高协同效率；

（3）版本的记录和留存。

2. PRD 的组织

产品经理作为一直参与其中的角色，也作为 PRD 的输出者，需要负责 PRD 的撰写、更新、版本记录。PRD 侧重的是对产品功能和性能的说明，相对于业务需求中的同样内容要更加详细，并进行量化。

不同的公司、不同的项目对需求实现的流程不一样，有的可能是通过 MRD 进行沟通，有的是依据 BRD。无论是哪一种形式，最好还是通过一个正式的方式，将业务需求确认下来，这样可以避免很多研发过程中的风险，例如不同部门之间的推诿。

同样，不同的公司对 PRD 的形式要求也不一样。有的是 Word 文档形式，有的是原型备注说明，需要根据具体的需求场景、紧迫程度来衡量，但无论采取什么形式，PRD 的核心是把事情说明白。

（1）PRD 的框架。

产品经理进入一家新的公司后，写 PRD 之前，通常会向同事询问："咱们公司的 PRD 模板是什么样子？"每个公司都有自己的 PRD 模板，有标准的页眉、页脚以及内容框架，包括但不限于以下内容：

①文档的命名和编号；

②文档的版本历史；

③目录；

④需求概述；

⑤产品描述；

⑥功能需求；

⑦非功能需求；

⑧运营计划。

以上内容是按需自取，任何事情都要讲究"因地制宜"。常见的产品需求文档核心模块包括需求概述、产品描述、功能需求、非功能需求，一些大型项目的验收标准、运营计划都会有单独的文档说明。

（2）PRD 的撰写。

如图 3-14 所示。

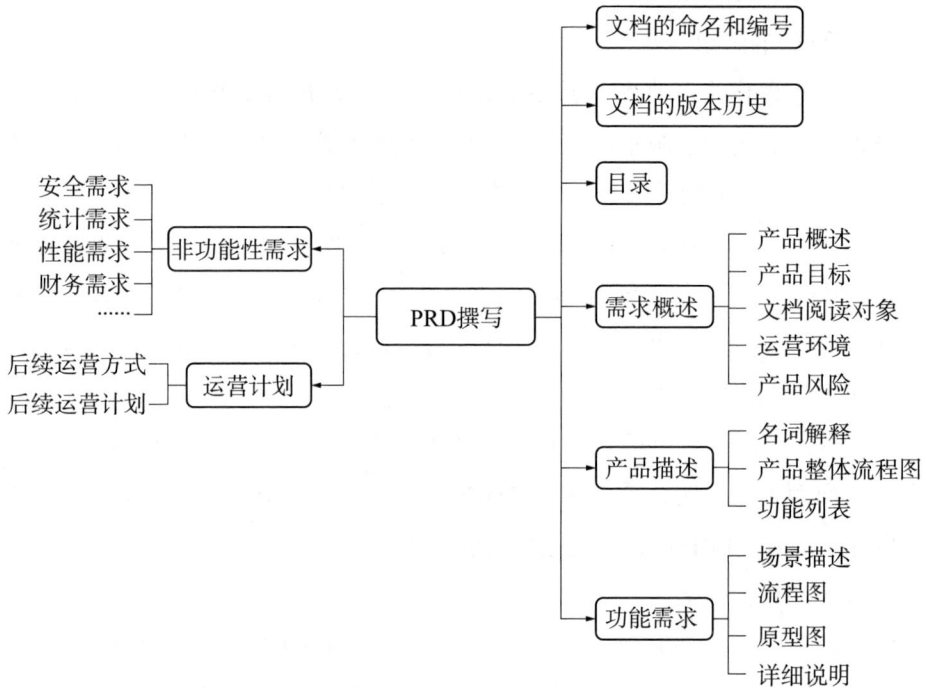

图 3-14 产品需求文档模板

①文档的命名和编号。

主标题：××××需求文档。主标题直接明了，只需说清楚是什么产品、什么需求。

副标题：在主标题无法说明清楚的情况下，可以通过副标题更清楚地表达需求的范围。

编号：根据公司的要求填写即可。

②文档的版本历史。

文档信息：形式如表 3-7 所示。

表 3-7　文档信息

文档名称			
文档编号		文档版本日期	
编写人		编写日期	
评审人		评审日期	

版本更新历史：形式如表 3-8 所示，用来记录文档版本的更新历程，以及更新内容，方便协作以及回溯。

表 3-8　版本更新历史

版本	日期	修改人	修改内容

③目录。一方面，目录展示了整个 PRD 的逻辑，以及 PRD 的需求概览；另一方面，也起到了快速检索、快速定位的作用。

④需求概述。

产品需求概述及目标：简单明了地说清楚需求的背景、目标、价值点。

文档阅读对象：该文档主要面对的人员范围，明确不同阅读对象相关的职责和负责的事项。

运营环境：需求涉及的各个系统的大概说明。

产品风险：目前已存在的风险，须在文档中记录，并确保在评审结束后项目参与人员已周知。

⑤产品描述。产品描述是对整个需求的全局描述，一些涵盖全局的需求描述和设计内容可以在这个模块统一解释说明。

名词解释：PRD 文档中经常涉及很多专业名词，或者是一些长称呼的简写，这些名词解释对理解产品需求至关重要。为了方便、快捷地理解产品需求，需要在整个文档中，使用具有共识的词语去定义功能、描述需求。

产品整体的流程图：可以更快更准确地向开发、参与人员传递出需求的全貌。产品整体流程图的主要目的是方便阅读者理解整个需求的场景、参与的角色、彼此的关联、核心的主流程。整体的流程图中，主要表明要完成哪些任务、核心节点以及这些任务或者核心节点的拆解，也可以不在这个阶段做详细的拆解。如图 3-15 所示。

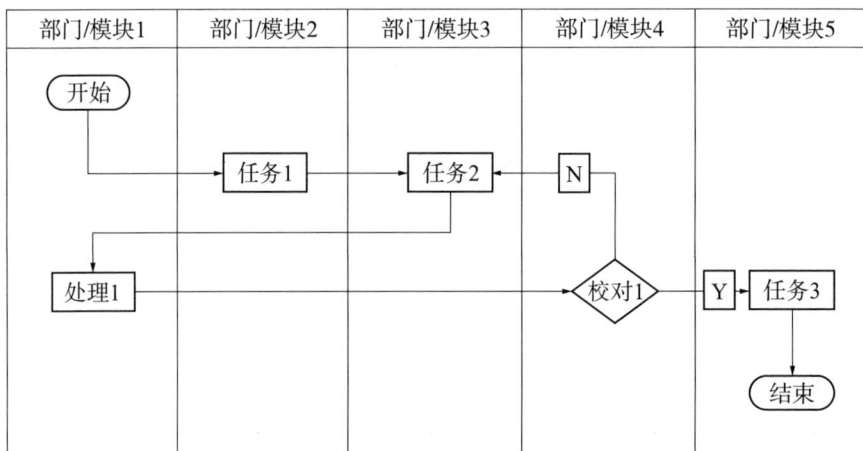

图 3-15　产品整体流程图

功能清单：功能清单用来说明这次文档中需要实现的产品功能有哪些。关于功能清单，需要考虑的问题包括从什么维度去拆解，以及拆解的颗粒度（是以场景去拆解，还是以系统框架去拆解，抑或是以页面逻辑去拆解）。

⑥功能需求。功能需求模块是 PRD 的核心模块。首先要将需求拆解开，如果本需求是完成商品中心的搭建，那么就可以拆解为商品列表、新增商品、编辑商品、查看商品、删除商品……

同功能清单一样，拆解的颗粒度要按照实际需求来进行。拆解完成后，这部分内容就会生成 PRD 的目录。因此要先把需求的层级梳理清楚，再填充内容。

框架构建好后，就该填充内容了，可按照如下的逻辑顺序按需自取。例如在中后台系统的设计中，需要有对角色权限的描述，就需要新增一个权限说明的模块

场景描述：对功能的业务需求、使用场景的描述。

流程图：通过详细流程图说明任务、节点、流传。

原型图：相当于需求预览图。

详细说明：如何把需求实现出来，以及对流程和原型图的详细说明。

在详细说明阶段，除去一开始默认的原型图外，在说明的过程中也需要补充许多交互原型图，如校验提示、弹窗、切换、按钮变化、状态变化等。在一些状态和页面复杂的需求中，一定要把每个状态的流传定义清楚，包括不同状态下的页面、按钮、交互的变化等。

3.5.2　市场需求文档（MRD）

市场需求文档（MRD）是产品项目过程中重要的过程性文档，它基于客户需求相关的数据，对其进行市场和商业分析，旨在将目前行业或产品市场数据进行整合和分析，并对团队后续工作的方向进行说明及指导。它不仅为产品团队提供了明确的指南，也确保了所有的利益相关者对于产品的期望和市场需求有着清晰的理解。

市场需求文档（MRD）的主要用途是论证产品的市场潜力和商业价值，为产品研发和项目实施提供指导和规划。通过市场需求文档的编写和实施，企业可以更好地把握市场机遇，实现产品的商业价值。

在竞争激烈的市场环境中，拥有一个精心制定的市场需求文档（MRD）是成功推出产品的关键。例如，根据项目管理协会（PMI）的报告，缺乏明确的需求是项目失败的主要原因之一。通过深入分析市场，理解目标用户的需求，市场需求文档（MRD）能够提供一个明确的框架，以帮助团队在整个产品开发过程中保持对市场需求的关注。

1. MRD 的用途

（1）论证产品市场潜力。

市场需求文档通过分析市场需求、竞争态势、目标用户和行业趋势等因

素，可以论证产品的市场潜力和商业价值，为企业的产品决策提供依据。

（2）定义产品需求。

市场需求文档通过对市场需求的深入了解和分析，可以明确产品的功能、性能、用户界面设计等方面的要求，为产品研发提供具体的方向和指导。

（3）指导产品研发。

市场需求文档作为产品项目的核心文档，为产品研发团队提供详细的研发指导，包括技术实现方案、开发计划和预算分配等方面的内容，确保产品研发的顺利进行。

（4）规划产品战略。

市场需求文档通过对市场环境和竞争态势的分析，为企业制定合适的产品战略提供支持，帮助企业明确产品定位、定价策略、推广渠道等。

（5）协调跨部门合作。

市场需求文档的编写和讨论需要多个部门的参与，如市场部门、销售部门、技术部门等。通过编写和讨论市场需求文档，可以协调不同部门之间的合作，确保各部门对产品的市场潜力和商业价值有共同的理解和认识。

2. MRD 的内容

市场需求文档是一个多层次、多维度的文档。一份完整的市场需求文档主要包含文档说明、市场分析、用户分析、竞品分析等内容。市场需求文档的架构如图 3–16 所示。

市场需求文档各个要素详细说明如下。

（1）文档说明。

主要包含产品基础信息、文档修改记录、文档概要。其中，产品基础信息用于描述产品名称、公司名称、创建人、创建日期等。文档修改记录用于记录每次调整。文档概要用于说明该文档的主要目的，以及产品简介。

（2）市场分析。

说清楚产品的目标市场，市场规模有多大，目前市场有什么特征，市场存在什么样的问题和机会，比如技术方面、产品方面、用户方面、运营方面等，以及市场的发展趋势，同时通过市场分析得出什么结论。

文档说明	市场分析	用户分析

产品基础信息

公司名称	产品名称
创建日期	创建人
联系方式	部门

职务

文档修改记录

文档概要

文档目的

内容概要

产品概要

目标市场

市场规模

市场特征

市场问题及机会

产品方面

技术方面

运营方面

用户方面

商业模式方面

发展趋势

竞争分析

目标市场定位

目标用户群体

用户特征

用户画像

角色卡片

用户场景分析

用户使用动机

用户影响因素分析

竞品分析

选择竞品	明确目标
对比分析	得出结论

市场机会和风险评估

产品定位	产品架构	产品路线图	功能性需求	非功能性需求

图 3-16　市场需求文档架构图

发展趋势：通过数据分析，例如市场研究报告，可以明了市场的发展趋势。假设一个公司计划开发一个健康食品应用程序，通过分析可以发现有机食品和植物基食品的需求正在增加。

竞争分析：分析竞争对手的产品和市场表现，以便更好地定位自己的产品。例如，通过分析竞争对手的用户评价和市场份额，可以发现他们的产品缺乏一个易用的用户界面。

（3）用户分析。

用户细分：基于市场分析，确定目标用户群体。例如，针对健康食品应用程序，目标用户可能是健康意识强、注重营养的消费者。

用户需求：通过调查和访谈来收集用户需求。例如，通过访谈发现目标用户希望应用程序能提供营养成分的详细信息和定制的食谱建议。

（4）功能需求。

核心功能：基于目标用户的需求，列出产品的核心功能。例如，为健康食品应用设计一个智能的食谱推荐引擎，根据用户喜好和营养需求提供定制食谱。

附加功能：除了核心功能，还可以列出一些附加功能，如社区分享、健康文章等，以增加产品的吸引力和用户黏性。

（5）技术规格。

技术框架：明确技术框架和所需的技术支持，以确保产品能按照预期运行。例如，选择一个能够处理大量数据并提供快速响应的技术框架。

性能指标：设定产品的性能指标，如加载时间、响应时间等，以保证用户的使用体验。

通过具体分析市场需求文档的核心组成，可以更好地理解其对于产品开发的重要性。

每个组件都是基于深入的市场分析和用户研究，确保产品能够满足市场和用户的实际需求，从而在竞争激烈的市场中脱颖而出。

3. 市场分析与 MRD

市场分析是构建 MRD 的基础，它为开发一个与市场趋势和目标用户需求相一致的产品提供了方向。以一个健康食品应用程序项目为例，市场分析可以帮助团队识别与健康食品和营养相关的市场趋势、竞争格局以及目标用户的特点和需求。

（1）市场趋势分析。

通过各种渠道，如市场研究报告和社交媒体，可以观察到一个明显的趋势：健康意识的增强推动了有机和植物基食品的需求增加。

除了市场宏观趋势，还可以通过分析相关的线上论坛和社交媒体平台，了解目标用户对于健康食品和营养的讨论，以及他们对相关应用的期望和需求。

（2）竞争分析。

选择目标竞争对手，明确我们要分析竞争对手的哪些指标。通过对比分析，找到差异点和市场机会。

竞争分析可以通过 SWOT（Strengths 优势，Weaknesses 劣势，Opportunities 机会，Threats 威胁）分析的方式来完成。例如，通过分析竞争对手的用户评价和市场份额，发现一些竞争对手的应用程序虽然提供了丰富的食谱，但用户界面不友好，导致用户体验较差。

此外，可以通过分析竞争对手的网站和应用的流量和用户行为，以获取更多关于市场竞争格局和用户偏好的信息。

（3）目标市场定位。

基于市场和竞争分析的结果，可以确定目标市场的定位。例如，针对那些健康意识强、注重食物质量和营养均衡的消费者，提供一个能够做出个性化食谱推荐和营养追踪的健康食品应用。

通过市场调查和访谈，可以进一步了解目标用户的具体需求和期望。例如，他们可能更倾向于一个能够提供营养分析、食品追溯和社区分享功能的应用。

（4）市场机会。

在现有的市场机会中，我们可以做一个什么样的产品？如何对产品进行定位？产品的架构是怎么样的？产品有哪些功能需求和非功能需求？

评估市场机会和风险是制定 MRD 的重要步骤。例如，通过市场分析发现，随着消费者对健康的重视，有机食品和营养指导服务的需求正在增加，但与此同时，市场上也存在着众多的健康食品应用，竞争非常激烈。

市场风险可能包括新的竞争对手进入市场、法律法规的变更以及用户需求的变化等。例如，新的食品安全法规可能会影响应用中食品信息的展示方式。

通过深入的市场分析，团队能够获得关于市场趋势、竞争格局、目标市场定位以及市场机会和风险的清晰理解，这些信息对制定一个实际和具有可执行性的 MRD 至关重要。同时，市场分析的结果也会为团队在后续产品开发过程中提供持续的指导和参考。

4. 用户需求的识别与表述

在产品开发中，了解并准确表述用户需求是至关重要的，它是 MRD 的核心内容之一。假设继续以健康食品应用为例，我们可以通过多种方式来识别和表述用户需求。

（1）需求收集。

访谈与调查：与潜在用户进行一对一访谈或通过在线调查收集用户意见和需求。例如，可以通过访谈发现用户希望应用程序能提供每日营养摄入的追踪和分析。

社交媒体与论坛：监控与健康和营养相关的社交媒体平台和论坛，了解用户的讨论和需求。例如，用户可能在论坛上讨论某个应用程序缺乏糖尿病适用的食谱。

竞品分析：通过分析竞品的用户评价和反馈，了解用户喜欢和不喜欢什么功能。例如，用户可能喜欢某个应用程序的食谱分享功能。

（2）需求分析与优先级排序。

KANO 模型：使用 KANO 模型分析用户需求的满足程度和产品功能的重要性。例如，基本功能可能包括食谱搜索和营养分析，而喜爱功能可能包括社区分享和食品购买链接。

MoSCoW 方法：使用 MoSCoW（Must have 必须有，Should have 应该有，Could have 可以有，Won't have 不会有）方法对收集到的需求进行优先级排序。例如，"必须有"的功能可能包括营养分析和食谱推荐。

（3）需求文档化。

用户故事和使用场景：创建用户故事和使用场景，以清晰、简洁的方式表述用户需求。例如，用户故事可以是"作为一个健康意识强的用户，我想要通过应用程序了解食谱的营养成分，以便做出健康的饮食选择"。

功能列表：基于用户故事和使用场景，制定详细的功能列表，包括每个功能的描述、输入 / 输出和接受标准。例如，功能可以包括食谱搜索、营养分析和个性化推荐。

（4）用户验证。

原型测试：创建应用的原型，并让目标用户进行测试，收集他们的反馈和建议。例如，通过用户测试，可能发现用户希望食谱搜索功能提供更多的过滤选项。

A/B 测试：对不同的设计或功能进行 A/B 测试，了解用户对不同选项的偏好。例如，可以测试两种不同的食谱推荐算法，看看哪种能获得更高的用户满意度。

通过这种多层次、多角度的方法，我们不仅能更准确地理解和表述用户需求，而且能确保 MRD 为产品团队提供明确、实际的指导，以便开发出真正满足市场和用户需求的产品。

5. 功能需求与技术规格

在产品开发中，功能需求和技术规格是 MRD 的重要组成部分。它们协同作用，确保产品的成功实施和良好的市场表现，以健康食品应用为例，我们将深入探讨功能需求与技术规格的关系和重要性。

（1）功能需求的识别与表述。

用户需求转化：将用户需求转化为具体的功能需求是至关重要的。例如，如果用户需求是"了解食物的营养成分"，则相应的功能需求可能包括"营养成分查询"和"个性化营养分析"。

功能优先级设定：根据市场和用户需求的紧迫性，为功能需求设定优先级。例如，核心功能如"食谱推荐"可能优先级较高，而附加功能如"社区分享"可能优先级较低。

（2）技术规格的定义。

技术框架选择：选择适合项目的技术框架是至关重要的。例如，应用需要处理大量的数据并提供实时的营养分析，可能需要选择一个高性能的数据库和后端框架。

性能指标设定：设定产品的性能指标是一个关键环节，直接关系到最终交付的产品是否能够满足用户的实际要求。例如，设定应用的加载时间不超过 2 秒，以确保用户体验。也可以设定其他技术指标，如系统的响应时间、错误率等。

（3）功能与技术的交叉验证。

可行性分析：对每个功能需求进行技术可行性分析。例如，评估实现"实时营养分析"功能所需的技术和资源，确保它是可实现的，且符合预算和时间线。

风险评估：识别可能的技术风险和挑战。例如，"实时营养分析"功能需要新的机器学习算法，可能存在技术风险和不确定性。

（4）用户体验与接口设计。

用户体验优化：确保功能需求和技术规格的实现不会影响用户体验。例如，设计一个直观、易于使用的用户界面，使用户能轻松地访问"营养分析"功能。

接口设计：定义系统或组件间的交互规范，涵盖数据格式、协议、方法等，确保通信有效。例如，设计一个清晰、简洁的 API（应用程序编程接口），以便于开发团队实现"食谱推荐"功能，同时保证数据的准确性和安全性。

（5）持续测试与优化。

功能测试：对每个功能进行详细的测试，确保它们符合技术规格和用户需求。例如，进行多轮测试以确保"食谱推荐"功能的准确性和可靠性。

性能监控：在产品上线后，持续监控应用的性能指标，如加载时间、错误率等，并根据实际情况优化。

通过深入分析和结合具体内容，功能需求与技术规格的定义和实施不仅能确保产品的技术可行性，还能确保产品满足市场和用户的实际需求。同时，通过持续的测试和优化，为用户提供持续的价值。

6. MRD 的实践应用

MRD 的实践应用贯穿于产品开发的全过程。它为团队提供了明确的指导，并有助于确保产品满足市场和用户的需求。我们将通过实例和数据，展示 MRD 在不同类型的产品开发项目中的应用以及它如何影响产品的最终质量和市场表现。

（1）新产品开发（明确产品基因、产品精神等）。

在新产品开发中，MRD 起着至关重要的作用。以健康食品应用程序为例，MRD 中的市场分析可能揭示了植物基食品和有机食品的增长趋势。基于这些信息，产品团队可能决定开发一个专注于提供植物基食谱和有机食品购买链接的应用。

（2）现有产品优化。

对已上市的产品，MRD 可以帮助团队识别改进点。例如，通过用户反馈和市场分析，MRD 可能揭示了用户对社区分享和互动功能的需求，从而推动团队优化社区功能，提高用户的参与度和满意度。

（3）市场拓展与定位。

MRD 可以为产品的市场拓展和定位提供指导。例如，如果市场分析显示亚洲市场对健康食品应用的需求增加，产品团队可能会决定开发适合亚洲用户需求和口味的特定功能或版本。

（4）风险识别与管理。

MRD 中的市场和竞争分析可以帮助识别潜在的市场风险。例如，新的食品法规可能影响应用中食品信息的展示方式，团队需要提前规划和调整以应对法律风险。

（5）质量保证与用户满意度。

通过 MRD 中的技术规格和性能指标，团队可以确保产品质量和用户满意度。例如，MRD 中可能规定了应用的加载时间不得超过 2 秒，以确保良好的用户体验。通过持续的性能监控和优化，团队可以实现并维持这一目标。

（6）反馈循环与持续改进。

MRD 不应是一个静态文档，而应是一个活动文档，应随着市场和用户反馈的变化而更新。例如，如果用户反馈显示食谱推荐的准确性需要改进，团队应更新 MRD，并在下一版本中优化推荐算法。

通过上述不同的实际应用场景，我们可以看到 MRD 如何为产品开发提供结构化的指导，并帮助团队识别和满足市场与用户的需求。同时，MRD 的持续更新和优化，也确保了产品能够适应市场的变化，从而在竞争激烈的市场中保持领先地位。

7. 总结与展望

通过分析未来的市场趋势和技术发展，能够明确 MRD 的演变和在未来的重要性。

（1）MRD 的核心价值。

明确指导：MRD 为产品团队提供了明确的指导和框架，帮助团队保持对市场需求的聚焦，确保产品的成功。

风险管理：通过市场和竞争分析，MRD 帮助团队识别和管理潜在的市场风险，保证产品的稳定推进。

（2）MRD 的演变。

数据驱动：随着大数据和分析工具的发展，未来的 MRD 将更加依赖数据分析，以确保对市场和用户需求的准确理解。例如，利用 AI（人工智能）和机器学习技术分析用户的在线行为和反馈，以深化对用户需求的理解。

实时更新：随着敏捷开发和持续集成/持续交付的普及，MRD 将变得更加动态和实时，以适应快速变化的市场和用户需求。

跨功能协作：未来的 MRD 将强调跨功能团队的协作，确保市场、用户、技术和设计的多方面输入和共识。

（3）未来展望。

智能 MRD：利用 AI 技术，未来的 MRD 可能会实现自动化的市场分析和需求收集，为团队提供实时的市场洞察和建议。

用户参与：未来的 MRD 可能会更加强调用户的参与和反馈。可以通过在线社区和用户测试，将用户的声音直接反馈到 MRD 中。

例如，随着电动汽车市场的快速发展，汽车制造商可能需要通过深入的市场分析和用户研究，制定详细的 MRD，以指导新电动汽车的开发。MRD 应包括电动汽车市场的趋势分析、竞争分析、目标用户的需求、核心功能和技术规格等。通过 MRD，团队可以确保产品的开发方向符合市场和用户的需求，为成功推出新电动汽车奠定基础。

通过这些展望和案例，可以看到 MRD 在未来将继续发挥其在产品开发和市场推广中的核心作用，同时也将不断演变和升级，以适应市场和技术的快速变化。

第4章

需求优先级

每个需求都有其自身的重要性、紧急性、风险和收益，然而，时间与资源总是有限的。这使得我们面临一个艰巨的任务：何时以何种顺序去满足哪些需求，即如何评估需求的优先级。

4.1 MoSCoW 方法

通过 MoSCoW 方法，从大量的需求中识别和筛选出关键需求，再经过 RICE 分数模型计算出每个需求可量化的值，按照值的大小进行排序，就可以比较科学地给出需求优先级的判断，如图 4-1 所示。

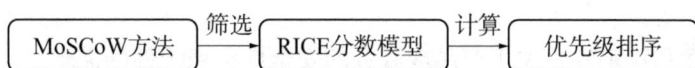

图 4-1 MoSCoW 方法

MoSCoW 方法的名称源于其对需求优先级分类的 4 个关键词：Must have（必须有），Should have（应该有），Could have（可以有），Won't have（不会有）。

这 4 个关键词各自代表了需求的不同优先级和紧迫性，为项目团队提供了一个清晰、直观的决策指南，如表 4-1 所示。

表 4-1 MoSCoW 方法的需求优先级

需求	M	S	C	W
用户能发送和接收邮件	√			
用户可把邮件按日期、发件人或主题排序		√		

需求	M	S	C	W
用户可以自定义界面主题			√	
邮件应用可以播放视频游戏				√

4.1.1　常见的 M 指标

M（Must have，必须有）：产品必须完成的需求。如果没有被满足，产品就会面临失败。

需求的优先级通常是固定的，不会因为项目的时间、预算或资源变动而改变。

关键功能：需求是产品或服务的核心功能，没有这些需求，产品或服务将无法达成其核心目标或无法正常运行。

法规限制：需求需要满足法规要求，如数据保护、隐私政策等。

基本用户需求：需求满足用户的基本需求或期望，没有这些需求，用户可能无法或不愿使用产品或服务。

直接影响核心业务：需求直接影响公司的关键业务目标或 KPI（关键性能指标）。

安全性和稳定性：关于产品或服务的安全性和稳定性的需求。

技术依赖性：如果一些功能依赖于其他特定的技术或需求，那么这些需求可能被视为"必须有"的。例如，网站的某个功能依赖于用户登录，那么用户登录功能就可能被视为"必须有"的需求。

竞品标准：在某些情况下，如果所有竞争对手都提供了某项功能，那么这项功能可能被视为"必须有"的，这是因为缺少这些功能，可能会导致用户流失。

预期的 ROI（投资回报率）：如果某个需求预计会带来大量的回报，如吸引新用户、增加用户满意度或提高销售额，那么这个需求可能被视为"必须有"的。

对内部流程的影响：如果某个需求能够大幅提高内部工作流程的效率，那么这个需求也可能被视为"必须有"的。

4.1.2 常见的 S 指标

S（Should have，应该有）：重要但不是必要的需求。如果有足够的资源和时间，这些需求应该被实现。

改善用户体验：这类需求可能不是产品或服务的核心功能，但可以明显地改善用户的体验，提高用户的满意度和产品的吸引力。

间接影响核心业务：这些需求可能会间接影响到公司的关键业务目标或关键性能指标。

对大部分用户重要：如果一个需求对大部分用户来说都很重要，即使它不是产品或服务的核心功能，也可以被认为是"应该有"的。

改善效率或性能：这些需求可以提高产品的效率或性能，但没有它们，产品或服务也能正常运行。

提高竞争力：这些需求可能在市场中的一些竞争产品中已经存在，并且对保持或增加市场份额有一定的帮助。例如，如果竞品中的一个常见功能在产品中缺失，可能会让用户觉得不便。

促进用户参与和满意度：这些需求可以提升用户对产品的使用度，可能增加额外的功能或者提高已有功能的用户体验。

对未来版本的铺垫：这些需求可能对未来版本一些"必须有"的需求有所铺垫，对项目长期发展有利。

符合行业趋势：如果某个需求符合当前行业的发展趋势或者用户的行为模式，即使这个需求不是产品或服务的核心需求，也可能被认为是"应该有"的。

4.1.3 常见的 C 指标

C（Could have，可以有）：可以有但不那么重要的需求。这些需求只有在有额外的资源和时间时才会被实现。

对一部分用户有益：这些需求可能对某些用户群体非常有用，但对大部分用户并不都是必需的。

长期目标：对长期的产品或业务目标有帮助，可能在当前阶段被认为是

"可以有"的。

有限的资源影响：在资源（时间、人力、预算）有限的情况下，这些需求可能会被暂时搁置，等到资源更加充足时再考虑实现。

增强功能：这类需求通常是对现有功能的增强或优化，可以提高产品或服务的吸引力，但并不是必需的。

改进用户体验：这些需求可能改进用户体验，但并不影响产品或服务的基本功能。例如，增加一些额外的定制选项或改进界面设计。

长期价值：这些需求可能对项目的长期价值有所贡献，但在短期内可能看不到明显的效果。

探索新功能：这些需求可能涉及一些新的功能或想法，尚未确定其对产品或服务的实际价值。

独特创新：这些需求可能包含一些创新性元素，这些元素在竞品中并不常见，但可能为产品带来独特的吸引力。

额外的用户便利性：这些需求可能为用户带来一些额外的便利，尽管不是必需的，但有可能提高用户满意度。

备选方案：如果一些"应该有"或"必须有"的需求因为某些原因无法实现，"可以有"的需求可能作为一种备选方案。

市场测试：在不确定某个新功能是否有价值时，可以先将其作为"可以有"的需求实现，以便进行市场测试和用户反馈。

4.1.4　常见的 W 指标

W（Won't have，不会有）：在当前项目周期内不会被实现的需求，但可能会在未来的项目中考虑。

超出当前范围：这类需求可能超出了产品或项目的当前范围，由于技术、时间、预算等限制，不可能在当前或近期的版本中实现。

低价值或影响小：这些需求对产品或服务的价值贡献较小，或者对用户的影响较小。

成本高效益低：这些需求的实现成本（包括开发、测试、维护等）远高于它们可能带来的益处。

与产品或服务的方向不一致：如果需求与产品或服务的长期发展策略、愿景或目标不一致，可能被认为是"不会有"的。

资源限制：实现需求需要的资源（包括时间、人力、资金等）超过了项目的可用资源。

技术难度：需求的技术难度过大，当前的技术或技术团队无法实现。

低价值：需求可能的回报或价值相比其所需的投入过低，实现它的成本效益比不高。

法规限制：因为法规或合规问题，需求不能被实现。

与其他需求冲突：与其他已经确定要实现的需求存在冲突。

4.1.5　MoSCoW 方法的使用案例

如果企业需要开发一个电子邮箱类产品，MoSCoW 的指标分别应该有哪些呢？

1. M 指标

"必须有"的功能可能包括：

（1）用户能发送和接收邮件；

（2）用户可以删除邮件；

（3）用户可以看到未读邮件。

基于主线业务流程，需求都是电子邮件应有的核心功能，如果没有这些功能，系统将无法完成业务闭环。"必须有"并不意味着所有的"必须有"需求都必须在产品的第一个版本中实现，而是说在产品生命周期的某个阶段，这些需求必须得到满足。

2. S 指标

"应该有"的功能可能包括：

（1）用户可以搜索他们的邮件；

（2）用户可以通过邮件应用设置提醒；

（3）用户可以把邮件按日期、发件人或主题排序。

虽然没有这些功能，用户仍然可以发送和接收邮件（核心功能），但是这些功能可以提高用户的体验和效率。"应该有"的需求往往需要权衡，需要基于项目的时间、预算和资源进行判断和决策。当资源充足时，"应该有"的需求可以被实现，但如果资源紧张，可能需要将它们推迟到后续的版本中。

3. C 指标

"可以有"的功能可能包括：

（1）邮件应用可以集成其他社交媒体功能；

（2）用户可以自定义界面主题；

（3）应用可以提供自动排序和分类邮件。

这些需求可以提高产品的附加值和用户的满意度，但没有它们，应用仍然可以完成其核心的功能。需要注意的是，"可以有"的需求可能在资源充足时被提升为"应该有"，或者在资源更加紧张时被降级为"不会有"，这要看项目的具体状况和团队的决策。

4. W 指标

"不会有"的功能可能包括：

（1）邮件应用可以运行视频游戏；

（2）邮件应用可以制作 3D 模型；

（3）邮件应用可以翻译多种语言。

这些需求可能超出了电子邮件应用的主要目标和范围，或者实现它们的成本和复杂性远超过了可能的收益。"不会有"的需求是项目团队明确不会在当前或近期的版本中实现的需求，这有助于团队更好地管理期望，避免资源的浪费，并保持产品或服务的焦点。

MoSCoW 模型只是一个参考，在使用过程中，需要结合项目的具体情况和环境，不一定需要严格按照"必须有""应该有""可以有""不会有"4 个分类来划分。

4.2 RICE 分数模型

RICE 分数模型的名称来源于它的 4 个主要组成部分：Reach（影响范围）、Impact（影响力）、Confidence（置信度）和 Effort（工作量）。这 4 个维度共同构成了一个完整的评估体系，可以帮助产品经理全面、客观地评估每个需求的优先级。该模型不仅考虑了需求可能带来的直接影响，也衡量了实施需求所需的工作量，从而使产品经理更好地分配资源。

Reach（影响范围）：这是指一个需求在给定的时间周期内（如每季度、每年）能够影响到的用户数量。

Impact（影响力）：这是指每个受到影响的用户在多大程度上会受到这个需求的影响。通常，可以使用 1（边际影响）~ 5（大影响）的范围来评估这个影响力。

Confidence（置信度）：这是指对 Reach 和 Impact 评估的信心程度。通常，可以使用百分比的形式来表示这个置信度，如 80%、90% 等。

Effort（工作量）：这是指实现这个需求需要多少人力资源。

RICE 分数的计算公式：

RICE 分值 =（影响范围 × 影响力 × 置信度）/ 工作量

4.2.1　RICE 分数模型使用案例

例如，针对一个购物网站，我们正在考虑以下两个需求：

（1）优化搜索引擎；

（2）创建一个新的用户社区功能。

需求一：优化搜索引擎，如图 4-2 所示。

Reach：每个月有 10000 个用户使用搜索功能，所以 Reach 是 10000	Impact：你认为优化搜索引擎将会大大提高用户的满意度和购买转化率，所以 Impact 是 3(在 1 ~ 5 的评分中)
Confidence：你对这个预估非常确定，因为你已经有了用户的反馈和数据支持，所以 Confidence 是 100%	Effort：优化搜索引擎需要大量的技术工作，你评估将需要 10 个工作周，所以 Effort 是 10

图 4-2　需求案例 1

所以，优化搜索引擎的 RICE 分数是 $10000 × 3 × 100\%/10=3000$。

需求二：创建一个新的用户社区功能，如图 4-3 所示。

Reach：你预计每个月将有 5000 个用户使用社区功能，所以 Reach 是 5000	Impact：你认为社区功能将会提高用户的参与度，但可能不会直接影响购买转化率，所以 Impact 是 2（在 1～5 的评分中）
Confidence：你对这个预估的确定性不是很高，因为这是一个全新的功能，所以 Confidence 是 80%	Effort：创建社区功能需要更多的工作，包括设计、开发和社区管理，你评估将需要 20 个工作周，所以 Effort 是 20

图 4-3　需求案例 2

所以，创建一个新的用户社区功能的 RICE 分数是 5000×2×80%/20=400。

从 RICE 分数来看，你应该优先处理需求一，即优化搜索引擎，因为它的 RICE 分数更高。

这是基础模型的计算示例。通常情况下，影响我们计算的指标往往不止一个，需要我们设计更贴合业务和现实的计算模型来统计，如表 4-2 所示。

表 4-2　RICE 的应用范例

需求描述	Reach			Impact	Confidence	Effort
指标	活跃用户数	功能使用次数	页面访问量	影响力	置信度	人 / 天
规则	系统的活跃用户总数	5：每周使用 10 次以上 4：每周使用 5～10 次 3：每周使用 3～5 次 2：每周使用 1 次 1：每月使用 1～2 次	5：每日访问量 100 以上 4：每日访问量 70～100 3：每日访问量 50～70 2：每日访问量低于 50 1：每日无访问	5：重大影响 4：高度影响 3：中度影响 2：低度影响 1：无影响 满足用户满意度提升 +1 活跃度增加 +1 收入增长 +2	数据支撑 +1 专家建议 +1 用户反馈 +1 市场趋势 +1 战略匹配 +1	包括设计、研发、测试的工时
权重	50%	30%	20%	100%	100%	100%

根据公司目标的拆解，我们将 Reach 拆成活跃用户数、功能使用次数和页面访问量 3 个指标，并赋予每个指标一定的权重。

活跃用户数 = 每天登录系统的用户数

页面访问量 = 进入页面的次数

接下来，套用模型分析一个需求：希望在销售线索管理中增加一个智能查询的功能。如表 4-3 所示。

表 4-3　案例计算结果 1

需求描述	销售线索管理增加智能查询功能					
	Reach			Impact	Confidence	Effort
指标	活跃用户数	功能使用次数	页面访问量	影响力	置信度	人 / 天
规则	300	5	3	3	2	50
权重	50%	30%	20%	100%	100%	100%

我们得出 RICE 分值为 18.252。

再分析一个需求：希望在知识库里增加智能机器人的功能。如表 4-4 所示。

表 4-4　案例计算结果 2

需求描述	知识库里增加智能机器人功能					
	Reach			Impact	Confidence	Effort
指标	活跃用户数	功能使用次数	页面访问量	影响力	置信度	人 / 天
规则	200	3	2	1	1	80
权重	50%	30%	20%	100%	100%	100%

我们得出 RICE 分值为 1.266，那么优先级显而易见。

实际运用中，要根据具体项目和业务需求来决定。要点是选择一个能够量化和具象化的指标，以便更好地进行需求优先级排序。

4.2.2　常见的 Reach 指标

用户数量：这是最直接的影响范围指标，即这个需求将直接影响多少用户。你可以根据过去的数据或对未来的预测估计这个数字。

交易量或交易金额：对电子商务或金融应用，你可能会考虑这个需求将影响多少交易量或交易金额。

页面访问量：对网站或在线服务，你可能会考虑这个需求将影响多少页面访问量。

活跃用户数量：对需要用户持续参与的产品或服务（如社交媒体或在线游戏），你可能会考虑这个需求将影响多少活跃用户。

转化率：如果这个需求是关于优化用户的转化路径，如注册、购买或升级等，你可能会考虑这个需求将影响多少转化率。

业务部门或团队：在内部项目或企业应用中，你可能会考虑这个需求将影响多少业务部门或团队。

功能使用次数：如果你正在考虑改进一个已有功能，你可能会关注这个功能的使用频率，以此来估计改进后能影响到多少用户。

用户留存率：如果某个需求可能会影响用户对产品的忠诚度或满意度，那么可以考虑使用用户留存率作为指标。

新用户获取：如果某个需求目标是吸引新用户，如新增一些引导教程或者营销活动，你可能会看新增用户的数量。

客户细分：在某些情况下，你可能关注的是特定的用户群体或客户细分，例如 VIP 用户、高活跃度用户、付费用户等。

产品线或服务：如果你的公司提供多种产品或服务，你也可能会考虑这个需求将影响多少产品线或服务。

地域：如果你的产品或服务在多个地理区域中提供，你可能会考虑这个需求将影响多少地域。

会话时长：如果需求的目标是提高用户的会话时长，比如推出一些新的内容或者引入游戏化的元素，你可以关注这个需求可能影响的用户会话时长。

社交传播：如果产品有社交属性，或者需求的目标是增加产品的社交传播性，你可能关注这个需求能影响多少用户的分享行为。

关键性事件：如果需求与影响用户完成关键事件（如完成购买、提交表单等）有关，你可能需要估计该需求能影响多少此类事件的完成。

满意度（NPS）：如果需求的目标是提升用户满意度或 NPS 得分，你可以预估这个需求将影响多少用户的满意度或 NPS。

数据产出：对那些产出数据用于进一步分析或决策的需求，可能关注其影响范围是产生多少新的、有用的数据。

系统或设备：对那些优化性能或兼容性的需求，你可能会看这个需求将影响多少种类的系统或设备。

4.2.3　常见的 Impact 指标

用户满意度提升：如果一个需求能够明显提高用户的满意度，这就是一个强大的影响力指标。这可以通过用户调查、反馈或直接与用户交流来测量。

用户活跃度增加：如果一个需求能够让用户更频繁地使用产品或服务，这也可以被看作是一个有力的影响力指标。

转化率提高：对电商、在线广告等以转化为关键指标的业务，如果一个需求能够提高用户的转化率（如点击率、购买率等），这将是一个重要的影响力指标。

用户留存率提升：如果一个需求能够帮助更多的用户留在产品或服务中，而不是流失，这也是一个有力的影响力指标。

完成关键任务的速度或效率：对一些以效率为核心的产品或服务，如果一个需求能够帮助用户更快或更高效地完成他们的任务，这将是一个强大的影响力指标。

质量或性能改善：如果需求的实施将显著提高产品或服务的质量或性能，这也是一个重要的影响力指标。

成本或风险降低：如果需求的实施可以显著降低业务运行的成本或风险，这也是一个强大的影响力指标。

收入增长：如果一个需求能够直接或间接地提高收入，那么这将是一个重要的影响力指标。

市场份额增长：如果一个需求能够帮助公司抢占更多的市场份额，那么这也是一个重要的影响力指标。

用户参与度提升：如果一个需求能够提高用户的参与度，如增加用户的互动或贡献，那么这也可以视为一个强大的影响力指标。

操作简化：如果一个需求能够使用户的操作更加简洁、方便，这也是一个强大的影响力指标。

客户忠诚度增强：如果一个需求能够增加客户的忠诚度，如减少客户流失率或提高回购率，这将是一个重要的影响力指标。

品牌形象提升：如果需求的实现能够提升公司或产品的品牌形象，这也是一个强大的影响力指标。

问题或错误的解决：如果一个需求能够解决用户频繁遇到的问题或错误，这也是一个强大的影响力指标。

新的商业机会：如果需求的实现能够创造出新的商业机会或收入流，那么这也是一个重要的影响力指标。

4.2.4　常见的 Confidence 指标

数据支持：如果你有大量的用户数据、市场研究，或者之前的 A/B 测试结果支持这个需求，那么你对其可能的效果就会有更高的置信度。

专家意见：如果你的团队或行业内的专家对这个需求有强烈的肯定，那么你的置信度可能会提高。

需求明确性：如果需求定义非常明确，你对其预期结果有明确的理解，那么置信度也会较高。

技术风险：如果你的技术团队对实现这个需求有高度的信心，并且预计没有重大的技术难题或风险，那么你的置信度可能会提高。

用户反馈：如果你已经收到大量的用户反馈支持这个需求，那么你的置信度可能会提高。

历史成功案例：如果类似的需求在过去已经被证明是成功的，那么你对这个需求的成功也会有更高的信心。

资源可用性：如果有足够的资源（如人力、财力和时间）来实现这个需求，你的置信度可能会提高。

合规性：如果这个需求符合所有相关的法规和政策，你对实施这个需求的信心可能会提高。

依赖关系：如果这个需求的实现不太依赖于其他不确定或风险较高的因素，你的置信度可能会提高。

团队能力：如果你的团队有足够的技能和经验来执行这个需求，那么你对这个需求的信心可能会提高。

利益相关者支持：如果关键的利益相关者（如高层领导或关键合作伙伴）支持这个需求，你的置信度可能会提高。

战略匹配度：如果这个需求非常符合你的产品或业务战略，那么你的置信度可能会提高。

市场趋势：如果市场趋势支持这个需求，那么你的置信度可能会增加。

需求的复杂性：如果需求的复杂性较低，更容易实现，那么你的置信度可能会提高。

风险管理计划：如果已经有一个明确的风险管理计划来应对可能的挑战，那么你的置信度可能会提高。

4.2.5　常见的 Effort 指标

人 / 天或人 / 小时：这是衡量工作量最常用的单位，基于你的团队在给定的时间内能完成多少工作。

开发成本：这可能包括硬件、软件、许可证和其他相关的开发成本。

运维成本：一旦需求被实施，可能需要一定的运维支持，如服务器维护、故障排查等。

训练成本：如果需求的实现需要额外的员工培训或外部专家咨询，这也是工作量的一部分。

变更管理成本：实施新的需求可能需要进行一定的组织或流程变更，这也会带来一定的成本。

项目管理成本：管理一个需求的实施，如召开会议、编写报告、更新项目计划等，也需要一定的工作量。

风险缓解成本：如果需求的实施带来一定的风险，可能需要一些额外的工作量来进行风险缓解。

测试成本：新的需求实现后，需要进行一系列的测试，这也是工作量的一部分。

文档编写成本：新的需求可能需要更新或编写新的用户手册、产品说明书或内部操作指南，这也是工作量的一部分。

用户适应成本：如果新的需求改变了用户的使用习惯，可能需要用户花费一定的时间和精力来适应，这也可以视为工作量。

设计成本：设计新功能也是工作量的一部分，包括 UI（用户界面）设计、UX（用户体验）设计等。

市场推广成本：新的需求需要进行市场推广，如广告、活动等，这也是工作量的一部分。

后续维护成本：一旦需求被实施，可能需要定期更新和维护，这也是工作量的一部分。

外部合作成本：如果实现新的需求需要与外部合作伙伴合作，可能会有额外的协调和管理工作量。

安全和合规成本：新的需求可能需要进行安全评估和合规检查，这也是工作量的一部分。

选择工作量指标应根据具体的项目需求和业务目标，关键是能准确地衡量和描述需求的工作量。

需求是永远都做不完的，需求池也永远不会空。高效利用 MoSCoW 方法和 RICE 分数模型，可以帮助我们更好地理解如何评估和排序需求优先级，更有效地进行决策，推动产品顺利开发，实现商业目标。

4.3 需求关系排序

从根本利益出发，评定需求优先级的标准本质上还是考虑需求对所服务公司的重要性程度，而需求来源于业务，业务基于商业模式和战略的拆解，所以最后需求的优先级就演变成了在当前商业模式逻辑前提下的业务优先级。

各个需求之间往往存在一定的关系，可分为相互独立、因果关系和相关关系。

4.3.1　事件 A 和事件 B 是相互独立事件

此时事件 A 和事件 B 同时发生的概率是单独发生概率的乘积：
P（AB）=P（A）×P（B）。

4.3.2　事件 A 和事件 B 存在因果关系

事件 A 发生导致事件 B 发生，事件 B 发生不会导致事件 A 发生，事件 A 是事件 B 的充分不必要条件——事件 A 是因，事件 B 是果。

事件 B 发生导致事件 A 发生，事件 A 发生不会导致事件 B 发生，事件 B 是事件 A 的充分不必要条件，也可以说事件 A 是事件 B 的必要不充分条件——事件 A 是果，事件 B 是因。

事件 A 发生导致事件 B 发生，事件 B 发生又会导致事件 A 发生，事件 A 和事件 B 互为充分必要条件，事件 A 和事件 B 互为因果。

事件 A 发生不会导致事件 B 发生，事件 B 发生也不会导致事件 A 发生，事件 A 和事件 B 可能是相互独立的事件，也可能是相关的事件。事件 A 可能是事件 B 发生原因的其中一个因素，事件 B 也有可能是事件 A 发生原因的其中一个因素。考虑多因素条件都要具备，所以单纯事件 A 和事件 B 不构成充分或必要条件，即既非因也非果。

4.3.3　事件 A 和事件 B 存在相关关系

因果关系的第四种关系，实际就是相关关系。

业务需求产生的根本原因是系统无法满足业务现状的需要。怎么去落地，分清这些不同的矛盾级别和层次？

（1）围绕业务目标，可以将所有的痛点和期待经过头脑风暴——列举出来，我们暂且把这些称为业务因素。

（2）根据实际业务情况，厘清业务因素之间的关系。可以借助一个矩阵工具，横、纵坐标都是这些业务因素。A 因素如果是 B 因素的因，则记

为 –1；A 因素如果是 B 因素的果，则记为 1；A 因素如果和 B 因素不相关，相互独立，则记为 0；A 因素如果和 B 因素相关，为简化模型分析，这时暂且忽略不计。通过条件概率计算最后的指标值，如表 4-5 所示。

表 4-5　业务因素之间的关系表

	因素 A	因素 B	因素 C	因素 D	因素 E	总分
因素 A	0	–1	–1	–1	–1	–4
因素 B	1	0	–1	–1	1	0
因素 C	1	1	0	1	1	4
因素 D	1	1	–1	0	1	2
因素 E	1	–1	–1	–1	0	–2

表格的解读如下。

横向来看：

①表格第二行中因素 A 是因，第三列因素 B 是果，记为 –1；

②表格第二行中因素 B 是果，第六列因素 E 是因，记为 1；

③因素和自身本是等同关系，条件概率上就是 1，为忽略干扰，记为 0。

汇总水平方向的积分，即为总分。最高分除以 2 得到上中位线，最低分除以 2 得到下中位线，得到 [–2，2] 的区间。

定义：

①上中位线到最高值之间得分的因素——根本原因；

②下中位线到上中位线之间得分的因素——过渡原因；

③最低值到下中位线之间得分的因素——表面原因。

根据以上模型，得出因素 C 是表面原因，因素 B、D、E 是过渡原因，因素 A 是根本原因。

得出的冰山模型，如图 4-4 所示。

需求解决的问题应该优先面向根本原因，即因素 A，所以对应因素 A 的需求是最高优先级的需求，针对过渡原因的因素 B、D、E 是次高优先级的需求，而表面原因因素 C 相对优先级更低。这就是需求优先级。

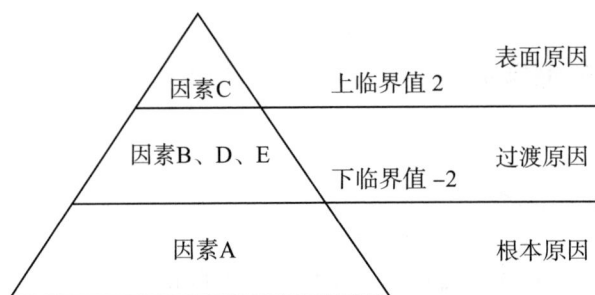

图 4-4 冰山模型

进一步看看实现需求解决方案的优先级怎么排列。头脑风暴解决方案，然后再列出比较矩阵，两两比较，就是第二个矩阵。两两比较，哪个更能解决问题，就列哪个方案 1、方案 2、方案 3、方案 4 的序号，比如方案 1 和方案 3 相比较，方案 1 更能从根本上解决问题，所以标方案 1，其他依此类推。然后统计方案 1、方案 2、方案 3、方案 4 每个出现的次数，再算出百分比，就可以把优先级排出来，如表 4-6 所示。

表 4-6　方案优先级

	方案 1	方案 2	方案 3	方案 4	方案 5	次数	比重
方案 1		方案 2	方案 1	方案 4	方案 1	2	20%
方案 2			方案 2	方案 2	方案 2	4	40%
方案 3				方案 4	方案 5	0	0
方案 4					方案 4	3	30%
方案 5						1	10%
					汇总	10	100%

当然实际需求和解决方案的优先级判断还有很多其他的参考理论模型，评判需要考虑短期和长期的投入产出比。这里只是为解决对象所处的地位提供一个新的视角。每个企业可以找到适合自己的，并且把它运用到极致。

4.4 ICE 排序法

4.4.1 ICE 的含义

ICE 是 Impact（影响范围）、Confidence（自信度）、Ease（难易度）3 个英文单词的首字母组合。

排序法按照需求影响范围、完成需求的自信度以及开发难易度 3 个维度进行需求量化评分，最终按照得分值高低，确定需求优先级排序。

对体验优化类或者流程提效类的产品，需求排序可使用 ICE 排序法。

影响范围：需求的影响力；该解决方法上线后，会产生多大影响。

自信度：需求能够带来好反馈的信息程度，即需求提出者认为这个上线后，有多大的把握。

难易度：技术实现需求的难易程度。

4.4.2 评估方式

对需求的每个层面进行打分，1~5 分制（优秀、良好、一般、差、非常差），按每个需求最后的总分进行排序。

案例分享

某短视频网站，次日留存率低于 40%，需要提高次日留存率。

解决思路：

（1）把它出现这种情况的需求挖掘出来；

（2）对这些需求进行分析；

（3）得出解决方案。

假设针对这个问题，得出 4 个解决方案，并且给予评分。

打完分数后，把每一行数值累加起来，同时分数越高的，优先级别越高，如表 4-7 所示。

表 4-7　方案评分结果

方案	影响范围	自信度	难易度	总分	排序
用户观看后，赠送积分	3	4	4	11	2
用户观看后，有机会抽取免费 VIP	3	5	2	10	3
次日提前进行推送	4	3	5	12	1
与第三方合作包装	4	2	1	7	4

　　其中，给自信度评分在实际工作中不是非常好控制，因为需求都是没经过验证的，并且需求来源于不同的人群，因此比较考验产品经理的综合能力。

　　ICE 的打分机制是根据自己的主观臆断进行打分，但比拍脑袋排需求的优先级要强。在使用 ICE 方法的前期，可能会被"打脸"，对需求给了较高的评分，表现出的结果却不如人意。产品经理要有一颗强大的心脏，这个"打脸"的过程也是锻炼产品经理对市场判断力的过程。

4.5　需求价值量化法

　　根据各方对需求优先级排序的诉求以及现有需求分析模型存在的问题，结合数据产品的特点，总结出一套用于量化数据分析产品需求价值的方法，可以提供一些新的思路和启发。

4.5.1　需求价值量化法含义

　　需求价值量化法的核心逻辑如下。

　　量化：不同产品、不同类型需求最终按照相同的分数度量体系，按照得分进行价值排序。

　　分类：根据不同数据产品或同一产品的不同需求，分为体验优化类、流程提效类、业务增收类等类别。

　　权重：不同类别的需求在量化维度上的权重应不同，比如业务增收类的需求，更应该看重带来的业务营收价值，相应的权重设置更高，降本增效维度权重可以适当调低。

4.5.2　需求价值量化法应用

构建排序模型表格，表格纵向第一级为评价维度，包括用户影响度、战略契合度、业务期望度、效能提升、业务收益；第二级指示为流程提效、体验优化和业务增收 3 个指标，并赋予不同的权重。表格横向为打分标准维度，如表 4-8 所示。

表 4-8　需求价值量化法打分机制

评价维度	权重			指标细分	分值	计算说明
	流程提效	体验优化	业务增收			
用户影响度	20%	50%	10%	全部用户	10	新增功能类为预计使用人数或产品覆盖用户
				60%～100%	8	
				30%～60%	6	
				30% 以下	4	
战略契合度	10%	10%	10%	公司高管	10	需求来源或者目标使用用户层级
				部门领导	8	
				一线业务	6	
业务期望度	20%	25%	20%	必须要有	10	KANO 模型
				非常希望有	8	
				最好要有	6	
效能提升	30%	10%	10%	周节约时长 600 分钟以上	10	单次操作节约时长 × 使用频次 × 周期
				周节约时长 300～600 分钟	8	
				周节约时长 100～300 分钟	6	
				周节约时长 100 分钟以下	4	
业务收益	20%	5%	50%	日收益 10000 元以上	10	按照服务核心考核指标计算相应的流量增量或订单增量、营收增量
				日收益 5000～10000 元	8	
				日收益 2000～5000 元	6	
				日收益 2000 元以下	4	

打分机制为每个维度按照产品的实际情况进行打分区间的设置。例如，用户影响度采用 10 分制，全部用户为 10 分，60%～100% 为 8 分，30%～60% 为 6 分，30% 以下为 4 分，以此类推。

1. 用户影响度

任何产品需求都是为了解决用户问题，所以需求涉及的用户范围是一个重要的评价维度，但需要细化不同类别的需求，比如做一个 CDP（客户数据平台）精细化运营产品，主要用户就是运营部、营销部的几个人。对体验优化类的需求该维度权重可以设置 30%～50%，而流程提效类 15%～25%，业务增收类的权重可以适当降低。

2. 战略契合度

外部环境政策的变化或者公司新战略的推行导致产品迭代时，也要考虑这个维度。如果只是闭门造车，按照已有的优先级严防死守，那对公司的影响可能是致命的，比如《中华人民共和国数据安全法》《中华人民共和国个人信息保护法》施行后，应对安全合规检查的功能需求会影响产品甚至公司的生死存亡。

此外，对老板的需求第一时间去做或者不予重视都不可取，把战略契合度加到评估维度中，则可以有效应对这一类需求。战略契合度各类需求的权重设置控制在 15% 以下。

3. 业务期望度

业务期望度主要用于衡量用户对这一产品功能的期待程度。这一维度的评分区间划分可基于 KANO 模型进行，基础需求 10 分，期望需求 8 分，有必要 6 分等。

4. 效能提升

通过产品功能的迭代，到底可以带来多少降本增效的价值？比如基于标签的人群自动化圈选功能。没有上线这个功能时，单个营销场景耗时 3 小时，每周至少 2 个场景应用，功能上线后业务自助圈选，30 分钟完成，那么带来的提效价值就是"单次操作节约时长 × 操作频次 × 统计周期"，按照节约的时间成本换算成人力成本，按照价值区间进行得分。流程提效类需求的权重应适当增加。

5. 业务收益

数据赋能类的需求，比如算法推荐接口、API（应用程序编程）接口，其目标是基于数据为产品提供更加智能化的应用，按照接口调用量或者用户请求 UV（独立访客）去看，都不合理，而按照对应服务可以带来的实际业务增量，换算成"金钱"再去看，就更加合适。比如按照不同功能类别，划分营收或订单增量的得分区间。

6. 实现成本

从时间成本和人力成本 2 个方面考虑，如果用前面 5 个维度的正向得分除以成本，成本越大，最终得到的结果就越小，总分值就越低。

成本 2 个维度主要是辅助参考，在具体操作时，要不要把成本作为分母，可以根据实际需求而定，因为一旦相除，可能就意味着得分降低，价值度高但是开发耗时长、资源投入多的需求就没法做了，如表 4-9 所示。

表 4-9　时间成本案例

成本	指标细分	分值	成本	指标细分	分值
时间成本	2 周以上	10	人力成本	10 天以上	10
	1～2 周	8		5～9 天	8
	3～5 天	6		3～4 天	6
	1～2 天	4		1～2 天	4

把不同类型的需求在以上几个维度的权重设定好，并且每个维度下的得分区间定义好后，用得分乘以权重，维度得分之和就可以得到每个需求的价值度得分。这样不管是单个产品线还是不同产品需求放到一起，都是相同的评分体系，特别是当涉及资源抢占和优先级判断时，就更加有理有据。初期操作时，可以用 Excel 的公式进行自动化的得分计算。

需求价值量化方法实施时，有一些点需要关注。

（1）一定要结合产品实际情况进行吸收和转化。

在权重设置、每个维度的得分区间划分时，要结合产品实际情况建立符合实际的标准。

（2）需求方、产品经理、研发人员对需求价值量化形成统一认知。

需求价值量化需要业务方配合，通过宣讲、需求流程优化等方式，让各方对价值量化的意义有更加清楚的认知，而不是为了拒绝需求或者增加提需难度，作为产品经理把需要业务侧提供的指标具象化，避免直接让业务人员去操作需求量化的结果。

（3）量化计算过程自动化。

如果对每个需求都需要人工计算得分，势必会影响工作效率。当相关的权重、维度、得分区间沟通确认固定后，可以整合到需求管理系统。用户提交需求加上产品经理审核、处理需求时，完成对应的得分赋值，系统自动计算最终得分，在需求池列表中，确定优先级顺序。

对于需求先做哪个后做哪个，应建立一个清晰、明确的价值量化标准，优先做对的、有价值的需求，这样才能在人力不够的情况下有更高效的产出。

4.6　VCR 排序法

VCR 排序法是基于价值（Value）、成本费用（Cost）、风险（Risk）的优先级评定过程与方法。这里的价值由提出需求的业务方进行评价，产品技术部进行费用与风险的评价。

VCR 排序法的评分标准如下。

1. 列出所有需求

可以利用 Excel 列出要设定优先级的所有需求、产品项目。

所有的项目都必须在同一级别上，不要把个人项目与公司级的产品项目混合在一起。例如，只有在包括项目 A 的情况下才能实现项目 B，那么在分析表中只要列出驱动项目 A 就可以了。

这个模型根据其有效的范围或时间，可以容纳很多不同类型的需求项目，但前提是要把相关的项目归成一类，便于分析与优先级排序。

2. 估计相对利润

制定以 1~9 划分的等级标准，例如 1 代表可忽略的利益，9 代表最大的价值。

这些等级表明了与产品业务项目的一致性。业务人员或提出需求者是判断这些利益的最佳人选。

在缺省情况下，利润和损失的权值是相等的。根据需求情况，可以更改这两个因素的相对权值。

3. 估计相对损失

如果没有把应该实现的项目包含在产品中，则会给客户和业务带来损失。同样使用 1~9 划分等级，这里 1 代表基本没有损失，9 代表严重损失。

4. 计算总价值及价值占比

$$总价值 = 相对利润 + 相对损失$$

$$价值占比 = （总价值 / 总计价值）\times 100\%$$

5. 估计相对费用

根据项目的复杂度，根据需求的用户界面实际情况、当前代码的潜在能力以及所需要的测试量和文档等，产品技术人员可以估算出费用，使用 1（低级）~9（高级）划分等级，同时计算每一个项目的费用占比。

6. 风险估计

产品技术人员要估计出每个项目相关的技术或风险相对程度，并使用 1~9 划分等级。

相对风险估算完成后，计算风险百分比；在缺省情况下，利润损失、费用和风险的权值是相等的，可以自行设置。例如，无须考虑风险，就可以把风险的权值设置为 0。

7. 优先级计算

优先级 = 价值占比 /〔（费用占比 × 费用权值）+（风险占比 × 风险权值）〕

4.7 区域分析法

用户的痛点往往很多，意味着需要解决的问题很多，但一个产品的功能不能面面俱到，这就意味着产品的功能需要有所取舍，需要根据自己企业的竞争优势和产品定位找出产品的核心功能进行创新，精心进行产品打造。也就是说，每个企业的资源都是有限的，需要根据市场竞争情况和上市紧迫性等因素，确定业务的优先级。

在有了具体的产品需求之后，可以按照区域分析法排序业务需求优先级。具体做法如下。

第一步，在表中找到具体的业务需求。

由产品经理和需求方一起讨论：如果有这个功能，结果有"好""无所谓"或者"不好"；如果没有这个功能，结果有"好""无所谓"或者"不好"。如图 4-5 所示。

如果有这个功能

		好	无所谓	不好
如果没有这个功能	好			
	无所谓			
	不好			

图 4-5　区域分析模型

第二步，快速剔除矛盾需求与无效需求。

同时"好"或者"不好"是矛盾需求，不存在这种情况。如果有这个功能"无所谓"，则没有这个功能结果是"好"；如果有这个功能"不好"，则没有这个功能结果是"无所谓"，这都是无效需求。如图 4-6 所示。

如果有这个功能

		好	无所谓	不好
如果没有这个功能	好	×	×	×
	无所谓			×
	不好			×

图 4-6　区域分析模型示例 1

这样我们就只剩下 4 个区域的需求要考虑，如图 4-7 所示。

如果有这个功能

		好	无所谓	不好
如果没有这个功能	好	✕	✕	✕
	无所谓	P3	P4	✕
	不好	P1	P2	✕

图 4-7　区域分析模型示例 2

（1）如果有这个功能"好"，则没有这个功能结果是"无所谓"。

举个例子，运营人员提了一个营销工具的需求，有这个功能很好，没有这个功能现在的功能也能支撑。

（2）如果有这个功能"好"，则没有这个功能结果是"不好"。

这个区域的需求非常重要，一般被定位为产品核心功能，不可缺少，所以优先级最高。

（3）如果有这个功能"无所谓"，则没有这个功能结果是"不好"。

这个区域的需求是必要、基本需求，它属第二优选。比如，运营后台的配置化需求，当前是产品直接固定的，运营配置非常麻烦。如果没有这个功能，直接用开发也可以实现，但是没有这个功能，运营活动上线速度就很慢。

（4）如果有这个功能"无所谓"，则没有这个功能结果是"无所谓"。

有些公司的产品有这种"无所谓"的需求，这种需求优先级最低。这类需求的来源方一般都是强势的业务方或者强势的企业。

第三步，确认业务优先级。

从上面的 4 个区域排出优先级，按照从高到低，分别表示为 P1 > P2 > P3 > P4。

这样就得出了业务的优先级。很多公司就以这个业务优先级直接进入开发环节，这样有时候是不对的，特别是对需求响应速度要求极高的增长行业。有时候虽然在开发 P1 的需求，但是可能 P1 需求需要 1 年的开发周期，而满足 P2 需求只要 10 天。如果该产品的时效性和上市的紧迫性比较高时，P2 需求价值明显高于 P1 需求。另外，还需要与竞争对手进行比较，实现差异化功能开发。

第四步，功能差异化对比定位。

功能差异化对比定位就是综合考虑产品所处市场的竞争对手情况，结合产品的自身特点来进行差异化价值的定位。需要跟市场上的其他产品有不相同的地方，能实实在在地解决用户的需求。

在确认了业务优先级之后，还需要同步考虑与分析市场上已有产品和竞争对手产品的情况，避开红海竞争，确定差异化的功能需求。如果某个优先级较高的需求，竞争对手已经较强大了，那么可以避开同质化竞争，不予以开发。

模型的纵轴是本企业产品的需求优先级，第一区域和第二区域都是第三步已经评估出优先级最高的需求 P1，第三区域和第四区域是优先级其次的需求 P2。横轴是竞争地位。根据自己企业的技术研发能力、制造能力、制作流程和管理能力，开发出来的产品在市场竞争中比较有优势。如图 4-8 所示。

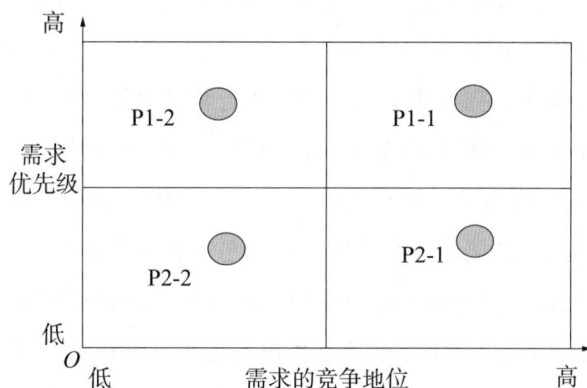

图 4-8　差异化对比定位图

第五步，确认开发优先级。

进一步确认业务优先级之后，还需要同步考虑产品的上市紧迫性问题。

通过区分业务优先级和上市紧迫性（期望时间、可接受时间、不可接受时间），可以重新得到矩阵，如图 4-9 所示。

需求的竞争地位

	期望时间内	可接受时间	不可接受时间
P1	1	2	✕
P2	3	4	✕
P3	5	6	✕

（左侧标注：需求优先级）

图4-9　业务排序表

结合需求的重要性和上市时间，可以很快得出最后的开发优先级。有些产品对上市时间的要求很高，在图4-9的9个区域中企业重点关注的业务需求的排序是1＞2＞3＞4＞5＞6。

对需求优先级排序的方法有很多，企业可根据行业和评估人员成熟度，选择自己熟悉的、实用的方法，例如层次分析法，本书不再赘述。

乔布斯说："人们从来就不知道自己要什么，直到你把产品放到他们面前，他们才会发现这正是他们想要的。"人们嘴上说出来的需求往往都是虚假的，他们真正的需求，需要用心去感受，进行科学分析与管理。

核心需求决定了产品的战略方向，如果一个产品的核心需求对用户来说没有使用价值，非核心需求做得再好，用户不去用，自然也就没有价值。如何判断一个产品的核心需求有价值呢？可参考以下3个方面。

（1）能为目标用户解决痛点，创造价值，而且能持续创造。

设计开发的产品，能够真正满足客户的需求，解决客户的痛点，极大地改善客户的现状，产品才有生命力。特别是要比竞争对手好，在现在或未来一段时间内是最好的。

（2）目标用户群体数量大。

10个用户有需求只能叫需求，1000个用户有需求才能叫市场。目标用户群体数量的多少直接决定需求价值的大小。

（3）有盈利模式。

任何一款产品如果想要持续为用户创造价值，必须以能够实现盈利为基础，也就是有能够盈利的模式。实现用户价值是途径，终极目的还是要实现商业价值，但是如果产品无法实现用户价值，商业价值也就无从谈起。如果一款产品不能盈利，没有实现商业价值，就算用户价值实现了，也注定不会长久。

4.8　需求取舍标准

需求对研发团队有多重要不言而喻。需求的取舍或优先级的制定，不仅涉及产品的最终效果和用户满意度，也关系到资源的优化配置和每个人的付出。

产品经理取舍需求的几个关键维度如下。

（1）场景是否符合当前的业务目标。

产品在每个阶段的目标重点不同，所以在取舍需求的时候要看是否符合当前的目标。比如，当前产品的目标是保证获取新的客户，那可能营销类的功能或跟第三方合作的需求的优先级就比较高，要根据当前阶段的发展目标来定需求的优先级。

（2）使用场景的频率。

对那些出现频率不高的场景，需要谨慎考虑是否投入宝贵的开发资源。有时，对极少数的场景，可以先设定线下处理方案，在这些场景变得更加普遍时，再考虑进行开发。

（3）使用人群的规模和带来的收益率。

一个产品的目标用户可能会有多种角色。比如，一款软件运营服务产品，可能会涉及不同的部门，这时候除了要看当前的业务目标和场景频率，还要考虑哪个人群是当前产品最重要的人群，可以从用户群的大小和给产品带来的收益率两个角度思考。

当然，用户群小的产品也可能带来高收益率，所以这时要综合考虑如何定义重要人群，根据业务的特性仔细斟酌。

（4）需求背后的动机。

深入理解客户需求背后的真实动机至关重要。通过多问几个"为什么"，可以更深入地挖掘需求背后的原因，防止需求不能满足客户要求。

比如，客户想要下载功能，但需要首先确定下载动机是想分享正式的内容给其他工作伙伴还是自己要作数据对比。不同动机决定了下载格式的不同，进而影响到下载功能的需求描述。

（5）需求是否可拆分。

对任何需求，都可以通过 MVP（最小可行产品）的方法来验证，仔细辨别想要验证的核心点，这个核心点最需要的是哪一部分，然后将需求细分，找出最快可以验证需求价值的那一部分先行开发，然后上线试错，根据反馈进行调整。

（6）需求开发的难度。

需求转化为具体功能时，会涉及不同的开发资源和时长。对难度较大但又必须立即执行的功能，也可以尝试将其拆解，逐步验收，边测试边开发，以争取时间。

（7）需求所需资源的到位时间。

资源包括研发资源、数据资源、外部合作资源等。对那些需要等待其他资源就绪的需求，应合理拆分步骤或调整顺序，确保每个时间段都能高效利用。

需求取舍是一个不断学习和练习的过程，需要综合考虑多方面因素，需要持续沟通，才能找到当前重要的是什么。同时，为了避免盲区，应该与业务人员和开发人员保持密切沟通，以拓宽思路和视野。

总之，需求取舍不仅是一个技术问题，更是一个战略决策问题，需要产品经理、开发团队以及相关决策者共同发挥智慧。通过合理的需求分析和优先级排序，可以有效地提升资源利用效率，推动产品朝着良性的方向发展。

第5章
需求设计与评审

需求开发与测试的关键环节就是把用户需求转化为产品需求。那么，如何将用户需求转化为产品需求呢？

5.1 用户需求转化为产品需求

产品经理做面向个人消费者的项目时，最重要的就是确定需求阶段，而需求无论是收集还是分析都与用户有着密切关系。通过用户需求从而设计出产品需求，那是不是就说明用户需求等于产品需求呢？

5.1.1 用户需求与产品需求

当我们精心打造出产品，认为它是最佳选择时，却发现用户并未真正采用，这会使我们陷入沉思或迷惑，如图 5-1 所示。

图 5-1 产品需求逻辑

在深入了解用户任务、需求以及痛点之间的关系后，我相信大家已经找到了解决这一问题的衡量标准和答案。

1. 从用户视角做产品

从用户视角做产品，企业要有严谨的因果逻辑思维，如图 5-2 所示。

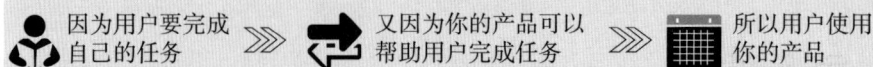

因为用户要完成自己的任务 ▷▷ 又因为你的产品可以帮助用户完成任务 ▷▷ 所以用户使用你的产品

图 5-2 用户视角逻辑

2. 用户需求与产品需求的区分

产品经理说用户提了一个需求，销售人员反馈昨天客户有个需求，开发人员说这个需求很难实现，显然三个人都提到了需求，但这些需求不是一个概念。

通过一个例子，来看看需求是什么。

福特汽车创始人曾经说："如果我去问人们需要什么，他们一定会说需要一匹更快的马。"福特最后造了汽车而不是马车，因为福特知道，用户的需求不是一匹马，用户的需求是快速到达目的地。

这个例子告诉我们，用户需求和产品需求，本身就是两回事。

我们还以造车为例，来深入看看这些需求的差异。

用户说："我的需求是一匹更快的马。"但产品经理告诉研发人员："我们要给用户造一辆汽车，用户的需求是尽快到达目的地。"

用户说："我的需求是把车加长。"产品经理问："你为什么要加长？"用户说："这样显得气派。"产品经理说："加长后费用增加很多，我给你配个天窗和真皮座椅，这样更显得有档次，而且价格还不高。"

用户说："我的需求是买一辆车。"产品经理问："你为什么要买车？"用户说："我要每天按时把孩子送到幼儿园。"产品经理说："你不用买车了，因为接送的距离不远，并且你的预算有限，我们给你提供两轮的电动车就可以了，其路途花费的时间比汽车还少，而且价格也便宜不少。"

用户说："我今天临时有事，无法用电动车送孩子去幼儿园，我现在的需求是把孩子送到幼儿园。"产品经理说："我们的出行 App 中提供专送儿童的出行服务，下个订单就可以了。"

上面的案例说明，无论是用户还是产品经理，都在谈需求，但含义不同。因此，我们把需求分成两类：一类是用户需求，另一类是产品需求。产品需求能指导产品开发，而用户需求则不能指导产品开发。

（1）产品需求。

产品需求能够描述产品是什么样的，并能够指导产品开发。

在造车的例子中，"造一辆车""造一辆有天窗和真皮沙发的车""造一辆电动车""在出行 App 里增加接送儿童的服务"属于产品需求，都是站在产品开发的角度看问题，告诉研发人员要开发什么。

如果把需求写成上述造车描述的文档，就是前文所说的 PRD。产品经理要写 PRD，而不是由用户来写。产品经理要写出 PRD，就应当挖掘用户的真实需求，而不是挖掘产品需求。

（2）用户需求。

产品需求是在具体描述产品，而用户需求是在描述用户的需要，这个需要通常是主观的和因人而异的，体现了用户期望的状态。

用户需求可用马斯洛心理需求、低成本交易需求、用户场景化需求等方法研究。

马斯洛心理需求：用户想要一辆气派的车，背后的需求可以是认同感，也可以是获得尊重，这就是用户的心理诉求，属于马斯洛心理需求理论范畴，而这些心理需求显然是主观的和因人而异的，也体现了用户期望达到的状态。

低成本交易需求：用户要回家就要打车，而用户需求是用更少的时间和金钱打车，出行软件有时可帮助用户达成目标。在多数情况下，出行软件比路边拦车能更快速和更省钱，而更快和省钱本身是主观的和因人而异的，低成本打到车本身也是一种状态。

用户场景化需求：如果用户着急赶飞机，那么就愿意付出更多金钱打车，这就体现了该场景下的用户特定需求。

用户需求是复杂的，但只要紧紧把握住这种需求是主观的和因人而异的，就很容易分辨出什么是用户需求。

5.1.2　用户需求与产品需求的转化

用户需求不等于产品需求，那么应该通过哪些方法将其转化为产品需求呢?

1. 收集用户需求

产品需求的前提是用户需求,我们首先要做的就是收集用户需求。用户是不会主动告诉你产品需要做什么功能,他们有什么痛点的。作为产品经理,我们需要通过调研(线上或者线下)的方式去收集用户的需求。相对于竞品分析文档或者 BRD 文档来说,这是最麻烦但也是最直接的。

在收集的过程中,无论是用户访谈还是问卷调查,都需要对访谈对象所说的每一个需求进行记录,之后汇入需求池中。在这个阶段,必须用上一切作为产品经理能用的手段,想方设法地让用户表达需求,并且在访谈时,征求用户同意进行录音,在收集阶段能线下就线下,能多约几天访谈就多约几天。这也是为了自己所收集到的需求方向不出错,并能够从多种角度考虑。

2. 分析用户需求

当我们收集需求并将其汇入需求池中后,就要开始进行需求分析。因为从另一个角度来说,用户给出的需求只是一个方向,属于宏观抽象范畴。

举个例子。你经营一家早餐店,用户说需要一个肉包,可是肉包没有了,只有菜包,用户也接受了,那就说明用户想要的并不完全是肉包,而是现在他饿了,能解决这个需求就可以,至于你是通过什么方式满足的,用户并不会过于介意。

因此,我们在分析需求的过程中,要多问问自己用户为什么会有这个需求,背后的原因才是用户最本质的需求。不断地挖掘用户的本质需求,不能依赖于用户说什么就做什么。

同时,我们还需要不断地考虑用户需求的场景。要考虑多个场景,即用户在什么时候什么地方会有这个需求,最终用户会得到什么,这也是为后期设计功能作准备。

在分析需求的时候,还要明确用户所提出的需求是他一个人需要还是我们所针对的用户群体都需要。如果只是少部分人需要,那就要考虑是不是要做,以及什么时候做,分出优先级。我们所设计的产品并不能服务所有人,一定是要为核心用户解决核心需求的。

明确需求背景后，分析业务需求，找到需求场景的根本问题。梳理用户需求故事，明确用户角色，以及用户完成目标需要进行的活动。

身为产品经理，摸透业务是工作中的重中之重。

3. 提炼产品需求

将业务需求转化为产品需求，必须站在用户的角度，将用户的痛点、难点具象化地表达出来，再结合产品，分析还需要满足哪些功能。这样才能解决客户的问题，从而确定产品迭代范围。

产品需求其实就是针对用户需求提出解决方案。当我们将需求分析整理完毕后，就能提炼产品需求了，即将用户需求转化为企业所要做的功能产品。产品根据用户需求去改进，功能实现了但是用户却不喜欢，这并不是功能改进不行，而是用户有时候自己都不知道自己想要什么，毕竟认知有限，而产品经理要做的就是去挖掘用户的动机，找到用户为什么会有这个需求。

如果挖掘出顾客的本质需求后，企业却很难实现，有可能是公司的原因或者是技术原因等做不出来，而这些顾客又是核心顾客，这时该怎么办？

这时，你可以转移顾客的需求，通过其他需求或者更改需求的表现形式达到用户的期望。例如，我们给不了用户想喝的酒，但是我们可以通过让用户娱乐的表现形式达到顾客想要放松的期望，这也是有效的。另外，还可以从需求的急切度、性价比以及公司实力去考虑我们的产品需求。

4. 评审和确认

提炼产品需求后，为了进一步了解我们初步设计好的产品需求是否正确，应进行会议讨论，通过团队交流进行确认，避免漏掉某些存在的场景。这时的头脑风暴，也有助于将产品需求设计得更加完美以及符合用户的期望。

总之，产品经理要做的就是透过现象看本质，通过用户需求找到用户的动机，结合公司的技术实力以及需求的急切度，确定最终产品需求，后期优化开发的产品，强化企业竞争力。

5.2 需求漏斗模型

如何把客户需求通过解决方案转变为产品功能呢？这需要进行有效的需求识别。下面通过需求漏斗模型，介绍如何挖掘客户需求并将其转变为产品需求的方案。

需求漏斗模型可以帮助产品经理在产品开发过程中，将模糊的问题转化成有价值的需求，并帮助开发团队拥有目标与方向。

5.2.1 需求与解决方案

先通过一个案例区分需求与解决方案。如图 5-3 所示，最左边这个小孩的需求是什么呢？

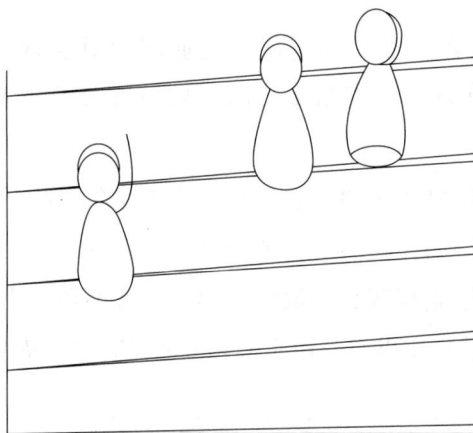

图 5-3 需求的魅力

需求：爬上去，看到对面……

解决方案：给他一把椅子或者一个梯子……

需求来自使用者"尝试解决某问题而未果"的痛点。一个明确的需求通常会用动词来描述，其任务是找出使用者"试图要做什么"，而一个可以落地的、好的解决方案应该用名词来呈现，而且非常具体与明确。

在探索或识别需求时，太快地过渡到解决方案，通常会限制我们的想象力。解决方案通常是收敛并只考虑可行性的过程，但需求探索应该是发散的过程，需要通过不断地询问"为什么"去挖掘用户真正的需求。

5.2.2　需求漏斗模型：Why-How-Ladder 推论阶梯

Why（为什么）–How（如何做）–Ladder（阶梯）推论阶梯是一个需求探索阶段的方法，目的是通过"Why"跟"How"两种问句不断探索、追寻，有意识地认知到我们是在"越来越靠近用户的真实需求"或者"越来越落地地找到需求的解决方案"。类似爬阶梯一样，当我们不断问"为什么"并发散性探寻多种可能性时，会越来越往抽象的答案靠近，越来越往阶梯上层爬并看到更广、更深的脉络逻辑。当我们开始问"如何做"，则会找到越来越具体的需求答案，逐渐落地收敛出可行的需求解决方案。如图 5-4 所示。

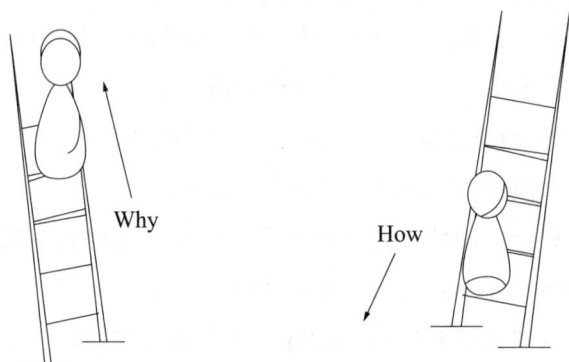

图 5-4　需求漏斗模型

上阶梯时（Why）：

不断探究用户的真实需求或深层次的意图，探索这对用户重要的背后原因。

下阶梯时（How）：

尽量发散或头脑风暴各种可能性，不断探究直观和直觉的解决方案。再回到图 5-3，让我们使用 Why-How-Ladder 推论阶梯练习看看怎么运用这个工具帮助思考，如图 5-5 所示。

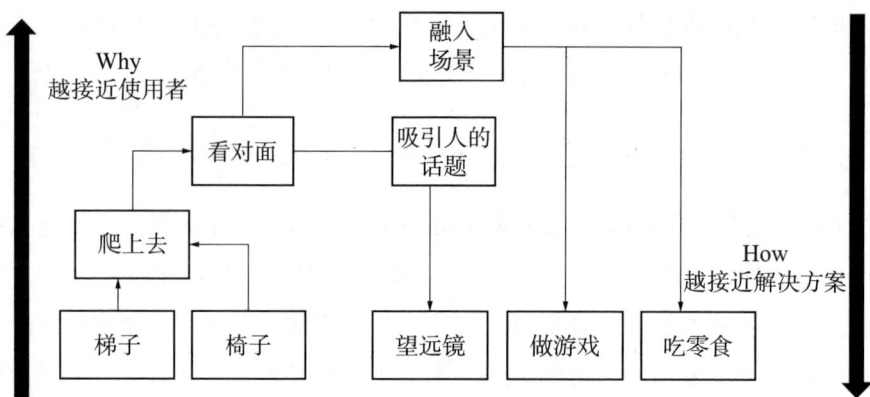

图 5-5　需求挖掘路径

最初的原始需求：小男孩需要个梯子。

Why——为什么他需要梯子？因为他想爬上去。

How——若是想爬上去还有什么方法？还可以给他一把椅子。

Why——为什么他想爬上去？因为他想看到对面。

How——若是想看到对面还有什么方法？望远镜也能满足。

Why——为什么他想看到对面？因为他想融入同伴。

How——若是想融入同伴，还有什么方法？可以与他们一起做游戏或者吃零食，这样另外两个小朋友会爬下来跟他玩。

Why——为什么要做游戏或吃零食呢？其实他需要的是一个吸引人的话题让他开启与同伴的互动。

……

"客户真正需求 = 有价值的问题"其实是"可以与同伴互动的引子 / 话题"。

由这个简单的练习可以发现，通过不断追问"Why""How"，不断地挖掘，可以帮助我们逐渐看清问题的脉络逻辑，并有意识地进行发散与收敛，从而摆脱定向思维的思考框架，探索多种可能性，并最终获得客户的真正需求。

5.3　产品功能设计

产品经理把用户需求转化为产品需求，再进行产品设计的能力，直接决定了项目的结果与效率。

产品设计可分为拆需求、需求转译、功能模块化、详细设计 4 步，如图 5-6 所示。

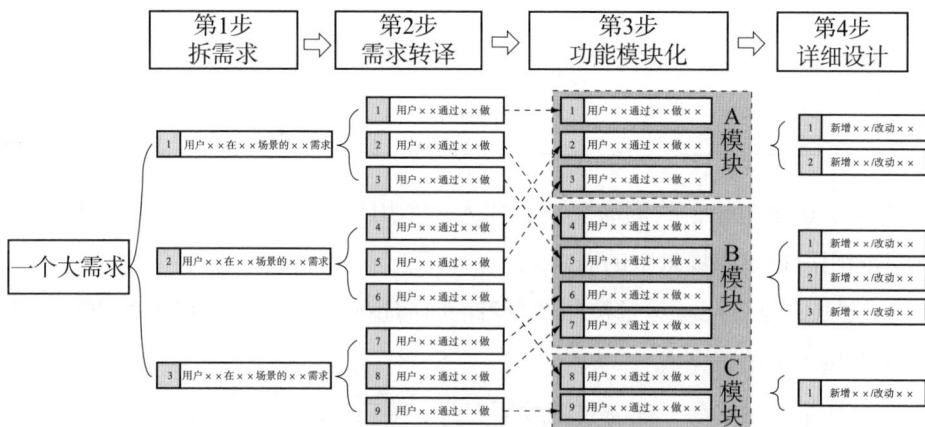

图 5-6　产品设计的步骤

5.3.1　拆需求

拆需求就是明确用户需求的场景，并根据场景把需求拆解为最小的子需求。

每一个最小的子需求，应由 3 个要素组成：用户、场景、需求。

每一个完整的大需求，需要多个子需求。

面对一个非常复杂的项目时，如果想要直接面向子需求颗粒度去分析，就变得非常复杂。可使用"角色 × 流程"区域图表，如表 5-1 所示。

表 5-1　"角色 × 流程"区域图表

	场景 1	场景 2	场景 3	场景 4
用户 1	需求 1 需求 2 需求 3	需求 1 需求 2	需求 1 需求 2	需求 1
用户 2	需求 1 需求 2 需求 3	需求 1 需求 2	需求 1 需求 2 需求 3	需求 1

	场景1	场景2	场景3	场景4
用户3	需求1 需求2 需求3	需求1 需求2	需求1 需求2	需求1
用户4	需求1 需求2 需求3	需求1 需求2	需求1 需求2 需求3	需求1

按照这个框架，我们需要依次代入每个用户的视角，并尽量将需求分解成不同用户在不同场景下的需求点。

场景1、2、3、4尽量按照信息流的时间逻辑顺序。按照以上的原则，把各个区域表格填写完成。

完成第一遍之后，还需要继续第二遍、第三遍的回顾。

在每一遍检查中，可以尝试按不同流程（如场景中包含的信息流、资金流、实物流）、不同用户（如用户生命周期时间线）来交叉对比信息。

串联的时候，一定要做到逻辑自洽。

另外，还有一些前置准备信息、后置信息，都跟流程没有太强的耦合关系。画流程图时，特别容易遗忘这些需求点。

第一步拆需求是产品设计最重要的一环。这个环节如果有偏差，后边几个环节都要返工，会影响整体项目效率。

5.3.2　需求转译

当第一步完成之后，就会得到不同用户一个个明确的需求点。

那么第二步，我们就侧重于需求怎么达成，这里给一个公式：

一个需求的结果 = 功能1 + 功能2 + 功能3 + …… + 功能n

其中，功能n即"用户 ×× 通过 ×× 做 ××"，如图5-7所示。

一个功能，可以是一个页面的按钮点击，也可以是一个逻辑的执行。

不同功能之间，可能有先后顺序或依赖关系。

在这一步中，因为是功能视角，所以就要关心能不能达成的问题，尤其是一些核心卡点，看哪些功能的完成依赖外部、资源、技术可行性等。

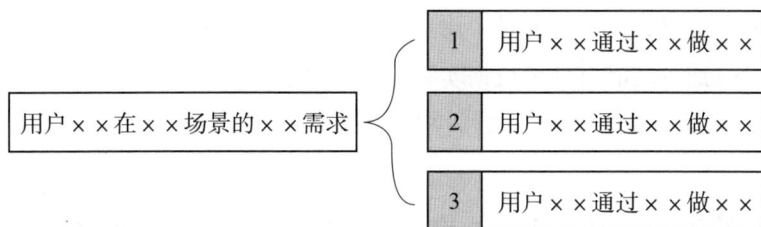

图 5-7 需求转译

理论上，在这一步，就需要大体上确定各个功能的可行性。如果关键环节不能达成，那就要寻找替代方案；如果找不到，基本上就不能继续往下进行了。

第二步完成之后，才能去做项目立项。

5.3.3 功能模块化

第一步是按照用户视角。

第二步也是按照用户视角和功能视角。

完成前两步之后，所有需求都被功能转译，接下来需要聚合这些功能点，如图 5-8 所示。

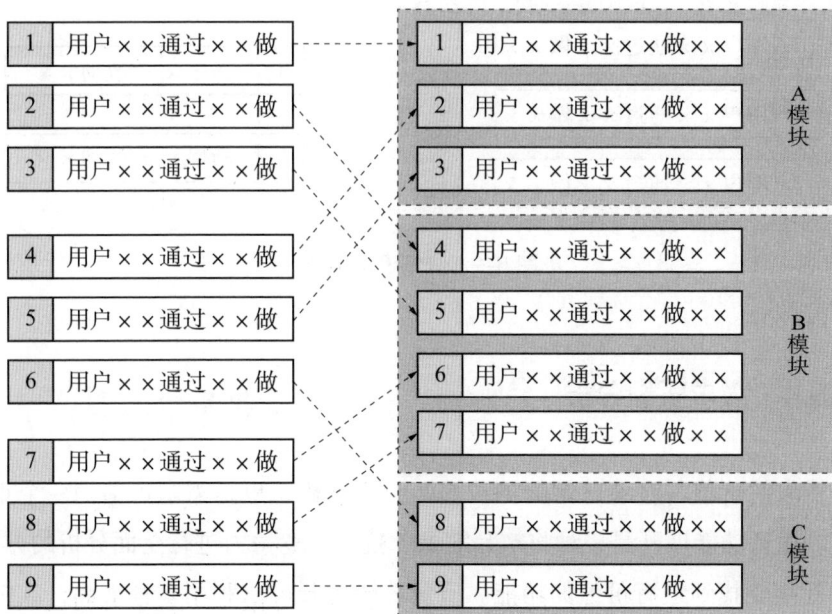

图 5-8 功能模块化

每一个功能的元素组成是"用户××通过××做××"。模块颗粒度可以粗也可以细，产品经理要根据实际情况来决定。

这个步骤的主要作用，就是找到离散的功能点所需要的承载体，分类聚合。

需求最终要落地到模块，而模块一般情况下与产品设计岗的职责是对应的。例如，岗位 A 考虑 A 模块的设计，岗位 B 考虑 B 模块的设计。

5.3.4 详细设计

完成以上 3 个步骤之后，产品设计的主要工作就完成了 90%，然后就是如何落地到具体细节进行设计和描述，如图 5-9 所示。

产品设计一定要结合原有的系统功能现状，一方面是现在系统功能的逻辑，另一方面是新功能叠加已有功能的成本。

如果前面几个步骤做得比较扎实，这一步问题就不大了。因为到了这一步，技术人员已经完全跟产品经理站在同一个起跑线了，主要涉及产品功能如何实现。

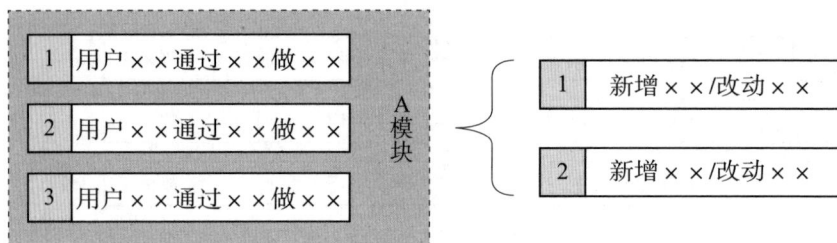

图 5-9 详细设计路径

5.4 需求质量分析

需求的价值与企业已掌握的技术匹配性分析，也是需求评估的一个重要方面。质量功能展开是一种将产品需求、技术、竞争力进行全面分析的方法，其目标是要找到最有价值的功能。质量功能展开可以利用多种工具，其中最核心的工具是质量屋。质量屋是一种将用户需求和产品或服务的性能进行关联的视图表达形式，如图 5-10 所示。

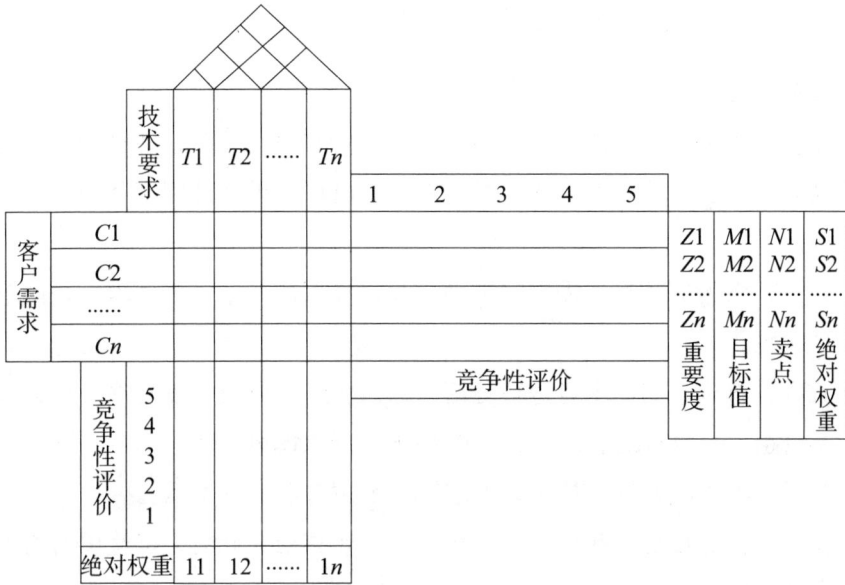

图 5-10　质量屋

5.4.1　质量屋的结构

质量屋分为如下几个部分。

左墙：输入矩阵，表示客户需求及客户需求的重要度。其中，需求是用户希望实现的产品或服务特性，重要程度则由客户定量评分得出，也就是确定的需求优先级。

天花板：怎么做矩阵，展示解决客户需求所需要用到的技术手段，将客户需求转化为可执行、可度量的技术方案。

房间：相关关系矩阵，主要展示客户需求和技术要求之间的关系。

屋顶：相互关系矩阵，主要展示技术要求之间的相关关系。

右墙：评价矩阵，主要与市场竞品进行各种竞争要素的比较，做出产品在该领域竞争优劣势的评价。

地下室：输出矩阵，对技术要求的成本进行计算，包括考查技术特性的重要度、目标值、竞争优势等，然后进行综合计算，最终确定优先开发的需求和优先满足的需求。

5.4.2 需求质量分析的步骤

1. 需求层次化

需求收集完成后，需要进一步对需求进行整理。此时，各种需求有可能出现类似、包含、相互交叉等关系。在这个阶段，可以使用亲和图法对需求进行整理。

首先，将内容相近的需求归纳到一起，只保留其中一个需求，并记录需求出现次数。

其次，将剩下的需求再进行分组，并命名新的分组，重复这个步骤继续进一步分组，一般情况下，只需要分 2 ~ 3 个层次即可。

最后，画出代表各个需求关系的亲和图，如图 5-11 所示。

需求整理完成后，我们需要对用户进一步调研。此时，可使用问卷调查法，了解我们整理的需求在客户心目中的重要程度。

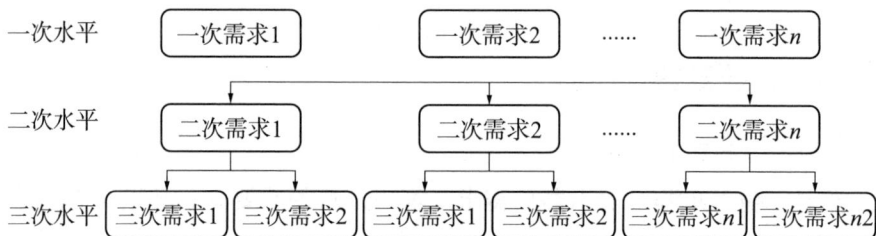

图 5-11 亲和图

2. 技术要求分析

明确用户需求后，下一步需要考虑开发成本的问题。首先需要列出实现用户需求的技术要求。

这一阶段的工作需要技术开发人员参与评估。由于技术要求本身具有相关性，为了更准确地评估开发成本，我们需要分析技术要求之间的相关关系，并建立关系矩阵，使用◎、○、△符号分别表示强相关、中等相关和弱相关，用◎=5，○=3，△=1 的标准进行打分，就此构建了质量屋的屋顶部分，如图 5-12 所示。

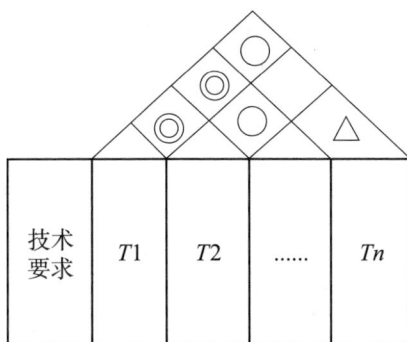

图 5-12　质量屋的屋顶部分

3. 客户需求与技术要求之间的关系矩阵

客户需求与技术要求之间的关系矩阵是整个质量屋的核心部分。根据客户需求与技术要求之间的相关度计算，我们可以确定需求的优先级和开发成本。对两者的关系，我们同样可以用◎、○、△符号表示强相关、中等相关和弱相关，用◎ =5，○ =3，△ =1 的标准进行打分，利用得分描述客户需求和技术要求之间的关系。

这一步需要技术人员与设计人员共同评估，根据团队以往的项目经验，推断出需求与技术之间的关系，如表 5-2 所示。

表 5-2　需求与技术之间的关系

技术需求	$T1$	$T2$	……	Tn	重要程度评分
$Q1$	$R11$	$R12$		$R1n$	$Rf1$
$Q2$	$R21$	$R22$		$R2n$	$Rf2$
……					
Qm	$Rm1$	$Rm2$		Rmn	Rfn

根据表 5-2，我们可以得到客户需求和技术要求之间的对应关系矩阵 R。

$$R = \begin{Bmatrix} R11 & R12 & \cdots & R1n \\ R21 & R22 & \cdots & R2n \\ R31 & R32 & \cdots & R3n \\ & & \cdots & \\ Rm1 & Rm2 & \cdots & Rmn \end{Bmatrix}$$

技术要求与客户需求关系如图 5-13 所示。

技术要求	*T1*	*T2*	……	*Tn*
C1			○	
C2	◎			
……				
Cn				△

（客户需求）

图 5-13　技术要求与客户需求的关系

4. 决定需求优先级排序

（1）设定需求目标值。

我们已经了解了用户对各个需求的重要程度的评分，结合需求的重要程度，团队需要对需求进行目标值评价。

（2）选出产品卖点。

在众多需求中，并不是每个需求都是我们主打的。要在市场上建立竞争优势，必须有自己突出的卖点，对产品进行差异化设计。这里我们可以简单使用 1 和 2 两个分值，其中 1 代表卖点，2 代表非卖点。至此，我们可以计算各个需求的相对权重。

（3）计算客户需求的绝对权重。

在质量功能展开中，我们首先从需求的角度出发，通过上述提到的 3 个指标——重要度、目标值、卖点，进行需求绝对权重的计算。

计算公式：绝对权重（S）= 重要度（Z）× 目标值（M）× 卖点（N）

相关指标在质量屋中如图 5-14 所示。

由此，我们可以得出客户需求绝对权重矩阵。通过绝对权重的对比，我们可以得出各个需求的重要程度，找出关键需求。

技术要求	T1	T2	……	Tn				
C1				◯	Z1	M1	N1	S1
C2	◎				Z2	M2	N2	S2
……					……	……	……	……
Cn				△	Zn	Mn	Nn	Sn
客户需求					重要度	目标值	卖点	绝对权重

图 5-14 客户需求关系权重

5. 技术要求的绝对权重

分析需求的权重后，我们还不能直接按照需求权重进行开发，还需要考虑客户需求和技术要求之间的关系。

因此，我们需要计算技术要求的绝对权重，以技术要求的权重作为产品开发的考虑因素。

技术要求的绝对权重与客户需求的绝对权重和客户需求与技术要求之间的关系有关，技术要求的绝对权重为客户需求和技术要求关系矩阵与客户需求绝对权重的乘积之和。

由此，我们可以得出技术要求的绝对权重。结合客户需求绝对权重和技术要求绝对权重，我们可以判断出需求开发的优先级。

6. 产品竞争力评价

为了保证产品在市场中的竞争力，我们还要对竞品进行比较研究，竞品至少应该为两个。

产品竞争力评价分为两个维度，其中一个是对需求的满足程度。对比产品与竞品在需求满足程度方面的相对优势，我们使用 1 ~ 5 分，分值越高，优势越明显。同样，我们也可以对技术要求进行对比，研究我们的产品与竞品之间的相对技术优势和劣势。产品竞争力评价如图 5–15 所示。

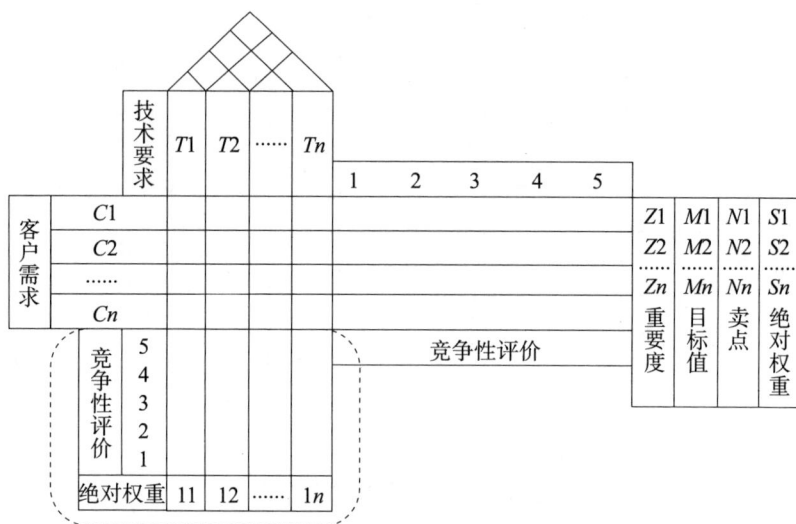

图 5–15　产品竞争力评价

7. 最终评价

通过质量功能展开，我们已经收集了很多的信息，包括客户需求的重要性、客户需求与技术要求之间的关系、产品与竞品之间的差距。

至此，我们可以建立一个完整的质量屋，通过这个质量屋，我们可以判断需求开发的优先级，以及产品与竞品之间的优势、劣势，解决产品设计方向模糊的问题，保证产品设计及后续开发的质量控制。

5.5　需求评审

需求评审包括评估需求方案合理性、评估技术实现可行性和评估开发时长合理性。

评估需求方案合理性，是指项目成员可以从用户视角出发，看需求方案是否能满足用户需求，或者是否还有更好的方案。如果发现有不足之处，可以提建议，让需求方案更加完善。

评估技术实现可行性，是指评估产品所提需求的可行性，系统层面实现逻辑的合理性，视情况提出更好的技术实现方式。

评估开发时长合理性，是指项目落地前必须要确定好技术排期。

5.5.1　需求评审经常出现的问题

以软件开发为例，审视需求评审经常出现哪些问题，为产品经理提供需求评审启示。

1. 需求逻辑遗漏

（1）遗漏其他业务方的需求。

如果你做的是一款贷款产品，偏前端业务需求，当你要做新需求时，一定要考虑到风控端、资金端是否也要联动改造。比如，你想把前端的借款入口合并优化用户体验，基本上会涉及额度系统底层账户改造、资金端改造等。如果没把风控和资金的需求考虑进去就开展需求评审，很可能会发现不合理之处。

（2）没有考虑版本兼容。

版本兼容问题的出现，主要原因可能是新版加了新接口，旧版是原生App 或 H5 旧链接，没有很好地识别新接口。

新数据在旧版可否显示？如果后台系统以前有预留接口，新增加字段数据应该可以在旧版正常显示。如果后来新增接口，那前端识别不出来则默认不显示。

新功能在旧版可否使用？一般来说，新功能大多数是新接口而且没有预留，所以一般不能在旧版使用。如果旧版有展示新功能的入口，则可提示用户升级到新版后使用新功能，而且新接口需要版本判断，只有新版本才可调用新接口。

（3）没有考虑异常情况。

有时只考虑到用户操作的正常流程，而没有考虑用户遇到的异常情况。正常流程很容易想到的是操作成功，但是用户操作失败也是很常见的状态，也应该考虑。操作失败主要有以下 6 种情况。

①流程中断：中断要考虑信息是否保存，信息保存在本地还是服务器。

②系统没有返回结果：系统之间有交互、没有返回结果需要考虑"兜底"

方案，如设置默认值或调度机制。

③重复点击多次：禁止用户点击或限制一定时间内的操作次数。

④网络、服务器出错：提示出错，并给出解决方案。

⑤等待超时：设置一个等待上限时间，超过时间则弹出失败提示，引导用户重试。

⑥过期失效状态：操作失败不仅可能由系统出问题导致，也有可能是过了有效期，此时需要考虑有效期。

2. 技术实现考虑不严谨

（1）没有考虑接口共用。

因为不了解旧接口，当提出新需求时，有可能会与旧接口冲突，产生新的问题。例如，新需求是间隔30分钟触发轮询，系统 A 就去轮询系统 B。而以前有个旧接口，触发逻辑为间隔1分钟就要去轮询。新业务和旧业务共用一套逻辑，此时如果没有考虑旧接口，新业务就贸然上线，很可能会出现事故。

（2）系统处理同步还是异步。

这个问题涉及前端交互是否变动。如果系统处理是同步的，那前端基本不需要让用户看到等待状态，立即出结果；如果系统处理是异步的，比如需要1分钟以上，前端一般需要提供等待状态，反馈实时进度以缓解用户等待焦虑。比如，借贷产品里的放款环节，因为需要回调第三方资金方的接口，等待时间大概为15分钟，这时候加个等待状态就很合适。

（3）已经有现成接口解决方案，又提出新的实现方案。

提需求时，需要考虑好是否已经有解决方案支持，如果已经有，则无须重复。例如，公司已经有完备的奖品发放系统，当新增一个奖品种类时，已经不需要再重新考虑奖品发放逻辑，复用既定逻辑即可。

3. 沟通没有达到预期

（1）开会耗时较长。

①需求不完整，开发一直在帮忙补逻辑，即需求逻辑遗漏或技术实现考虑不严谨。

②开发人员没叫齐，中间插入浪费时间，最好开会前就要确定好业务开

发人员。

　　③开发人员花费太多时间讨论细节。遇到这种情况，产品经理最好引导开发人员先跳过，先把主要矛盾解决，再考虑次要矛盾。

　　（2）研发人员与产品经理对需求的理解不一致。

　　研发人员与产品经理理解不一致，会造成需求实现不符合预期，一般是产品快上线时才会暴露出来。直接造成的结果是项目延期。归根结底，大概率是前期需求评审时，产品经理没有很好地传达需求，或者没有跟开发人员确认好需求。要规避这种问题，最好在需求评审时，就要确认好项目分工，如前端需要改动什么，后台系统需要提供什么接口。

　　（3）排期确定较慢。

　　确定排期最好是在评审会期间，因为需求此时刚评审完，开发人员对需求还比较有期待，有新鲜感。排期应尽量在会上确定，这样项目推进的效率才高。

5.5.2　需求评审环节

产品需求评审包含需求评审和需求设计评审两个环节。

1. 需求评审

在实际工作中，产品绝不缺少需求来源。除了产品经理主动挖掘需求，业务、市场、运营、客户、领导都会提各种需求。这些需求并不一定是真正符合产品定位的需求，甚至是伪需求，需要通过评审的方式把控产品需求，避免造成资源浪费。

需求评审属于产品规划层面，侧重于确认需求是否有价值，是否要实现，以及实现的优先级和版本计划。需求汇聚到产品经理手中后，大部分需求在产品团队内部评审后就可以确定，一些重大需求则需要向上级汇报后确定。

当然，不同的公司有不同的工作方式，有些公司的产品需求主要是产品总监和上级确定的，产品经理很少参与需求定义过程，只是接收需求，所以需求评审的工作并不多。

2. 需求设计评审

需求评审只是定义了需求是什么，但是实现方式有多种。产品经理对需求理解更深入，为了方便沟通，减少需求传递过程的认知偏差，通常会直接制作产品原型。完成设计方案后，需要通过评审会确定设计是否满足产品需求，以及设计的合理性，这就是需求设计评审。

设计评审侧重于需求设计方案和实现逻辑的评审，一般包含团队内部评审和产品线评审。

团队内部评审主要是通过团队的力量查漏补缺，减少正式评审时可能遇到的阻力。对复杂产品，系统之间的关联性比较强，通过内部评审还可以拉通、对齐，实现系统间的有效联动。

产品线评审主要是面向业务方、技术团队，目标是确认设计方案，推动设计落地。评审中包含了大量设计细节的澄清。

需求设计评审是从设计转到开发非常重要的环节，如果方案问题较多，修改后需要进行二次评审。如果评审不充分、不到位，后续的开发测试容易出现各种意外，产品经理则要不断地更改产品设计。

第 6 章
需求验证

⚙ 6.1 需求验证内容

现实中很多人创业时，凭着领导的市场直觉、资源或技术优势，就确定了要做什么产品，往往没有进一步深入思考，以"唯快不破"的口号快速地进入了产品开发中，最终产品失败的概率非常大。

产品基本满足用户的需求，已经分辨出了真伪需求。按理来说，这个产品不应该会失败。但换一个角度来思考，满足用户需求的产品不仅仅是你的产品，还有其他竞争对手的产品，最终用户的选择才是决定产品能否成功的根本原因。

新产品失败的原因有很多，现在用户越来越重视产品体验。从某种程度上来说，用户体验的好与坏，直接决定了一个产品的生与死。

如何从用户体验的角度进行需求验证呢?

为了以用户为中心，提升用户体验，企业开始使用用户体验表。用户体验表既是验证需求解决情况，也是验证需求解决痛点的程度。

用户体验表由3个最基本的核心要素构成，这3个核心要素均从用户的视角出发。

需求：是指用户期望从企业那里获得什么，在每一次互动中想要实现什么目标，用户需要哪些帮助来实现目标，用户期望获得什么样的待遇与感受，用户是否有自己尚未意识到的需求。

行动：是指用户为了实现目标采取的行动与步骤。明确每个步骤中都有哪些具体的互动点与触点，用户是如何与企业互动的，等等。

感受：是指用户在与企业互动前、互动中以及互动后的感受，例如用户是否感到他们的需求被满足了，用户是否满意，用户是否认为这些互动很有价值。

创造用户体验其实就是创造更多的互动，创造情感上的愉悦体验，让用户在与企业接触的过程中有更多正面的关键时刻。通过对用户体验的研究，企业能扫清每个阶段之间的障碍。

通过用户体验验证产品需求是否达到用户预期，用户体验好可以理解为用户无阻碍、高效率、超出主观预期地完成目标，产品开发的成功率提升。

用户体验 3 个核心要素的详细节点如表 6-1 所示。

表 6-1　用户体验要素

需求	整体需求	用户希望从企业获得什么
	分解的需求	在每一次互动中想要实现什么目标
	需求实现条件	用户需要哪些帮助来实现目标
	期望	用户期望获得什么样的待遇与体验
	隐性需求	用户是否有自己尚未意识到的需求
行动	行动步骤	用户为了实现目标而必须采取的行动步骤，将整个体验过程从用户的角度拆分为一个个的小行动
	互动	每个步骤中用户与企业都有哪些互动
	触点	每个步骤中用户与企业的触点
	互动方式	用户如何与企业发生互动
	渠道	每个步骤、触点发生的渠道
	服务	在每个步骤中，用户所得到的服务
	关键人物或部门	该触点由哪些部门提供服务，影响用户体验的关键人物是谁
	关键诱因	触发用户与企业进行互动的要素是什么，促使用户产生某种感觉的因素是什么，促使用户走向下一个阶段的动力是什么
	可改进的互动与触点	哪些地方可以改进以更好地满足用户需求
感受	关键时刻	体验旅程中对用户来说最为重要的关键时刻，如感到愉悦、满意的时刻，以及感觉到受挫、失望、愤怒、沮丧的时刻
	满足与否	在每一个阶段、互动或触点中，用户是否认为他们的需求被满足了，是否感到满意，是否认同这些互动价值

人们对某种产品的需求和它带来的体验以及得到它要支付的成本密切相关。只有摸透产品本质，调研清楚需求（功能需求和心理需求），才能赢得用户的青睐。能给用户惊喜，超出用户预期的产品设计才叫体验。体验照顾用户的心理和情感，做到洞悉用户心理就能让他们喜欢甚至爱上你的产品。

比如，如何解决咖啡外卖的体验问题？企业 A 使用的是 PET 杯盖，这种杯盖更好盖，但出口很难封死，不管怎么贴贴纸，咖啡都会漏出来，特别是在配送的时候，漏得很严重。为了解决漏洒问题，B 企业的杯盖采用的是 PP 材质，它的优点是杯子和杯盖扣得特别紧，但这对杯沿卷边的精度要求特别高，只有在某个特定宽度，杯盖才能正好扣进去，保证不漏，并且不会压坏杯体。于是，B 企业开始不断调整设备和工艺，解决纸张、杯盖的开模尺寸、杯子卷边的精度等一系列问题。盖子问题解决后，又出现了新的问题：顾客拿到的咖啡比较热，受热胀冷缩的影响，液体很容易顺着杯子往外流。于是，B 企业又花了很长时间对纸张进行调整，大大提高了杯子的纸张韧性，从而彻底解决了问题。

体验之所以重要，不仅在于良好的体验能促进购买行为的产生，更重要的是它将带来由此产生的用户对企业的信任感，这种信任感是客户与企业之间的黏合剂。这样的黏合剂能使客户在企业出现小失误时仍对其有信心，愿意继续支持该企业。

6.2　产品版本规划

产品版本规划的关键是产品功能聚焦。产品需求和功能聚焦是确定产品最核心的功能或因素，满足哪个或哪几个关键的需求，也就是找出最关键需求，论证并聚焦开发某一个或几个功能，进而做到极致，提升产品的竞争力。

需求列表包含很多功能，因为考虑开发成本、时间成本、风险等因素，不能全部开发。这时候，最实际的做法就是将产品划分成不同的版本，按照版本进行开发。如何进行版本规划呢？

6.2.1　分解产品目标

分解产品目标就是把大的方案分解成一个个小方案，先实现一个个小目标，小目标都实现了，最后大目标就实现了。一般结合产品的生命周期和企业的产品代系标准来设置产品目标。产品的生命周期包含种子期、成长期、成熟期、衰退期四个部分。比如我们现在要开发一个校园社交产品，这个需求市场是存在的，但是我们提供的产品解决方案是不是用户满意的，能不能解决真正的需求，这是未知的。因此，我们结合产品生命周期，分别设置如下产品目标。

种子期：验证用户反馈。

成长期：完善产品功能。

成熟期：实现商业变现。

衰退期：寻找新的增长点。

6.2.2　确定版本功能

明确产品目标后，可根据目标对产品需求再进行分类，确定实现每个目标需要的功能，这时候分类考虑因素如下。

种子期：目标是做验证，所以一般采取 MVP 的模式，用尽可能少的功能实现用户需求，优先实现期望型需求和部分基础型需求功能，实现产品的使用价值和性能价值。

成长期：不仅需要产品能运行起来，还要吸引更多用户使用，要稳定、安全地运行。这时候需要做大量基础型需求和期望型需求功能，以及部分兴奋型需求功能，不但要不断完善产品的使用价值和性能价值，还可能要进一步分化产品，增加产品的功能价值和精神价值，提升产品的档次。

成熟期：需要变现，这时候可以考虑做广告、支付等反向型需求功能，从而扩大产品市场占有率，提升产品品牌知名度和美誉度，实现公司成长。

衰退期：用户增长放缓，可以做一些兴奋型需求功能来刺激用户，也可以找新的期望型需求，满足用户没有被满足的需求，或者进行市场细分、品类创新等提升产品质量，开拓新市场。

6.2.3　需求评审确定可行性

因为产品方案需要其他工种配合才能实现，所以功能并不是完全由产品经理最终决定，应该组织产品专家、公司领导以及研发、设计、运营等组成跨部门产品论证委员会或小组，一起对划分的版本和功能可行性进行评估。如果觉得有不合适的，可以根据意见对目标和目标中包含的功能进行调整，直至觉得合理为止。

通过分解产品目标、确定版本功能、需求评审确实可行性 3 个步骤后，我们已经将原本的产品方案和功能划分成了一个个小版本。

6.2.4　完善产品版本

完成产品规划后，进入产品实施阶段前，需要把产品需求排序，如表 6-2 所示。优先开发的版本所包含的产品需求优先级是最高的。

表 6-2　产品功能版本需求列表

编号	版本	功能名称	功能描述	价值	优先级	备注
1						
2	V1.0					
3						
4						
5	V2.0					
6						
7	V3.0					
8						

6.3　产品与市场匹配

产品经理分析了市场，调研了用户需求，梳理了场景之后定义出了产品，所定义的产品是否真正匹配市场、真正满足用户需求，还需要将产品推向市场去验证。

6.3.1　产品市场匹配度（PMF）

产品与市场匹配度越高，企业对应的收益越高，所以产品经理本身需要不断地扩大产品与市场的匹配程度。那么产品与市场是否相匹配的衡量标准是什么？

通过回顾产品获取企业收益整个过程，产品市场匹配度体现在以下 3 个层面：

（1）产品解决了客户问题；

（2）产品可以经济高效地到达客户手中；

（3）客户很乐意为产品支付相应的成本。

很多时候，定义最小可行性产品之后，快速投放到市场中收集用户的反馈，然后再调整产品规划。但如何判断产品是否真正满足了市场及用户需求？不断优化的产品在什么阶段或什么节点能够进行产品扩展？什么时候企业可以投入大量资源呢？这里需要引入产品市场匹配度（PMF）概念，如图 6-1 所示。

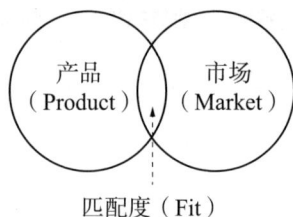

图 6-1　产品市场匹配度（PMF）概念

PMF 是产品和市场达到最佳的契合点，企业所提供的产品正好满足市场的需求，令客户满意。PMF 是一种理想情况，实际上由于产品迭代，市场瞬息万变，两个动态变量始终无法完美实现匹配。

PMF 可拆分成两个方面：一个是产品要在巨大潜力的市场里，另一个则是满足市场的需求。当然，既有产品与市场匹配的状态，也有产品与市场不匹配的状态，包括两类：一类是产品脱离市场，还有一类是产品被市场套牢。

产品脱离市场，是指产品很强但市场很小，或者产品很不错但是市场需求不存在或者非常小，企业不一定等得起市场发展起来。这类情况的好处是在风口来的时候可以很好地发展，缺点是一旦做不好或者等不到市场发展起来，就会失败。

产品被市场套牢，是指产品只适合一个小众市场，并没有占领新兴市场。此后，这个小的市场也会随之萎缩。

通过寻找 PMF 的过程，产品可以划分为两部分。一部分是通过目标用户确认，对市场及目标用户进行需求分析，从而定义产品价值主张以匹配用户需求和满足市场。这个过程本质是定义正确的产品。另一部分则是需要验证产品的商业模式，判断产品可以快速扩展的临界点。PMF 并非一蹴而就，而是一个循环迭代的过程，可以理解为企业提出 MVP 的产品价值假设，并通过投入市场不断验证与优化，最终提升产品与市场的匹配度。

如何寻找到 PMF 并验证企业的商业模式，判断出产品在什么阶段可以进行快速扩张呢？

6.3.2　探寻 PMF 的方式

探寻产品与市场的匹配是一个循环迭代的过程，通过不断地收集反馈并完成验证，使产品达到与市场相对匹配的程度。通过优化产品开发流程，去定义和描述我们的关键假设，并在后续验证过程中，通过反馈信息，回到特定步骤中去优化完善，以提高企业产品和市场的匹配度。优化产品开发流程可分为以下 5 步。

1. 确定目标用户

一切开始于目标用户，他们将最终决定企业的产品在多大程度上能满足目标用户的需求。应该通过市场细分来得到企业的目标用户的特征，并且建立客户画像来满足后续的需求分析、产品市场匹配情况。

2. 发现用户未被满足的需求

建立了目标用户的画像后，下一步是理解他们的需求。当尝试为用户创造价值时，还要找出这个需求对应的良好市场机会。比如，如果某个市场的用户需求已经被很好地满足了，企业就不应该继续进入这个市场。

当产品开发或者完善时，需要找到那些还没有被充分满足的需求。因为用户会拿竞品和你的产品作比较，所以用户对你的产品的满意度取决于与竞争对手产品的差异化程度。

3. 定义价值主张

所谓价值主张，就是企业计划如何让产品比竞品更好地满足用户。在产品可以满足的众多用户需求中，要聚焦在哪一个需求上？需要考虑好产品如何区别于竞争对手的产品。产品在竞争中如何或在哪些方面胜出？我们的产品有什么独到的功能可以取悦用户？这是产品战略的核心。

4. 设计最小可行产品（MVP）的功能集

一旦企业的价值主张清晰了，就应该确定最小可行产品（MVP）包括哪些功能。MVP 的目的是判断企业开发产品的方向是否正确，而正确的方向是在目标用户认为有价值的功能点上创造足够的价值。

5. 完成 MVP 的客户测试

一旦完成了 MVP 原型，就应该拿到用户中进行测试。这一步非常重要，必须确保产品经理收集到的反馈是来自产品目标市场中的用户。如果不是这样，收集到的用户反馈就有可能将你的产品迭代引向错误的方向。根据用户的反馈，重新调整我们的假设并返回到更早的流程步骤中去创新设计产品。持续这个循环，直到设计出一个与市场匹配的产品。

6.3.3　判断产品与市场达到匹配点的方法

判断产品与市场达到匹配点可以使用 "40% 原则" 的方法。

通过用户调研进行产品测试，如果用户不能再使用你提供的产品，用户会有什么感觉？

（1）非常失望。

（2）有点失望。

（3）没有失望（真没那么有用）。

（4）不适用（不再使用）。

如果客户中有 40% 或更多的人表示他们会非常失望，说明产品做得很好，已经实现了 PMF，产品的价值主张定位正确。如果它只有 25% ~ 40%，说明我们应该继续对产品进行一些调整，看看是否能够达到 40%。如果低于 25%，则需要重新定位价值主张或评估市场，进行实质性改变。

6.3.4 验证 PMF 的原则

1. 前期专注做正确的事情

在产品推向市场之前，首先需要专注去做正确的事情，需要明确产品的目标市场以及最终产品的目标用户；其次需要去分析产品经理所设计的产品方案与目标用户存在的问题、痛点或需求是否达成一致；最后需要确认产品能够低成本地到达客户手中，并且客户愿意为此付费。也就是说，在前期需要不断验证产品经理的设想，确保所做的是正确的事情。

2. 通过 PMF 完成产品从 1 到 10 扩展

产品经历了从 0 到 1 这个过程之后，产品经理不再继续专注优化产品，而是首先找到合适的产品市场，然后才是不断去加强产品。从 1 到 10 的这个过程可以通过选择初阶段目标客户参与验证，不断达到和超过"40% 原则"。PMF 也是一个关键的里程碑，到达后意味着企业可以进行产品的快速扩张。

3. PMF 与 MVP 之间的关系

MVP 是最小可行产品，在推出产品过程中，不要一步到位，而是先推出基本功能，能够满足最小业务闭环和最核心的场景，然后根据市场反馈去迭代和优化，最终迭代出符合市场、用户、企业的最优解产品。PMF 是一种产品状态，体现产品与市场匹配的状态，而 MVP 则是使产品达到 PMF 的有效方式。

（1）在市场层面。

PMF 最重要的是找到 M（适合的市场），不要贪心满足整个市场。产品经理应结合企业自身优势寻找到适合自己的市场，先纵向做深，再横向扩张。

（2）在产品设计层面。

乔布斯说："人们以为聚焦就是对你要聚焦的事情说'是'，但其实根本不是。它的意思是对其他上百个好主意说'不'。你必须小心地挑选。我其实对我们的'不为'和对我们的'有为'一样骄傲。创新就是对 1000 件事说'不'。"

不要试图构建"完整"愿景的"整体"产品。相反，通过确定解决客户最大的"一个"关键需求或问题，构建尽可能小的产品，尽可能地简化用户解决问题或需求的流程。

第二篇
产品定位

| 回归产品、聚焦产品，从产品定位开始。

第 7 章
目标市场的客户定位

人们会自觉不自觉地购买反映其社会地位的物品，从而使该物品成为其社会地位的象征，所以目标市场的客户定位分析对产品的成功至关重要。明确目标市场的客户定位，有针对性地分析此类目标客户的特点，策划好产品功能定位和用户情感定位，才能设计和开发出适销对路的产品。

目标市场的客户定位就是根据市场细分的原则来确定特定产品的市场位置，是指企业对目标消费者或目标消费者市场的选择，其目的是将产品定位在最有利的市场位置。例如，产品主要是面向男性消费者的市场，或主要是面向女性消费者的市场；主要是面对婴幼儿的市场，或主要是面对青少年的市场。企业所面对的市场不同，也就意味着所面对的消费需求不同，广告诉求也就相应地有所区别。失去了这些特定的消费者对象群体，产品也就失去了最有利的市场位置。

产品定位，是指企业用什么样的产品来满足目标消费者或目标消费市场的需求。从理论上讲，应该先针对特定客户的需求，然后再进行产品定位，指导产品设计和开发。产品定位既是目标市场的选择与企业产品结合的过程，也是将市场定位企业化、产品化的工作。

在进行目标市场客户定位的时候，应防止陷入三种误区。一是防止"错位"，如企业设计开发的产品主要面对女性消费者，结果却是针对男性消费者大做广告宣传。二是防止不恰当地缩小消费者群体的范围，如目标消费者群体可以包括小学生，也可以包括中学生，结果却只是针对小学生大做广告。三是防止不恰当地扩大消费者群体，如特定产品只适合老年消费者使用，结果却以各年龄层次的消费者为广告的诉求对象。

本章将市场定位分为市场细分和目标客户群定位两部分。

7.1 市场细分

市场定位是指企业在一定的市场细分的基础上，确定自己的目标市场，最后把产品或服务定位在目标市场中的确定位置上。市场细分，是指根据顾客需求的差异把某个产品或服务的市场划分为一系列细分市场的过程。目标市场，是指企业从细分后的市场中选择出来决定进入的细分市场。市场定位就是在营销过程中把其产品或服务确定在目标市场中的一定位置上，即确定自己产品或服务在目标市场上的竞争地位。

7.1.1 市场细分概述

具体而言，市场细分是指企业按照某种标准（如人口因素、心理因素等）将市场上的顾客划分为若干个消费群，每个消费群构成一个细分市场，并描述每个细分市场的整体轮廓。在同一个市场细分中的消费者，他们的需求和欲望极为相似，而不同细分市场中的消费者，对同一产品的需求和欲望存在着明显的差别。

7.1.2 市场定位

市场定位一般包括对企业整体形象的定位和企业产品的定位，是指企业根据目标市场上的竞争状况，针对顾客对某些特征或属性的重视程度，为本企业的形象和产品塑造强有力的、与众不同的鲜明个性，并将其传递给消费者，赢得消费者的认同。

如果需要科学、准确地进行目标客户市场定位，首先应该确定细分层次，即按照细分变量将消费者分为若干群体单元（细分市场），并观察这些消费者细分市场是否呈现不同的需求或产品反馈。一般通过辨别偏好的方式来区分。市场细分是产品功能定位的基础或依据，不同细分市场的特征（市场容量、增长率、需求特点、竞争激烈程度等）不同，因此需要根据细分市场和自己的优势、劣势，分析和确定自己的目标市场。细分变量包括地理变量、人口变量、功能需求变量和心理需求变量。关于市场细分方法的相关研究资料和书籍比较多，此处不再进行论述。

有效的细分需要满足以下 5 个条件：

（1）可衡量；

（2）足够大；

（3）可接近；

（4）可区分；

（5）可操作。

目标客户定位是一个市场细分与目标市场选择的过程，即明白为谁服务。在市场分化的今天，任何一家公司和任何一种产品的目标顾客都不可能是所有的人。因此选择目标顾客时，需要确定细分市场的标准，对整体市场进行细分，对细分后的市场进行评估，最终确定所选择的目标市场。

市场细分过程中要注意以下几点：

第一，列出顾客群体及市场；

第二，在市场调查中找到付费的用户是谁；

第三，忌向所有人销售；资源控制在新市场中；

第四，了解目标市场真实情况，切忌带着"答案"与顾客沟通，所有的潜在顾客做到反馈信息即可，无须做出回答；

第五，市场细分要能够回答以下几个问题：①最终用户是谁？②采用的产品是什么，做出了什么改变？③获得什么实际利益？④市场特征是什么？⑤市场规模多大，顾客数量多少？⑥竞争对手是谁？⑦互补性资产有哪些？

7.2　目标客户群定位

产品定位的实质是使本企业与其他企业严格区分开来，使顾客明显感觉和认识到这种差别，从而在顾客心目中占有特殊的位置。

市场定位可分为对现有产品的再定位和对潜在产品的预定位。

对现有产品的再定位，可能导致产品名称、价格和包装的改变，但这些外表变化是为了保证产品在潜在消费者的心目中留下值得购买的印象。

对潜在产品的预定位，必须从零开始，使产品特色确实符合所选择的目标客户群市场。公司在进行产品市场定位时，一方面要了解竞争对手的产品具有何种特色，另一方面要研究消费者的需求对该产品的各种属性的重视程度，然后根据这两方面进行分析，再确定本公司产品的特色和独特形象。

7.2.1　目标消费者定位的含义

目标消费者定位，是指企业从该产品或服务的消费者当中选择一个特定的细分人群进行价值差异化服务。消费者价值的差异化，是指企业的产品或服务能够为目标消费者提供有别于竞争者的利益。这种差别化可以是功能上的利益，如某产品信息定位于"专业去屑的洗发液"，从而一举与其他同类产品区分开来。

在市场细分之下，可在产品定位上作如下策略选择：

（1）无视差异，对整个市场仅提供一种产品；

（2）重视差异，为每一个细分的子市场提供不同的产品；

（3）仅选择一个最适合的细分子市场，提供相应的产品。

7.2.2　市场吸引力的评估

根据行业不同，结合细分市场选择市场吸引力的评价指标，主要包括市场规模、市场增长率、市场竞争程度、市场收益率和战略价值。要对各细分市场的吸引力进行评分，计算各细分市场吸引力的强弱，为市场定位作准备。

第一步，明确各细分项目。

第二步，确定评分标准。如表 7-1 所示的细分市场吸引力评分标准，依据公司所处行业对其进行修改，制定符合本行业、产品的评分标准。

表 7-1　细分市场吸引力评分标准

市场吸引力评价指标		评分标准				
		5 分	4 分	3 分	2 分	1 分
市场规模	现有市场规模绝对值					
	所涉及市场细分的名次					

市场吸引力评价指标		评分标准				
		5分	4分	3分	2分	1分
市场增长率	市场增长率					
市场竞争程度	市场竞争程度					
市场收益率	替代产品的威胁					
	新进入者的威胁					
	供应商议价能力					
	购买商议价能力					
战略价值	战略价值					

第三步，确定评价指标权重，各项指标会因行业、时间的不同而不同。

第四步，确定各评价指标分解出的小项权重。

第五步，分别给各细分市场的各评价指标、小项按评分标准打分，并参照式（7–1）、式（7–2）、式（7–3）计算得分，其中 B_i 为各评价要素的实际得分，C_i 为各评价要素乘以权重后的相对得分，D 为细分市场 A 最终分数；$i=1$，2，3，4代表不同的评价要素；$1 \leqslant j \leqslant 5$（$j$ 为整数）代表各评价要素的不同小项。

$$B_i=\sum_{j=1}^{5}a_{ij}\times A_{ij}=a_{i1}\times A_{i1}+a_{i2}\times A_{i2}+\cdots+a_{ij}\times A_{ij}+\cdots+a_{i5}\times A_{i5} \qquad （7–1）$$

$$C_i=a_i\times B_i \qquad （7–2）$$

$$D=\sum_{i=1}^{4}C_i=C_1+C_2+C_3+C_4 \qquad （7–3）$$

7.2.3　市场竞争地位的评估

市场竞争地位，是指企业在即将进入的细分市场中所占据的位置。它是战略分析的重要维度之一，也是企业规划竞争战略的重要依据。公司在细分市场上的竞争地位主要来自产品优势、品牌优势、技术研发能力等多种因素产生的差别。依据差别可以确定企业在细分市场中的竞争优势和劣势，从而确定企业在市场中的竞争地位。竞争地位典型影响因素如表 7-2 所示。

表 7-2　竞争地位典型影响因素

评价指标	典型影响因素	概念
竞争地位	产品优势	是指产品的质量、性能、价格等一系列综合因素产生的效应
	品牌优势	是指企业、产品、文化形态的综合反映和体现
	渠道优势	是指商品流通路线的结构、范围及信息传递流通性、准确性等综合表现
	生产能力	是指反映企业所拥有加工能力的技术参数，也可以反映企业的生产规模
	营销能力	是指企业有效开展市场营销活动的能力
	技术研发能力	是指利用从研究和实际经验中获得的现有知识或从外引进的技术，为生产新产品、建立新的工艺和系统而进行实质性的改进工作的能力

根据行业、企业自身情况与目标，识别企业的关键成功因素与核心竞争力，选取对竞争地位具有重要影响的、可衡量的、有限的因素对竞争地位进行评估。

第一步，明确须评估的公司细分市场，并考查该细分市场竞争地位的主要评估指标体系。

第二步，确定评分标准，依据自己所处行业情况对其进行修改，制定符合本行业的评分标准，如表 7-3 所示。

表 7-3　市场竞争地位评分标准

评分标准	优秀：5	良好：4	一般：3	差：2	不可接受：1
序号	关键成功因素	权重	评分	得分	
1	产品优势	a_1	B_1	C_1	
2	品牌优势	a_2	B_2	C_2	
3	技术研发能力	a_3	B_3	C_3	
……	……	……	……	……	
i	生产能力	a_i	B_i	C_i	
……	……	……	……	……	
合计		100%	M_A	N_A	

第三步，确定关键成功要素权重，即 a_1，a_2，a_3，…，a_i，…，a_n。

$$\sum_{i=1}^{n}=a_i+a_2+a_3+\cdots+a_i+\cdots+a_n=100\%\ (i=1,\ 2,\ 3,\ \cdots,\ n;\ n\leq 5)$$

每项指标会因行业、时间的不同而不同。

第四步，给各细分市场的各因素按评分标准打分，并参照式（7–4）、式（7–5）、式（7–6）计算得分，其中 B_i 为各要素的实际得分，M_A 为要素实际总得分，C_i 为各评价要素乘以权重后的相对得分，N_A 为关键成功要素相对总得分。$i=1$，2，3，…，n，$n\leq 5$，代表不同的评价要素；$1\leq j\leq 5$，代表各评价要素的不同小项。

$$C_i=a_i\times B_i \tag{7–4}$$

$$M_A=\sum_{i=1}^{n}B_i=B_1+B_2+\cdots+B_i+\cdots+B_n \tag{7–5}$$

$$N_A=\sum_{i=1}^{n}C_i=C_1+C_2+\cdots+C_i+\cdots+C_n \tag{7–6}$$

7.2.4　细分市场定位

通过 SPAN 战略分析图对细分市场的吸引力和竞争地位两个维度进行分析、评估、制图，最终可以在 SPAN 图中看到各个细分市场的战略位置。根据市场吸引力和竞争地位的大小将 SPAN 图分成 4 个区域，如图 7–1 所示。利用 SPAN 图可以清晰明了地掌握各细分市场的优势和劣势，方便公司采取相应的策略。

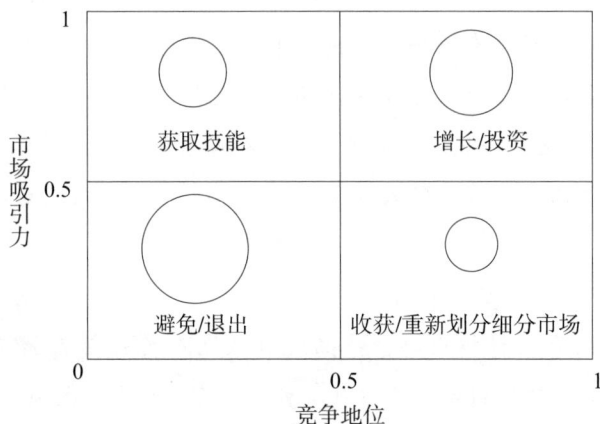

图 7–1　SPAN 产品战略分析图

对这四个区域的特点描述如下。

第一区域（增长／投资）：处在这一区域的细分市场具有很强的市场吸引力和很高的竞争地位，是容易成功的细分市场，是公司发展优先选择的目标市场。

第二区域（获取技能）：处在这一区域的细分市场虽然有足够的吸引力，但是公司的竞争优势较弱。建议公司先差异化设计产品，提升公司的竞争地位后再进入细分市场。

第三区域（避免／退出）：处在这一区域的细分市场不但没有吸引力，而且公司的竞争优势也较弱，建议暂不进入该细分市场。

第四区域（收获／重新划分细分市场）：处在这一区域的细分市场吸引力较弱，但是公司有很强的竞争优势。在大多数情况下，建议部分进入该细分市场，或者再进一步细分市场。

案例分享

1. 精准消费者定位

在美国，用后即丢的纸尿布销路极好，但当它想打入日本市场时，却屡屡受挫，一直未打开销路。问题出在哪儿呢？经过调查发现，是产品定位不当。在美国，这种纸尿布的宣传定位一直是"令妈妈更省心、更方便"。但在日本，这种宣传定位却使一些以家庭为重的妇女觉得如果给孩子使用这种尿布，就成了一个懒惰的、浪费的、放纵自己的母亲了。因此，她们使用时总有一种内疚感，不是旅游外出便很少购买。搞清这个事实后，美国制造商立即改变产品宣传定位为"令宝宝更舒服、更干净、更清爽"。这样的定位表明尿布不是对母亲好，而是对婴儿更好。于是，重新定位的广告宣传效果立竿见影，日本妈妈的内疚感消除了，产品大获成功。

2. 熟悉竞争对手进行精准定位

美国的七喜饮料推出时，产品定位策划人员就曾为如何定位大伤脑筋，因为当时软饮料市场已被可口可乐和百事可乐两大公司瓜分殆尽，无论从哪方面来说，七喜都无法与可口可乐和百事可乐相抗衡。那么，如何树立一种全新的产品形象，以突出七喜的个性，加强消费者的认知呢？七喜最终以人们惧怕咖啡因的心态作为切入点，绕过了产品的特质、味道、功能等内容，宣称："七喜，非可乐！"

原来，汽水有两种类型，一种是可乐型的，含有咖啡因；另一种是非可乐型的，不含咖啡因。七喜这一定位鲜明地突出了自己"非可乐型"的个性，所以产品定位非常成功。

7.3　市场定位测试

公司在市场定位测试阶段，着重对产品进行测试，从而确定公司提供的产品是否满足需求。可以使用符号、模型或者实体形式来展示未来产品的特性，从而判断潜在消费者对产品概念的理解、偏好和接受程度。这一过程对产品经理的要求比较高，其需要通过主观的判断以及对数据的敏感性来判断消费者对某一产品概念的整体接受情况。

一般需要考查以下几个方面：

（1）考查产品概念的可解释性与传播性；

（2）考查同类产品的市场开发度；

（3）考查产品属性定位与消费者需求的关联；

（4）考查消费者的选择购买意向。

首先，需要进行产品概念与顾客认知度、接受度的对应分析，针对某一给定产品或概念，主要考查其可解释性与可传播性。很多创始人其实并不一定是新产品的研发者，而是新概念的定义和推广者。

其次，考查同类产品的市场开发度，包括产品渗透水平和渗透深度、主要竞争品牌的市场已开发度、消费者可开发度、市场竞争空隙机会，用来衡量产品概念的可推广度与偏爱度。从可信到偏爱，这里有一个层次的加深。

再次，考查产品属性定位与消费者需求的关联。因为产品概念的接受和理解程度再高，如果没有对产品的需求，产品的功能不是恰恰满足了消费者某方面的需求，或者消费者的这种需求有很多产品给予了满足，这一产品概念仍然很难有好的市场前景。

最后，探究消费者是否可能将心理的接受与需求转化为行为上的购买与使用，即对消费者的选择购买意向进行考查，以对企业自身市场定位和产品定位的最终效果进行测定。

第8章
基于心理需求的产品定位

消费者的消费行为一定是受消费动机支配的，而消费动机又是由需求引起的。因此，准确把握消费者的需求心理倾向是产品开发成功的基础。

科学技术的快速发展，人们生活水平的提高，使消费者对产品的体验和情感需求提出了更高层次的要求。市场上同类产品竞争日益激烈，人的感性心理需求得到了前所未有的重视，人们渐渐地开始不仅关注产品的功能性和易用性，还关注产品对自身心理需求的满足。在产品设计中，产品的情感化成分影响越来越大。因此，设计出更多满足用户心理需求的产品，是未来市场的必然发展趋势。

概而言之，用户需求和痛点是产品起点，心理需求是产品定位的关键依据。

8.1 心理需求

产品定位不仅要满足消费者对产品功能的需求，更要迎合消费者的心理需求。

8.1.1 心理需求的概念

何谓心理需求呢？

心理需求，是指源于遗传的、先天的生理需要，后逐渐独立于生理需要的需求。主要有三类：第一类是探索、好奇需要，亦称好奇驱力、探索驱力，如幼儿对新事物表现出的兴奋；第二类是成就需要，指个体对自己认为重要的或有价值的工作，力求达到完美程度的内在驱力；第三类是亲和需要，指渴求获得关心、友谊、爱情及别人的许可与接受、支持、合作等的内在驱力。

优秀的企业都善于洞察并抓住消费者的心理需求，善于抓住消费者一个一个的痛点，用痛点来打动用户，切入市场，培养客户，延伸产品体系，最后实现盈利。

8.1.2　心理需求的消费特点

1. 消费者的心理需求和生理需求共存

消费市场正在两极分化，呈现两个趋势：趋低消费和趋高消费。一方面向上奢华，奢侈品消费跳跃式增长；另一方面向下实惠，网络购物、平价购物方式也正形成风潮。一部分消费者在高端市场通过购买高品质、可炫耀的产品来证明自己的价值，而另一部分消费者则在低端市场挖空心思购买高性价比产品来显示自己的高明。

2. 产品使用价值和心理价值共存

大多数人认为，低收入群体应该主要在折扣店里购买低价产品，中等收入群体在传统商店和精品店里面购买中等价位商品，而富裕群体习惯于到高档专卖店购物。然而，现在的消费者关注的是价值。

价值＝使用价值＋心理价值

使用价值使消费者趋低消费，心理价值使消费者趋高消费。所以，在设计产品时，要明确自己的产品哪一些部分是使用价值，哪一些部分是满足心理需求的心理价值。

消费者为了获得使用价值，会选择趋低消费；消费者为了满足心理价值，会选择趋高消费。

8.1.3　产品的性质定位：必需品还是炫耀品

几十年前，电视还没有普及，当时中国的老百姓谁家有彩电是一件值得炫耀的事情。那个时代，邻里关系非常熟络，遇到重大节日或者流行剧目，大家一定聚在有彩电的家庭集体观看。在傍晚聚会散场时，谁家男主人放言一句"吃完饭去我家看电视"在当时是风光无限的。几十年后的今天，当家电行业产品竞争基本结束，技术水平相似、产品设计趋同时，它们已不是奢侈品、炫耀品，而是每个家庭的必需品了。这时，我们发现，家电产品依靠低价逐渐占有市场。炫耀性产品可以满足消费者的"情感需求""被尊重的需求""自我实现需求"，这些需求都是一种社会化的需求，要通过别人的反应、互动、言行来体现，消费者对这部分需求会"不惜重金"。调查发现，消费者最重视品牌的五大品类分别是手表、汽车、酒、电子产品和服装；消费者最重视性价比的五大品类为罐头食品、点心、家庭洗涤用品、纸制品、家政服务。与社交有关的产品，会注重品牌，需要具备表明消费者的地位、层次、圈子等特征的价值联想；而与自我使用有关的产品，具备出色的使用价值即可。

8.1.4　趋低消费与趋高消费

注重产品使用价值的消费者买的是便宜，注重产品心理价值的消费者买的是满足。

趋低消费时，消费者会在同类、同品质、同级别产品中选择价格最低的商品，此时他们有占便宜的心态，希望能够在自己熟悉的产品领域里面成为专家型消费者，了解产品的属性与价值，进而以最低的成本获得商品。对趋低消费品类进行营销的关键是"让消费者感觉便宜"。

趋高消费时，消费者在意产品的形象价值、文化价值和消费群属性价值，希望能够通过成为商品的拥有者、使用者来体现自我价值。对趋高消费品类进行营销的关键是"让消费者获得满足"。

只有分清产品的使用价值和心理价值所处的地位，才能精准策划，开发出有生命力的产品。

8.2　心理需求对产品开发的影响

近些年，各行各业发展迅速，新产品层出不穷，竞争激烈程度日趋加剧，消费者面临越来越多的选择。另外，消费者的消费理念更为成熟。要做到供其所需，在众多品牌中脱颖而出，就必须真正做到从消费者需求出发，洞悉消费者的内心所需。

显性需求是功能需求，隐性需求是心理需求。

8.2.1　需求层次

任何火爆的产品，肯定都能很好地满足用户特定的需求。买卖其实就是需求被满足的过程，产品能迎合受众或潜在客户的需求是成功的关键。了解消费者想要什么，应该了解人类的心理。美国著名心理学家马斯洛提出的需求层次理论，是解释人们动机的重要理论。动机是由多种不同层次与性质的需求所组成的，而各种需求间有高低层次与顺序之分，每个层次的需求与满足的程度，将决定个体的人格发展境界。它是一个五层的心理学模型，代表了人类不同层次的需求。

8.2.2　产品层级与马斯洛需求层级的关系

那么，产品的层级与马斯洛需求层级是如何对应的呢？

第一层级产品——核心产品：应该以满足用户的最核心利益为主。

第二层级产品——基本产品：应该以满足用户的基本需求（生理的需求和安全的需求）为主。

第三层级产品——满意产品：应该以满足客户的期望需求（归属与爱的需求）为主。

第四层级产品——期望产品：不仅满足用户期望需求，还有一定的附加功能和服务，远超用户心理预期。

第五层级产品——超越产品：产品已超越了用户想象，用户已变成了它的粉丝，为它"尖叫"。

用户的需求，并非只靠单一产品去满足。同一种产品，经过不同的产品定位、产品精神、产品包装的重新设计，可以满足不同层级的需求，如图 8-1 所示。

下面以汽车为例，进一步阐述马斯洛需求层级。

满足"生理的需求"的汽车：如果只是为了满足消费者交通的需求，只需要生产一辆代步车，可能卖 3 万元。

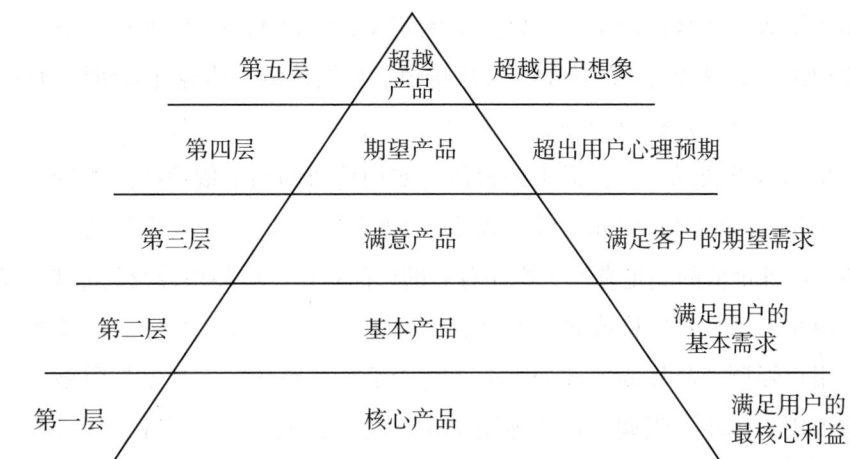

图 8-1 需求模型与产品的对应关系

满足"安全的需求"的汽车：如果是满足了消费者出行安全需求的汽车（比如加强刹车功能等），可能卖 10 万元。

满足"归属与爱的需求"的汽车：如果可以满足消费者成为某个车款的忠实粉丝的归属需求，可能卖 50 万元。

满足"尊重的需求"的汽车：如果能满足消费者高贵、富有的需求，可能卖 100 万元。

满足"自我实现的需求"的汽车：如果能满足消费者个性化的需求，体现消费者的个性，彰显自己的社会地位，可能卖 500 万元甚至 1000 万元。

在不断开发新产品的时候，我们也可以考虑一下现有的产品能否进行升级优化，以满足消费者的更多需求，包括心理需求。产品功能是根据心理需求层级定位而进行设计的，其功能、精神、形象和价格设计结合相匹配的广告宣传，才能实现产品的价值。所以，产品定位不同，功能和产品精神侧重点设计不同，价格差别很大。产品价格差距的主要依据就是产品定位、产品精神等。

8.3 产品类型定位

产品的定位与功能设计要与消费者需求层级相一致。也就是说，消费者的需求层级或心理需求不同，则产品的定位也应该不同。根据马斯洛的需求层级理论，消费者关注的价值（实用价值、性能价值、功能价值和精神价值）不同，产品价值定位也应该有所不同。产品的实用价值（基本功能需求）是满足生理需求和部分安全需求的价值，实用价值的满足依赖产品本身；产品的心理价值是满足"归属与爱的需求""尊重的需求""自我实现的需求"的价值，心理价值的满足有赖于产品背后的产品定位、产品精神及其品牌价值。

现在，用户对价格或名气的敏感度降低，回归关注产品形象设计和品质感。用户强调产品体验，部分企业不再走低价格路线，而是走品质路线。产品重视用户体验，强调真正的体贴实用、简约美观，以便更符合消费者心理需求。

影响消费者消费行为最重要的因素不再是钱包状态，而是心理状态。随着消费意识的进化，用户们看重的不是"大、多、贵"，而是产品是否符合自己的生活和品位。

新产品的创新开发是企业适应市场需求、保持竞争力的本钱，如果开发出来的新产品没有考虑消费者的心理需求特点，那么产品开发能力再强，设计出来的产品再新颖也只能是无用功。

因此，企业需要明确产品定位，应该重视从消费者心理变化的角度来看营销的本质，从消费者生活方式的转变中提炼新的功能需求和心理需求，重视新一代消费者的生活方式。

根据心理学的观点，行为只是人们心理的外在表现方式，所以研究消费者向根本在于研究人的心理而不只是其行为。做产品就是研究人，不了解用户，怎么能设计出好产品？首先要弄清楚产品到底要解决客户哪个层面的问题，要解决到什么程度。

根据心理需求层次构建产品类型定位模型。该模型的纵轴是心理需求层次，从下往上心理需求层次逐步提升，一般可分为基本需求和高层次需求，其中基本需求可分为生理的需求、安全的需求，高层次需求可分为归属与爱的需求、尊重的需求和自我实现的需求；横轴是消费者价格不敏感性，从左向右消费者对价格的不敏感性越来越高，消费能力越来越强，如图8-2所示。

图 8-2　基于心理需求层次构建的产品类型定位模型

处于不同区域的消费者对产品的关注点不同，选择的产品类型也不同。

第一区域：处于此区域的消费者心理需求层次较高，主要为了满足自己的"尊重的需求"和"自我实现的需求"，并且对价格不敏感，属于成功人士。我们应该开发个性化产品，注重产品的精神价值，体现使用者的身份并满足其价值追求。该产品的特点是高价、高品质、差异化。

第二区域：处于此区域的消费者的心理需求层次也较高，主要为了满足自己的"归属与爱的需求"或"尊重的需求"，但是对价格比第一区域的用户要敏感一些，更多是一些财务还未能达到自由的年轻人士。我们应该开发时尚型产品，满足消费者的情感需求。该产品是时尚的、中低价的快消品。

第三区域：处于此区域的消费者购买产品主要目的还是为了满足生理的需求、安全的需求等基本需求，并且用户对产品的价格敏感性较高。我们应该开发品质型产品，注重产品实用价值，追求产品的高品质。该产品的特点是物美价廉。

第四区域：处于此区域的消费者购买产品是为了满足自己生理的需求或安全的需求，对产品的价格不敏感，用户注重产品的性能参数指标，追求高性能产品。我们应该开发性能价值比较高的产品。该产品的特点是高性能、中高价。

根据不同消费者的消费特征和偏好，研究用户的心理需求层次，结合自己企业所处行业或产品特性，参考基于心理需求层次构建产品类型定位模型，研究产品的不同定位，开发出适应市场需求的产品，提升产品的价值和生命力。

用户选择了某个产品就是出于对它的信任，产品时时刻刻都应该考虑到用户的心理需求是什么，要做到满足客户的心理需求，让用户感到安心、舒心。

未来产品的情感化设计必须遵循人的情感活动规律，关注用户的情感内容、体验感受。只有符合用户心理模型的设计才能和用户产生心理上的共鸣，让用户感受到产品带来的快乐。

第9章
产品定位方法

有效的产品定位是企业发展的"指南针"。

产品定位能够赋予产品灵魂，提升产品的生命力，从而与目标客户群形成共鸣，得到用户的高度认可。

我们设想，某个品类的饮料，市场容量比较大，并且这个行业只有一个产品 A。这个时候，老板说："A 只有一个，我们也做一个出来与它平分秋色。"虽然 A 产品的配方是保密的，但是也可以重新做一个差不多的。于是你按照老板的意思，去研究了一个差不多口味和功能的饮料产品 B，然后找了大量的客户进行体验验证，让他们去感受 A 和 B 哪个更好喝一些，最后参加试验的用户给了你一堆数据。你根据数据发现，自己配出来的 B 在口味上略胜 A 一点，看来是很有希望的，于是你就直接把报告给老板看。老板一看自己的想法原来被数据证实了，立马拨款给你去生产。你拿到钱计划大展拳脚，一下子铺开渠道把产品推了出去。一开始的时候销量并不好，你和老板说："品牌战要慢慢打，我们先降低价格抢占市场份额。"老板听了有道理，立刻批准，于是价格一降再降，最后降到了 A 产品的一半，可是你发现，就算是这样，销量依旧是惨不忍睹。

这个时候，我们都会奇怪，这是为什么呢？产品的功能是相似的，一半的价格却无法留住消费者。以上的状况就是典型的产品定位困局，很多公司都是根据老板的想法，进行了类似的一系列产品研发。

我们多数人知道，上述的困局历程就是百事可乐的实际成长经历，后来可乐大战的结果是百事可乐重新思考了产品定位，不再凭想象按照功能定位，而是重新进行市场研究和分析，选定了特定的市场，重新进行了产品的定位之后，才开始以这个核心进行品牌包装和宣传。若干年后，百事可乐多次在销量上超越可口可乐，成为一个非常成功的饮料品牌。

由此可以得出，不进行市场分析和用户心理需求分析就直接进行产品定位是不严谨的。

（1）先根据想法进行产品定位，再找用户数据分析，这样的方法不靠谱。

直接提出原型然后进行产品定位和开发也有可能成功，但风险较大，特别是如果市场上已经存在这样的产品，而且也有一定的用户基础，那么按照产品功能来定位，就算卖得便宜，用户也不会选择你的产品。

（2）功能性的产品定位，永远只适合功能性特别明显的产品。

产品的本质就是对客户有价值（包括使用价值、性能价值、功能价值和精神价值），产品得到客户的认可，才能实现交换。所以，我们必然要先对市场细分，研究竞争对手，依据用户的需求，从包括功能在内的多重维度去分析和探索，明确市场定位，进而进行产品定位。

（3）应该从多个维度思考，特别是基于客户的心理进行产品定位。

产品定位的核心是基于客户的心理而产生的一种方法论。心理上的定位，说白了是使消费者心理上认可，能够对企业或产品产生信任，觉得产品确实是好的。如果你想要消费者买单，就要在他们的心中占据一个位置，就像可乐，我们通常只记得两个，即可口可乐和百事可乐，有没有其他的可乐呢？绝对有，中国就有几种，但是你能记住吗？它的质量一定很差吗？不一定，有可能它的口感比可口可乐还好，但消费者却并不是很认可。

产品定位对产品的发展很重要，它赋予产品灵魂，给予产品生命力。其基本步骤首先是市场分析和需求分析，然后结合分析的结果进行目标市场定位，确定了市场定位之后才是产品的定位。

先提出一个产品的原型，然后去找用户，看看类似产品的用户是哪些，然后进行产品定位，表面上看，也经过了用户分析，也和用户谈过需求，好像是那么回事，也做出说得过去的产品，但这样的做法严格来讲是非常不严谨的。

9.1　产品定位内涵

不管是成熟企业，还是新创业的公司，每年都有产品研发或产品创新的计划并推进实施，但是产品成功率不高，既有开发产品本身不符合市场需求，也有市场推广宣传不到位、产品定位不清晰、在功能开发方向和宣传推广上与产品精神不匹配、目标不明确、没能占领客户心智等原因，这些应该是造成产品失败的主因。可通过以下几个途径提高创新产品的成功率。

（1）仅通过产品功能很难取胜，产品定位可以提升产品的竞争力，助力产品胜出。

（2）在满足产品功能需求的同时，提升产品的情感需求；找到用户心理诉求的本质，明确产品的品类定位或基于用户心理需求的产品定位。

（3）确定需求优先级和先后次序，找出突破点，通过技术或设计理念，提升产品的差异化，实现产品差异化创新。

（4）基于新商业逻辑，研究用户心理需求层次定位产品类型，结合产品定位，赋予产品精神和灵魂，并开展针对性宣传，优化用户体验，提升用户对产品的认可度。

产品定位是基于心理诉求的，是更底层的心理供给。所有的产品定位都必须是统一的、系统的，不能相互矛盾。这些产品定位是产品创新的基石，能赋予产品灵魂。

9.1.1　产品定位的概念

产品定位就是针对消费者或用户对某种产品某种属性的重视程度，塑造产品或企业的鲜明个性或特色，树立产品在市场上一定的形象，从而使目标市场上的顾客了解和认识本企业的产品，认同其产品。

产品定位是产品创新必须要走的一步路。现在很少有突破性的、具有生命力的产品诞生，各个领域的市场都趋近饱和，要想通过开发史无前例的产品抢占市场，不如先思考如何依靠产品定位相关理念在市场里站稳脚跟。抓住顾客真实的本原需求和心理诉求，明确产品定位，策划产品精神和产品基因，不断从用户心智中寻找第一梯队的位置，从用户心智中寻找产品定位，找准用户真正痛点，差异化创新产品设计，有针对性地进行产品开发和宣传，才是产品定位的最佳选择。

9.1.2　产品定位的内容

市场定位，是指从事消费活动时寻求具有相似需求和利益的群体，即什么样的人。产品定位，是指确定满足这一相似性需求和利益的产品，即什么样的产品。品牌定位，是指与具有相似需求和利益的群体具有强烈共鸣的、区别于竞争对手的独特的概念，即什么样的诉求。

产品定位与品牌定位相关性比较高。在产品定位中，应该明确以下内容。

1. 产品的市场定位（包括消费者群体定位）

在进行市场细分后，对市场细分进行评估，并根据市场定位模型选择本企业产品要开发哪个或哪几个细分市场。

2. 产品的需求定位

目标消费者有多个需求，可能需要定位哪个需求或哪几个需求对应开发产品。

3. 产品的精神定位

产品精神就是产品的个性化特征，根据目标客户群的特点和最重要的需求，确定产品的个性化特征，为产品研发指明方向。

4. 产品类型定位

企业的不同发展阶段具有不同的资源和生命力，根据企业特点确定产品类型，作为企业当前阶段的发展方向，提升企业的竞争力。

5. 产品定位

确定企业的产品在消费者心目中的位置。每一企业的产品都有其特定的定位，如奔驰汽车定位于高档车市场，大众汽车则定位于中档车市场。

6. 产品功能属性定位

明确产品主要满足消费者什么样的需求，对消费者来说其主要的产品属性是什么。

7. 产品的角色定位

确定产品的角色，是做市场领导者、挑战者、跟随者，还是补缺者，以及确定相应的产品价格策略、渠道策略、营销宣传策略等。

8. 产品外形及包装定位

根据产品特点、产品定位和产品基因等，设计产品的外观与包装的风格、规格，有些产品外观承担着产品基因传承作用。

不同行业或产品属性定位的侧重点不同，应该确定产品的核心定位，持续优化、宣传，固定老客户，直至成功。

产品定位要清晰且聚焦，围绕定位持续打磨产品，才能打开市场。产品定位不是一成不变的，随着产品成长，边界也在扩大，定位也会改变。产品的发展机会来源于市场的变化，大部分产品能成功是因为它们找到了变化之中的确定性，根据市场变化修正产品的主攻方向，这有利于创始团队在有限资源的条件下，专注做好最重要的事。核心问题是产品要以什么方式重点满足用户的哪种需求，也就是说需要确定核心用户群的核心需求。"重点"即把关键需求做深做透，"以什么方式"则是现有团队能给出的最有竞争力的解决方案。这些都对产品定位提出了新的要求。

产品定位是产品与用户的连接点：在产品侧，定位决定了产品的方向，产品的功能、情感、体验都基于产品定位衍生；在用户侧，定位用户的可被满足的诉求，需要在特定的时机及地点来使用产品进行满足。那么在市场上已经有众多产品的同时，如何让用户很容易找到你的产品，让他们有足够的理由来使用，并且一直使用，这就是产品定位所扮演的角色了。

通过以上分析，基本就可以找到产品定位确立的方法：从细分的市场出发，找到目标用户需要被满足的需求点，然后再反射到自身实际执行的情况，寻找差异化的点进行切入，最后落实到策划及运营。

同时，我们还应该看到不同类型的产品对用户的重要程度不同，也就是对用户的影响程度不同。企业在进行定位时一方面要了解竞争对手在市场上的位置，另一方面要研究顾客对该产品各种属性的重视程度，包括产品特色需求和心理上的要求，然后分析确定本企业的产品定位和形象。

因此，企业要找准产品定位必须首先找准消费者及其需求特征，突出以产品特色为定位的出发点，以恰如其分地满足消费者的需求为定位的归宿。

9.1.3 产品定位的好处

相信大多数人都是抱着创业或发展壮大自己企业的想法开发产品的。如果方向不正确，开发出来的产品不仅没有用户，还可能惨败收场。

虽然好的灵感不常有，但也不能有一个好的想法就盲目开发。因为想要做好一个产品，光有一个好的想法是远远不够的，不仅需要足够的数据、市场调查作支撑，更需要有好的产品定位和策划，并进行差异化设计开发。在这个信息爆炸的时代，获客成本是非常高的。产品没有特色，就无法在第一时间抓住用户眼球，用户就有可能被其他公司的产品吸引，而解决这些问题的关键，都在于产品定位。

1. 产品定位赋予产品灵魂

乔布斯曾说："产品是有灵魂的，每一个产品都是为了一个使命才生产出来的。如果产品失去了灵魂，那它就什么都不是了。"产品定位赋予产品灵魂，给予产品生命力。如果一个产品没有定位，即使有改进计划，却不知道每个改进背后的大方向是什么，那么就会改得越多，心里越没底。

另外，产品定位也能让我们的产品具备竞品所不具备的优势，目标用户在听到产品名字或看到产品的时候，会产生一种好奇或眼前一亮的感觉，有去了解、去体验的冲动，迅速让潜在用户记住该产品。在用户去认识和了解的阶段，能与我们的产品精神产生共鸣，认可产品价值，满足其心理需求，也就是认同产品精神。

2. 产品定位指明开发方向

产品定位为产品开发指明方向，从产品的设计、用料材质选择到市场的宣传开拓，都有了明确的目标和指引。另外，产品研发创新团队就某些方案讨论时，只需要着重考虑产品定位，就可以减少很多争吵。例如，淘宝和云集都是购物平台，但淘宝满足的是大众用户的购物需求，云集满足的是微商用户的分销需求。云集在做产品规划的时候，就不会随便参考淘宝的功能设计，而是着重针对微商用户设计功能，如云集需要使用邀请码才能注册，而淘宝则不用。

客户群的定位不同，对产品的内在质量、价格、价值的体现也存在差异。

一个企业要想长久发展，就必须做到产品价值与实用性的统一，赢得所定位的客户群。

产品定位就是"指南针"，为产品指明方向，赋予产品使命和灵魂，让所有人都知道你开发的这个产品是干什么的，是为哪些人服务的，有什么作用，用户能从你这里得到什么。

明确产品定位，对产品后期的宣传推广也是非常有利的。产品定位就是让用户在想到某个需求的时候，脑海中第一个想到的就是你的产品。就像我们一说到喝咖啡首先就能想到星巴克，想喝可乐首先想到可口可乐，送货速度快首先想到京东，价格便宜首先想到拼多多，点外卖首先想到美团，搜索资料会想到百度，等等。由此可见，产品定位对一个产品的发展至关重要。

3. 产品定位有助于明确产品宣传的精神

产品定位就是基于企业产品目标顾客的功能和心理需求，构建产品独特的个性和良好的形象，从而帮助其在消费者心目中占据一个有价值的位置。在产品设计之初或在产品市场推广的过程中，可以通过广告宣传或其他营销手段使得本产品在消费者心中确立一个具体的形象。所以，产品定位的计划和实施以市场定位和市场成熟度为基础，以消费者需求为导向，要在目标客户的心目中为产品创造差异化特色，赋予一定的形象，以适应顾客一定的需求和偏好。

产品定位决定了本企业产品差异化的特色，以区别于竞争对手，如某品牌饮料定位于运动型饮料。如果已经采用高档定位，那么企业就必须生产优质产品，高价销售，通过高级经销商和高层次媒体进行广告宣传。

4. 产品定位有助于团队达成共识

产品的概念设计、生产制造、宣传营销等一系列活动由多个团队完成，清晰的产品定位有助于团队内部和团队之间就以下问题达成共识。

（1）初步确定市场范围，即针对哪些用户群体或细分市场，满足用户哪些功能需求和心理需求。

（2）对该细分市场的竞争对手进行分析，即选定排名前列或新兴的竞争对手进行分析。

（3）挖掘独特的、差异化卖点。根据本公司的资源，选取最核心、最有吸引力的差异化作为卖点。

9.2 产品定位原则

定位要从一个产品开始。定位理论的核心是"一个中心，两个基本点"：以打造品牌为中心，以竞争导向和消费者心智为基本点。

产品定位一旦形成，就会形成牢固、持久和永恒的印象，难以改变。一个企业或产品在目标客户心智中有了一个清晰定位后，这个企业或产品就会具有强大的生命力。例如，脉动代表维生素饮料，红牛代表能量饮料，加多宝代表凉茶。企业最重要的资产不是货币，而是在目标消费群的大脑中成为一个品类的代表词。相反，一个企业不管盈利多少，如果在顾客头脑中没有一个明确、清晰的定位，那么在激烈的市场竞争中就会生命力薄弱，只能勉强靠着努力和低价竞争维持生存。所以，创业者在创业时或企业的发展壮大中，首先要给自己的产品一个精准、清晰的定位，并持续进行产品创新，持续强化其定位，这样才能增加企业发展动能。

9.2.1 产品定位的原因

为什么需要做产品定位？

1. 归类化记忆是人类的认知规律所决定的

人们时刻接收外界大量的信息。人类对信息进行简化归类记忆，进而形成层级型的认知结构。如果信息在人们的认知中与已有认知结构不具有差异性，就很容易被消费者忽略。

2. 心智容量有限

大脑记忆的信息是有限的，而且是有选择性地记忆。因此，那些市场上数一数二的品牌享有更大的心理优势。例如，在啤酒行业，很多曾经风光一时的地方啤酒品牌已销声匿迹，那是因为青岛、燕京和雪花三大全国性品牌已经足够我们选择了。

3. 心智厌恶混乱

企业家对自己的产品是充满感情的，恨不得把产品的里里外外都夸个遍。

但要想让你的产品信息占据顾客的心智，就必须极度简化，聚焦到一个极致点、一个强有力的差异化概念。产品功能宣传也要尽可能地集中且单一，如王老吉成功地将消费者的注意力聚焦在"防上火"这一概念上，从而形成与其他凉茶品牌的显著差异，成功引导消费者形成了对凉茶独特的品类认知，占据了消费者心智，成为中国凉茶知名品牌。

4. 心智缺乏安全感

人们消费新品类、新品牌时是缺乏安全感的，从众心理说明人们会借助他人的认知来作出自己的购买决定。例如，就餐时人们往往更愿意找那些排着队的餐馆。因此，企业需要提供证据以克服人们消费时的不安情绪，当然最有力的证明就是产品的现有市场地位。因为在一定条件下，领先的市场地位能转换为顾客心智中该品类的领导地位。

5. 心智不会改变

消费者一旦对某产品产生信任，形成良好的印象，以后将很难改变，反之亦然。

6. 心智会模糊焦点

企业应将产品差异化聚焦于某一特定的卖点。我们赋予产品品牌的内容越多就越容易模糊焦点，该产品品牌在顾客心智中的印象就会越模糊，竞争对手越容易抢占我们原有的产品定位。

在现实中，有些企业总是在一个品牌下推出很多产品，这容易造成品牌在人们心智中焦点模糊，同时这也在强迫人们的心智作出改变，由此影响到品牌在顾客心智中的原有认知。相反，产品品牌若能在顾客心智中成功聚集一个焦点，要远比推出多样化的产品更容易成功。

了解了心智规律后，我们需要转换思维模式，才能把握产品定位的本质。

9.2.2　产品定位的基本原则

1. 适应性原则

适应性原则包括两个方面：一是产品定位要适应行业成熟度和消费者的需求，特别是消费者的心理需求，投其所好，以树立产品的良好形象，促进购买行为发生；二是产品定位要适应企业人、财、物等资源配置的条件，以便保质保量、及时顺利地到达市场位置。

2. 竞争性原则

目标市场上一般竞争比较激烈，要结合竞争对手产品的情况，包括竞争对手的数量、实力、在目标市场中的地位等来确定产品，避免定位雷同，以减少竞争中的风险。除了现在的行业竞争者外，企业还要兼顾潜在进入者、替代产品、供应者和购买者的威胁。例如，B 企业的产品是为较高收入的消费者服务的，A 企业的产品则定位于为较低收入者服务；B 企业的产品某一属性突出，A 企业的产品则定位于别的属性上，形成产品差异化的特质等。"人无我有，人有我优，人优我廉，人廉我专"正是这种竞争性原则运用的具体体现。

3. 消费者认同原则

消费者认同就是要找出产品优势中能满足消费者实际需求以及心理需求的要点，并使其在消费者心中占据一定的位置。要注意消费者的情感利益——身份、名誉、地位等。要找出产品优势中能满足消费者实际功能需求以及心理需求的要点，并使其在消费者心中占据一定的位置。定位过程是在分析消费者心理的基础上完成的，最终目的是占据客户的心智。因此，一个产品在进行定位时，如果只注重产品自身特质，而忽略这种特质对于消费者的意义，那么产品定位就起不到理想的效果。

如果从产品本身出发去寻找产品定位的依据，则必须是消费者非常关注的因素。产品的各项定位是一个统一的整体，不能相互背离，如产品的品质、质量、工艺、技术、功能、历史、产地、价格、包装、服务……

4. 可行性原则

有些产品定位看起来很合理，但在具体实施中，往往不便于操作，给广告及促销活动等带来很大困难。因而，在进行具体产品定位时，还要将定位实施的可行性加以充分考虑，包括产品定位的推出所需花费的费用、方便性、简洁性、可操作性等。虽然我们在确定产品定位时不需花费太多，但在产品的设计、研发、制造和宣传推广的实施过程中要投入很多匹配资源，如大规模的广告促销活动是以企业的财力资源为基础的。如果企业没有承受能力，那么产品定位再好，也无济于事。

5. 符合企业形象原则

产品的定位要与企业或产品的已有企业形象、战略、产品精神、产品基因等的定位相互匹配，形成一个有机的、统一的系统。企业形象是指一个企业长期以来在消费者心目中已经形成的固定的定位特征和总体印象。产品定位必须同企业的现有形象保持一致，并且充分考虑定位的持续性和延伸性。在产品成长过程中需要多次定位时，要充分考虑前一次定位与后一次定位的连续性、关联性，以及多次产品定位在消费者心目中所留下的该企业印象与总体企业形象的统一性。

6. 市场空间够大原则

现有市场容量或潜在市场容量要足够大，即产品在获取目标用户群的情况下，产生收益能大于运营成本，否则企业或产品发展不起来。

9.2.3　产品定位的核心要素

产品定位要用一句话讲清楚你的产品是干什么的，给人留下基本印象。

1. 一句话说清楚

随着信息量和传播渠道的不断增加，我们处在一个过度传播的社会。过多的信息和有限的脑容量之间的冲突，使消费者的心智已经极度简化并且缺乏耐心。消费者对大段的广告文字和过长的信息视而不见，除非是主动去获取定向的信息，否则信息的被动触达效率极低。

所以，在传播过度的社会环境中，构建一个大家喜欢的、能占据客户心智的产品定位，我们需要简化信息、凝练语言，用"一句话"说清楚产品是干什么的。只有一句话的产品定位才能保证高效触达，深入人心。

2. 给人留下好印象

产品定位的目的在于在潜在的目标客户心智中做到与众不同。这要经过信息的编码、传播、解码、存储、再提取的过程。一句话的确能够精练地说明你想表达的内容，比如"这是一节高质量的沟通技巧培训课"，但这个句子很难给人留下印象。信息的传播和解码过程都没有问题，根据认知结构记忆理论，问题出现在存储过程中没有产生"新的类化"。

想要给消费者留下深刻印象，必须与众不同，即我们所说的差异化定位。

市场上过多的选择和人们有限的心智，决定了现在的产品并不仅仅是用户导向，为用户创造价值就可以存活，而是需要保证创造价值的同时向用户展示其差异化的定位，在用户的认知结构中创造一个"新的类化"，即在用户心智中占有一席之地。

3. 想做大先做小

产品定位赋予产品灵魂，决定产品的成败。一个清晰的产品定位对于产品的发展至关重要，短期能够帮助产品聚焦目标人群和核心业务，长远能够保证产品业务扩张始终围绕产品核心定位，不会给人以杂乱、无序发展的感觉。一个清晰的产品定位能够给产品后续的迭代优化一个主路径和线索。这使得我们不会违背初心，一直保持一致的产品逻辑，不会因为业务的扩张或者产品的迭代，商业利益的发展而做出不符合用户认知的功能。

产品发展初期，最容易犯的错误就是试图吸引每一个人，陷入"满足所有人需求"的陷阱。实际上，每个企业的资源是有限的，用户心智是有限的，这需要我们精准定位用户，科学策划与取舍，把差异化的优点做到极致反而容易打动用户，助力产品成功。当我们试图满足每一个用户的时候，每一个用户都会觉得没有被满足，所以，我们需要界定能力范围，聚焦于核心业务，聚焦于产品核心功能。太阳的能量为激光的数十万倍，但由于分散，变成了人类的皮肤也可以享受的温暖阳光，激光则通过聚焦获得能量，能轻松切割坚硬的钢板。企业要获得竞争力，唯有聚焦于核心业务。

如果你的产品砍到只剩下一个功能，用户依旧会买单，那这个功能就是你给用户的核心定位。其他的功能都是基于核心定位的基础之上去延伸使用场景，优化用户体验。一切的不同最后都可以归结为产品定位不同。

9.3 产品定位常见维度

产品定位就是针对消费者的需求（功能需求和心理需求）和对某种产品某种属性的重视程度，塑造产品差异化的鲜明个性或特色，树立产品在市场上一定的形象，从而使目标市场上的顾客容易了解和认可本企业的产品。

客户的需求不同，产品定位则应该不同。

基于消费者的现实需求进行产品的功能定位，基于消费者的心理需求进行产品的情感定位。实际上，产品定位主要就是基于产品情感或心智的定位。

产品定位实际上就是确定从哪个维度进行产品差异化，提升产品的记忆性，可以从功效、利益、品质等维度进行产品定位。

9.3.1　功效定位

功效定位就是通过对自己产品各种功能的表现、强调，给顾客提供比竞争对手更多的收益和满足，借此使顾客对产品留下印象，实现产品某类功能的定位，其着眼点是产品的功效，即在向用户群做广告宣传时突出产品的特殊功能，使该商品在同类产品中有明显的区别和差异化优势。

功效定位法的实质是突出产品的效用，一般表现在突出产品的特别功效与良好品质上。产品功能是整体产品的核心部分，事实上，产品之所以为消费者所接受，主要是因为它除具备产品的实用价值外，还能给消费者带来某种利益，满足消费者某些方面的需求。如果产品具有与众不同的功能，那么该产品具有明显的差异化优势，如药物牙膏，有的突出防治牙痛，有的突出防治牙周炎，有的突出防治牙龈出血等。一个产品可能具有多种功效，即使是主要功效，也可能不止一个。突出产品的哪一种功效，才能使其在市场上占据最为有利的位置，是企业需要解决的问题。例如，瑞士雷达表既有走时准确的优势，又有外表美观的优点，还有不易磨损的长处。经过反复的思索，产品定位只突出产品的一个方面的特点，那就是不易磨损。因为该公司知道，凭借这一点进行差异化定位宣传，雷达表可以占据最为有利的市场位置。事实证明，其判断和做法都是正确的。

9.3.2　利益定位

顾客购买产品是因为产品能满足其某些需求，带来某种利益。利益定位就是将产品的某些功能特点和顾客的关注点联系起来，向顾客承诺满足其一个利益点上的单一诉求，以突出产品个性，获得成功定位。必须注意，当这一利益是由产品的某些特性产生时，产品定位强调的应该是使用者的利益而不是具体的产品特性。利益定位的核心是"放大商品的某种价值，而价值的背后是一群人的痛点"。例如，海飞丝洗发水的产品定位所强调的产品利益是去头屑，霸王洗发水的定位是防脱发。

9.3.3 品质定位

品质定位，就是突出特定产品的某一项品质来确定它的市场位置。品质定位的着眼点是产品的品质。进行品质定位，就应当突出特定产品品质方面的无可取代性，以此去占领对于该产品来说最有利的市场位置。当然，这需要产品确有可称道的品质才行。品质定位所涉及的产品品质，应当是具体的、明确的，是看得见、摸得着的，能量化的就要尽可能量化。品质定位，即在广告中突出商品的良好的具体品质。例如，在宣传丁基橡胶自行车内胎的功能时，可以强调其打气一次压力能保持三个月的优良品质。

确定品质定位的步骤如下。

第一步，根据产品类型特点，选取市场和消费者关注的主要问题，选取品质定位的维度。

第二步，对竞争对手的品质和自己产品的品质进行分析，并确定产品的定位。

第三步，设计宣传口号，提炼宣传语。

要从技术、工艺、功能上证明自己产品的高品质。技术就是企业的核心，没有好技术，再好的想法也做不出来好的产品。技术部门其实是最应该受到重视的部门，很多企业发展得好都是因为其以技术为导向来驱动发展，这样才能使得产品的功能、品质一直领先。

有了技术还要有品质。奢侈品为什么那么贵？它背包上的一片皮，可能是取自一头牛身上的一小块，而这就是它值钱之处，因为花掉了大量的成本，是用心一点点磨出来的。

A空调公司的负责人有一次在意大利参展，客户听到空调发出声音，最后打开一看，原来包装上的塑料片挂住了里面的一个东西。这给了他很大的刺激：没有一个环节可以忽略。这也是A空调公司注重打造产品品质的原因。

如今A空调公司有一个不盈利的工厂，里面有一千多人专门做零部件检测。所有采购来的零部件都要经过这个工厂，全部由人工筛选检测。这是最麻烦的方法，但一直坚持到现在。也许很多人看到的是 A 空调公司投入了多少成本，但其实这些工序管理好了，可以节约大量后期服务成本。因为在家电行业，成本最高的是售后、维修。

一个真正优秀的企业要带给消费者好处，如果你的产品品质好了，让消费者不需要售后服务，这就是给人提供了方便。消费者选的是你的产品，产品本质上带给消费者利益，所以技术、功能、品质，这三者缺一不可。这三者做好了，就能给消费者信心与方便，消费者才会对企业和产品有好感。

9.3.4　问题定位

问题定位就是对消费者关心的关键问题进行剖析，找出主要根源，设计好的解决方法，确定产品定位。

不论是哪一种定位，定位的基本方法都是比较，既包括产品的性能和产品的价格比较，也包括客户的收益和付出的比较，客户的收益可能是心理上的，也可能是服务上的。

很多产品经理在做产品、设计产品时并没有心中固有的产品定位理念，一味地跟随所谓的市场调研、用户需求，使设计出的产品不能体现固有的风格，后续在迭代过程中反复删改需求、重新设计，导致公司投入了大量的时间、人力，却做出了一款连自己公司内部都不满意的产品。

9.3.5　竞争定位

竞争定位是在对商品和目标消费者进行研究的基础上，寻找商品中最符合消费者需要，而竞争对手所不具备的最为独特的部分。

竞争定位就是强调独特的销售主张。与竞争对手相比，强调商品的具体特殊功效和利益。

这个特殊性是竞争对手无法提出的，具有独特性，有强劲的销售力，能够影响百万用户甚至更多。

竞争定位的特点在于：必须包含特定的商品效用，即每个广告都要给消费者明确承诺价值；必须是唯一的、独特的，是其他同类竞争产品不具备或者没有宣传过的价值点；必须促进销售，即这一价值点一定要强有力，能吸引大众。

9.3.6　品类定位

品类定位就是与某些知名而又属常见类型的产品形成明显的区分，将自己的产品定义为与之不同的种类，这种定位也可以称之为与竞争者划定界限的定位。比如，七喜汽水宣传是非可乐型饮料，能代替可口可乐和百事可乐消暑解渴，又突出与两种可乐的区别。

9.3.7　市场空档定位

市场空档定位是指企业寻求市场上无人重视或未被竞争对手控制的位置，使自己推出的产品能适应该目标市场的需求。一般要满足以下条件：

（1）新产品在技术上是可行的；

（2）价格水平在市场上是有竞争力的；

（3）市场足够大。

9.3.8　消费情感定位

消费情感定位可以从文化和情感进行定位。

1. 文化定位

将文化融入产品，形成文化上的产品精神差异，这种文化定位不仅可以大大提升产品的格调，而且可以使产品形象更具特色。

例如，金六福酒的"福文化"作为品牌内涵，与老百姓心中传统的"福文化"相吻合，使金六福品牌迅速崛起。

文化内涵的挖掘可以借力于产地、创始人背景、原材料的制作等，可以多维度选择。

2. 情感定位

情感定位，是指运用产品直接或间接地冲击消费者的情感体验而进行定位，用恰当的情感唤起消费者内心深处的认同和共鸣。例如，江小白酒就是充分地利用了酒桌的场景，触动消费者心中的痛点。

9.4　产品定位注意事项

在很多产品本质雷同的今天，先入为主的品牌往往会占尽优势，提前占据用户心智。之后再入场的产品，本身就处于弱势地位，若此时再和"领头雁"撞车，结果将是难上加难。1886 年诞生的可口可乐，提前一步攻占用户心智，成为可乐类产品的代名词。在用户心里，清爽、可口成为对可乐类产品的认知。

12 年后的 1898 年，可口可乐最有力的竞争对手——百事可乐诞生。不幸的是，百事可乐的口感与可口可乐并没有明显差异，伴随着"清爽、可口，百事可乐"这句广告语，百事可乐被可口可乐打压将近半个世纪。

为什么百事可乐前期会这么失败？这是因为可口可乐先入为主，在用户心里占据了可乐类产品第一的位置。既然口感、定位都一样，我明明可以选更加信赖的可口可乐，为什么要选百事可乐呢？先入为主的产品会占据用户心智，很难挑战其位置，因为它已经在用户心中扎根了。

百事可乐如何才能突破呢？找到主要竞品弱点，转化为自己产品的优势。

1932 年，美国经济大萧条，百事可乐采用降价策略，价格降为可口可乐的一半，占领用户心智中"廉价可乐"第一阶梯，夺回部分失地。1961 年，百事可乐利用可口可乐已经"老龄化"的弱点，将百事重新定位为"年轻化可乐"，占领用户心智中"年轻化可乐"第一阶梯。曾经不起眼的百事可乐，如今已成长为"巨人"。

如果不能发现竞品的弱点怎么办？以创新思维进行突破，寻找竞品的替代品。在寻找竞品替代品方面，百事旗下的七喜饮料可谓旗开得胜。在用户心中，可口可乐的本质是什么？是可乐类产品，那么可乐类产品在用户心中的替代品是什么？答案是非可乐类产品。

自 1968 年"非可乐"宣传启动后，七喜饮料成为世界第三大软饮料，在当时也成为非可乐饮料的代名词，占据非可乐饮料第一阶梯的位置。

产品定位的关键点是寻找差异性。

9.5 产品定位测试

9.5.1 产品定位测试内容

产品定位测试是对企业进行产品创意或产品测试，即确定企业提供何种产品或提供的产品是否满足需求。该环节主要用以帮助企业自身产品的设计或改进，通过使用符号或者实体形式来展示产品的特性，考查消费者对产品概念的理解、偏好和接受程度。这一环节需要从心理层面到行为层面来深入探究，以获知消费者对某一产品概念的整体接受情况。

首先，需要进行产品概念与顾客认知、接受度的对应分析，针对某一给定产品定位概念，主要考查其可解释性与可传播性。

其次，需要进行同类产品的市场开发度分析，包括产品渗透水平和渗透深度、主要竞争品牌的市场已开发度、消费者可开发度、市场竞争空隙机会，用来衡量产品定位概念的可推广度与偏爱度。从可信到偏爱，这里有一个层次的加深。

再次，分析实际意义上的产品价格和功能等产品定位与消费者需求的关联。因为产品概念的接受和理解程度再高，如果没有对产品的需求，产品的功能不是恰恰满足了消费者某方面的需求，或者消费者的这种需求有很多的产品给予了很好的满足，这一产品概念仍然很难有好的市场前景。

最后，探究消费者是否可能将心理上的接受与需求转化为行为上的购买与使用，即对消费者的选择购买意向进行分析，以进行企业自身产品定位的最终效果测定。

9.5.2 如何防止产品定位的错位

防止产品定位错位的方法有以消费者为导向、以产品优势为基础、以竞争区隔为标准、以资源保障为后盾 4 种。

1. 以消费者为导向

定位不是给老板看的东西，而是对目标客户的一种承诺，因此，自己的定位必须让目标客户切身感受到。

比如海飞丝洗发水的去屑、宝马汽车的驾驶乐趣等，如果目标顾客无法感受到产品的定位，那么意味着与目标顾客利益不相关，可能成为空中楼阁，中看不中用。

因此，在产品定位过程中，一定要反复提两个问题：是否与目标顾客的利益相关？目标顾客是否能够切身感受到？如果答案是否定的，就必须要更换。

2. 以产品优势为基础

要思考生产某个品类当中的某个商品，自己的核心卖点是什么？如果你讲不出一个核心的卖点，就要挖掘一个好听的故事，比如褚橙的品牌故事不仅体现了创始人在逆境中不屈不挠的精神，还展示了他在农业领域的创新和坚持，这两个足以成为情怀和卖点。

3. 以竞争区隔为标准

产品定位就是要与你的竞争对手"背道而驰"，而不是他做什么，你就做什么，最后把自己搞到崩溃。要凸显自己的竞争优势，跟随别人定位，往往生存困难。

进行产品定位时，一定要注意独特性。这种独特虽然不是独一无二，但必须和竞争对手能够有效区分开来。

4. 以资源保障为后盾

通过认真、周密的思考确认了产品定位，就要为这个产品定位投入足够的资源，在自己的目标客户的长期记忆里面巩固这个产品定位。

比如，大家都知道沃尔沃的产品定位是安全，但哪个车敢做得不安全呢？无论是奔驰、宝马、奥迪、大众，大家肯定要把自己的车做得足够安全，那么沃尔沃既然定位了安全，又是如何支撑和巩固定位的呢？沃尔沃不论在公关传播上，还是在产品上都做足了功课。比如轿车的安全气囊一般是 2 个，好的车 4 个，或者 6~8 个，但沃尔沃呢？最多有 24 个。这就是做到极致。于是，"安全"便成了沃尔沃最具竞争力的卖点。

9.6 产品定位实施策略

9.6.1 产品定位推广

产品定位在推广中与产品精神、产品定位、产品基因等协同一致，合理占据消费者心智。

产品定位必须向市场广为传播。这种定位传播一方面要依靠企业营销活动的配合，要求企业的整体营销活动必须贯彻产品定位概念，突出定位优势；另一方面要通过广告和促销活动，将产品的定位、产品精神和产品价值信息向消费者广为传播，使消费者不断接触、认知定位理念，从而留下深刻印象，产生对产品的好感。

在产品层面，应对环境、竞品及自身优势、劣势进行深入分析，围绕市场空白和需求空白，找准切入点，持续打磨产品。

9.6.2 产品定位策略

在企业的运行中，产品定位会根据市场环境作出不同的定位策略，一般有专业化策略、差异化策略、边缘化策略和多元化策略4大策略。

1. 专业化策略

专业化策略就是企业通过生产单一产品来获取利润，采用这种策略的企业不求产品的多元化发展，只追求产品的专精化发展路线。目标是把一个产品做精做透，通过批量生产和扩大销售来谋求发展。

这种企业在中国早期还比较多，比如老干妈辣酱早期只有一种豆豉风味酱，单靠着这一款产品在中国酱料市场就创造了优秀口碑。专业化策略是指在一定领域内，企业通过系统学习、实践和积累，逐步达到该领域较高水平的专业技能，其规模逐步扩大。如图9-1所示。

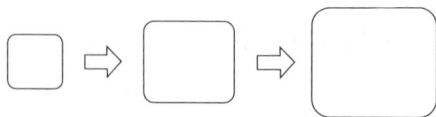

图9-1 专业化策略示意图

市场是不断变化的，为了适应趋势变化，企业有些时候不得不对策略作出调整，以适应市场变化，也就有了差异化策略。

2. 差异化策略

差异化策略是指企业以某种方式调整那些基本相同的产品，使消费者相信这些产品存在差异而产生不同的需求偏好。也就是说，为了适应市场变化，企业会通过对多项产品进行不同组合的方式向深度、广度发展。

这也是老干妈辣酱后续推出辣三丁油辣椒、精制牛肉末、红油腐乳、干煸肉丝油辣椒等多种口味的原因之一。这些口味的生产都是为了适应消费者日益多元化的口味需求，只有这样才能适应市场变化趋势，赚取更多的利润。

国际大品牌香奈儿也靠着差异化策略赢得了市场青睐。香奈儿早期依靠帽子起家，这是专业化策略。但为了满足消费者多元化需求，香奈儿在后期陆续推出了许许多多的产品，如服饰、香水、箱包、珠宝、手表等，甚至主攻女性市场的香奈儿也开始做起了男性市场。

由此可见，不断地调整策略，进一步细分市场，从更多的角度满足不同类型的消费者需求，企业能获得更大的成长空间和更多的利润。差异化策略是指产品所具备的多种功能中的一部分从产品中分离出去，产生足以引发顾客偏好的特殊性，赢得市场成功。如图 9-2 所示。

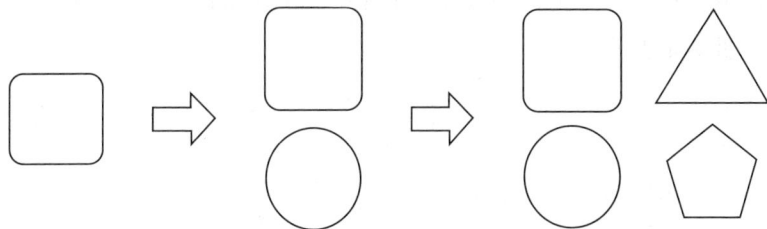

图 9-2　差异化策略示意图

3. 边缘化策略

边缘化策略是指围绕一个中心，去扩展更多的周边市场。这种策略是企业生产或提供具有两个或两个以上行业特点的产品的一种定位策略，其特性是通过产品组合由深度向关联度发展。比如皮卡丘的动漫形象，可以通过边缘化策略，发展出玩偶、钥匙扣、日用品、联名款等衍生品。边缘化策略是指在两个或两个以上行业的"边缘地区"开发出相应产品。如图 9-3 所示。

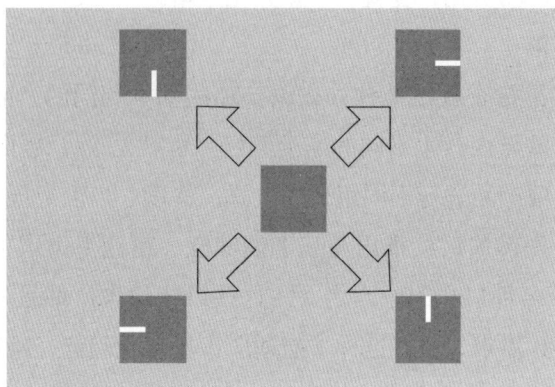

图 9-3　边缘化策略示意图

4. 多元化策略

多元化策略，是指企业同时生产或提供两种以上分属不同行业产品的定位策略。

为了能在千变万化的市场环境和激烈的市场竞争中占据有利地位，企业就必须处于不断求变和应变状态，进而由单一产品经营转向多元产品经营，由单一行业经营转向跨行业经营。多元化策略是指企业利用已有的技术和市场基础，生产不同种类但同属于某一核心市场的产品，以满足客户多样化的需求。如图 9-4 所示。

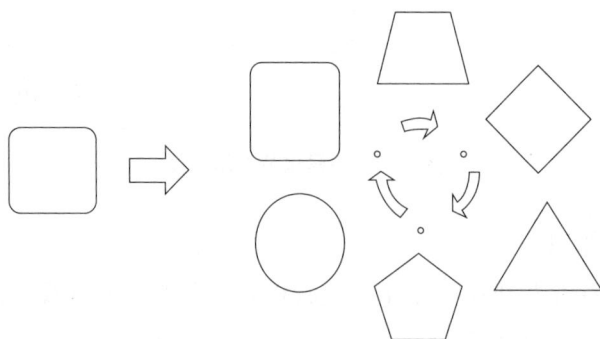

图 9-4　多元化策略示意图

多元化策略在帮助企业合理分散风险的同时还可以扩大经营范围，增强竞争能力。与此同时，多元化策略也有利于充分利用企业现有资源，挖掘出更多的生产经营潜力。

和其他策略相比，多元化策略更多是将产品组合由关联度向广度发展或者由深度向广度发展。例如，阿里巴巴公司一开始推出了 1688 产品，后来开发了淘宝，紧接着通过差异化策略，开发了天猫、闲鱼、海购等同属于电商类的广度产品；紧接着采用多元化策略，发展打造出了支付宝、菜鸟、阿里云等多个分属不同行业、不同领域的产品。

9.7 产品定位典型案例

脉动饮料上市后，在很短的时间内就形成了热销全国的局面，在持续几个月的时间里，全国的脉动经销商都必须等待货物的到来。这归功于准确的产品定位——维生素功能饮料。

脉动是达能入主乐百氏之后推出的第一个成功产品。这种维生素饮料含有多种 B 族维生素及维生素 C，具有天然清新的水果味，口感清爽，很受消费者的喜爱。脉动进入中国以后，也延续了在国外的销售佳绩。

脉动走的是普通饮料的路线——大容量、适中价位。脉动首先是饮料，然后才是维生素功能饮料，定位可谓准确。与产品定位相一致的浅蓝色的差异化瓶体，具有良好的终端展示效果，深受年轻消费者的喜爱。600 毫升的大瓶体，也与 500 毫升的普通饮料形成了明显差异化。脉动推出的"维生素水"概念，正赶上了黄金时期。脉动清淡爽口的口感，得到了众多年轻消费者的喜爱。在促成脉动热销的众多原因中，电视广告功不可没。快乐、充满活力的广告片，有效地传达了脉动"让自己充满活力，从容享受生活，迎接挑战"的品牌内涵。

无论在选择时机上还是在产品定位上都做得很好，在包装、营销等其他方面的做法与产品定位非常匹配，取得了很好的效果。

1. 从产品定位到包装

脉动的产品定位是维生素功能饮料，包装是比较流行的硬质塑料瓶，颜色以蓝色为主，给人一种健康的感觉，让人感到只要一喝下去就会有一种回归大自然的美妙感觉，符合当代青年追求时尚的潮流（心理需求），很好地抓住了年轻人的想法。

2. 从口味到价格

脉动具有天然清新的水果味，口感清爽，含有多种 B 族活性维生素及维生素 C，与比较流行的可乐在材料和成分上有一定的差异化。它不仅仅是一种可供人解渴的饮料，还是一种补充营养的功能饮料，从口感上不像可乐那样刺激，但是它的口味独特，柔和清爽，任何人喝下去都会觉得很舒服，没有任何的刺激性。价格也能被大部分人接受，虽然略比可乐高，但是从营养角度看还是很合理的。

3. 从上市时机到广告拉动

脉动于 2003 年上市，此时"非典"在全国蔓延，消费者迫切地需要能增强免疫力的产品。含有维生素和矿物质的保健品销量飞涨，脉动很好地抓住了这个时机。广告宣传有效传达了脉动"让自己充满活力，从容享受生活，迎接挑战"的品牌内涵。脉动的成功证明了产品定位赋予产品灵魂，如果遵循产品定位设计并把握好每一个环节，能够大大提升产品成功率。

产品定位的基本策略有两种：一是与竞争对手的产品对比，显示出独特性；二是与自己的系列产品相比较，显示出创新性。产品定位策略的恰当使用，有利于触发消费者求新、求美、求名、惠顾动机与习惯性购买的行为。

产品定位是指产品在潜在消费者心目中的印象，亦即产品在消费者心目中的地位，是指公司为打造一种适合消费者心目中特定地位的产品所采取的产品策略企划及营销组合的活动。

在广告中，通过突出产品符合消费者心理需求的鲜明特点，确立商品在市场竞争中的地位，促使消费者选购该商品。这是产品定位策略在广告中的运用，包括广告产品实体定位策略和广告观念定位策略。广告产品实体定位策略是在广告中突出宣传商品新价值、新功能、新用途能给消费者带来新的利益，使消费者对该产品产生深刻印象的一种宣传方法。

产品定位就是在潜在消费者的心目中为自己的产品设置一个特定的位置，这个位置只为自己的产品独占而其他同类产品则不能拥有，从而助力产品走向成功。

第 10 章
产品类型定位

完成市场定位与目标市场选择后，应根据潜在目标用户的需求特征，对产品类型作出详细规定，目的是让产品符合市场需求，更具有竞争力。

任何类型的产品，功能都不是单一的，不同品牌或者同一品牌不同类型的产品，功能都有一定的差异。因此，企业在给产品功能进行定位时应主推一个功能。

王老吉用一句"怕上火，就喝王老吉"的广告语让品牌深入人心。它的成功当然不仅在于一句广告语，更在于"预防上火"的产品定位，打造出了新的产品品类。那么如何找到这样的产品定位呢？答案是着眼于不同用户群体。

把握产品不同层面的优先级。庖丁解牛的故事很形象，普通人看见一头牛只是牛本身，而庖丁看到的是牛的各种结构和部位，所以才能够游刃有余地解剖。产品的决策者、产品经理、设计师等专业人士和普通用户看待产品的角度同样是有区别的。

当我们面对一个产品时，在脑海中清晰浮现出来的，应该是产品价值的层次结构。产品的概念设计与研发应该根据产品定位和目标客户群的特点，依据需求优先级与用户场景的关系以及产品功能的逻辑完成具体的功能模块设计，这样才能提升产品的成功率。产品的功能是产品与使用者之间最基本的一种相互关系，是产品得以存在的价值基础。每一件产品都有不同的功能，人们在使用产品过程中获得的需求满足，就是产品功能的实现。产品功能依据不同的标准可以作不同的分类。对不同产品，这些功能所表现的优先次序和重要程度不尽相同，需要开发的顺序也应该不同。产品功能不同，产品的类型也就不同。

🔅 10.1 产品分类及创新理念

产品可以分为 3 种类型：棒槌型产品、钉子型产品和盾构机型产品。

盾构机型产品，是指如果一个产品经过发展，已经拥有了足够大的规模，尽管也可能有多个功能，但由于知名度很高、能力足够，所以就像一台体积巨大，看似笨重但威力巨大的盾构机，虽然直径有一二十米，但是也能开凿出大洞。这种盾构机型产品比较适合价格高的高端产品市场。

初创型企业应该生产钉子型产品，而不是棒槌型和盾构机型产品。然而对大多数企业来说，产品定位往往模糊，很少有人能够明确自己的产品是钉子型产品还是棒槌型产品。

究竟如何判断一个产品是钉子型产品还是棒槌型产品呢？

（1）逻辑分析法。

一个产品包含多个并行功能，这是棒槌型产品的典型特征。如果要变成钉子型产品，那必须减少功能，最好只剩下一个。以那个摩托车 App 产品为例，看资讯、做保养、买保险、购配件、考驾照等功能，对用户的一次骑行活动来说，大部分都是与之并行的，所以都可以砍掉。

（2）调研。

评价标准主要就是产品能否做到"一句话能说清，一听就感兴趣"。"一句话能说清"，说明你的产品有清晰的定位，而"一听就感兴趣"说明你的定位能够得到用户的认可并产生共鸣，表达了用户的利益点，得到了用户的认可和信任。产品定位明确是一切的基础。对一个新产品，如果只选择了一个功能单点突破，只要这个需求把握准了，就是一根有战斗力的钉子，小而美的产品也有可能成功；而如果一开始就选择了大而全的产品，其中的每一个功能的需求都把握得很好，体验也很顺畅，那便是一个棒槌型产品。

用"一句话能说清，一听就感兴趣"的标准来评估，用逻辑分析和调研来测试，都可以判断出自己的产品是钉子型产品还是棒槌型产品。

好产品能用一句话说清楚产品定位。定位要做到清晰且聚焦。随着用户的增长，核心用户群体的改变，产品的边界也会扩大，定位也会相应改变。

10.1.1　棒槌型产品

棒槌型产品，是指产品主打多个功能，但每一个都做得很一般，其市场覆盖面较大。产品功能堆起来使得顶端跟棒槌一样粗，初创公司可能一开始不适合棒槌型产品，但是对于价格比较高的中高端成熟市场，这种产品是适合的。

一个朋友做了一个为摩托车骑行爱好者服务的 App，其产品定位以及具体功能如下。

产品定位为摩托车爱好者提供 360° 全方位无死角的服务。产品功能包括以下几个方面。

计划出行时：你可以通过本产品制定路书、购买保险、保养车辆及准备物资。

在路上骑行时：你可以通过本产品查询身边的补给站、维修点，记录感受，相约出行；骑行过程中将开启轨迹记录模式，骑行结束后会自动关闭记录模式。

回味时：可以通过本产品导出数据、记录精彩，与好友分享。

日常生活中：可能通过本产品发现优质有趣的骑行活动；获得摩托车一手资讯，包括车型查找、车辆运输保养、配件选购、法律咨询甚至驾驶培训等。

产品界面上罗列了多个标签，每个标签上又有多个功能模块，看后不知道哪个功能更突出，这是典型的棒槌型产品的特征。

"360° 全方位无死角服务"，用户听着感觉很霸气。产品设计者的初衷是好的，想全方位服务，但这样的定位其实跟没定位是一样的。这个定位只是"一句话说完"，而不是"一句话说清"，消费者感觉不具体、不聚焦。

一个新产品一开始就想提供"360° 全方位无死角"的服务，从执行的角度来看就很困难。

我们再把上面列出的琳琅满目的产品功能进行分类：车辆资讯、交友、分享、路书、轨迹记录、保养、保险、配件选购、法律、驾驶培训等。

可以看到，其中每一个关键词，几乎都能支撑起一个单独的产品。

从这个初创产品得到的启示是一定要减少功能，把棒槌削尖变成钉子。只保留一个功能点，这个功能是用户急需而其他产品暂时无法满足的，即要做到"一句话能说清楚，一听就感兴趣"。这样投入的研发费用将大大减少，并能尽快上市，更早地获得客户。随着客户的增加和对产品的深入使用，分步骤增加功能，做强做大可能更适合产品的发展。

产品类型改造建议如下。

产品定位：摩托车骑行路线记录、路书分享。

产品界面：产品界面简洁，一眼看过去，就知道是干什么的，满足"一句话能说清，一听就感兴趣"的标准。

我们会经常看到一个产品在一个正确的时间，推出了一个正确的功能，突然一下子就有很多人都在用了。然后，随着产品的不断成长，获取了大量的用户。有了用户以后，又能持续迭代出更多更好的新功能，设计开发出非常有新鲜感、有竞争力的功能，支持产品持续成长。

10.1.2　钉子型产品和盾构机型产品

钉子型产品，是指产品主打一个功能，像一根钉子，顶部很尖，做得很锐利，其市场穿透力很强。虽然产品功能单一，系统性不强，但从小点突破，因而可以很容易凿出个小洞，一般我们叫这种产品为小而美的产品，价格偏低。对于一个初创公司，技术投入和资金资源有限，比较适合开发钉子型产品先打开市场。

钉子型产品分为两个类别，分别是"中小企业：锐利的钉子型产品"和"大企业：盾构机型产品的初期阶段"。看大品牌的成功之处，向大品牌学习，一定要看其在早期的阶段是怎么做的，而不要企图效仿人家已经做强做大的时候采用的策略。当一个产品已经强大了，的确可以增加很多功能；一个品牌强大了，也会做品牌延展，在这个品牌之下会增加新的产品，甚至品类。例如，去哪儿 App 就是靠这个关怀用户钱袋子的单点功能实现突破，成为一个锋利的钉子型产品，后来逐渐发展成为一个大的平台产品，变成一个威力巨大的"盾构机"。用户量足够大，用户因为主打功能而来，长期使用之后，的确会感知到其他功能，进而使用该功能。产品定位就是寻找产品的主打功能，以产品的主打功能作为定位进行宣传。主打功能对附加功能的导流能力不一定高。例如，微信的主打功能是交流和分享，大家每天在上面花费好几小时的时间。其中，很多人每天都要刷朋友圈几十次。但我现在问大家，你知道通过微信可以直接上京东商城购物吗？我估计很多人都不知道。我之前也专门调研过，大部分用户都不知道。你看，尽管这几年很多人每天都使用微信，但却不知道购物功能的存在，更不用提使用了。

这就是一个典型的主打功能对附加功能导流有限的真实案例。

既然微信这么大的产品，在用户使用这么频繁的情况下，购物入口都形同虚设，那你给产品堆砌那么多功能，你以为用户就会看到，就会去用吗？答案是不一定的。

1. 中小品牌：锐利的钉子型产品

锐利的钉子型产品示例如表 10-1 所示。

表 10-1　锐利的钉子型产品示例

产品	产品定位（一句话能说清）	隐含用户利益（一听就感兴趣）
某单车	不用办卡，桩借还，随时随地租用	无须办卡，就地骑、就地还
某唱歌 App	在手机上唱歌	用手机随时随地唱歌
智慧停车平台 A	手机缴停车费	不用等待找钱，停车方便
智慧停车平台 B	付费语音回答	向专家、行家在线提问

2. 大品牌：盾构机型产品的初期阶段

一些较大的品牌，在其发展初期，也都有明确的、清晰的、聚焦的产品定位。

从表 10-1 中可以直观地感受到，好的产品是满足"一句话能说清，一听就感兴趣"的条件的。另外，好产品的定位往往还能顾名思义，即单单从产品命名上就能知道其含义。

"一句话能说清，一听就感兴趣"，就是对"单点突破"进一步形象化的解释。世间很多道理都是相通的，"单点突破"是一个普适原则。

10.1.3　产品类型的创新理念

1. 顺应"少即多"的哲学

德国建筑大师路德维希·密斯·凡德罗曾经提出"少即多"的建筑设计哲学，主张去除多余、复杂的装饰，强调功能性。在产品、工作、生活的各个领域，"少即多"都具有普遍意义。这启示我们要抓住主要矛盾，贪多反而会一事无成。从企业和产品自身角度来看，产品定位是所有生产和营销活动的基础，没有明确的产品定位，其他的如体验、运营、传播都是空中楼阁。产品定位没找好，说明需求没把握好；需求没抓好，一切也就无从谈起。如果产品定位找准了，"一句话能说清，一听就感兴趣"，那么广告宣传、营销活动就有了方向和指引，也就容易多了。

2. 简洁、明确、有趣

从用户认知的角度来看，用户无时无刻不被广告和品牌淹没，一个品牌跟用户接触的时间以秒计。如果一句话说不清，即使你的产品品牌成功进入了用户的脑海，但因为脑海中有成百上千个品牌，用户也就很难记住。而对于一个产品，用户往往只能记住一个功能点，所以想让用户记住一个产品有"五大功能、十大亮点"是不可能的。"一听就感兴趣"，是从用户角度思考，体现了用户利益，用户只有感兴趣了才会留意。

10.2　产品类型定位模型

一个产品的功能要不要加到产品中去，需要看产品的类型定位，即单一功能定位还是多功能定位。那么，产品类型怎么定位呢？可参见产品类型定位四区域模型，如图 10-1 所示。

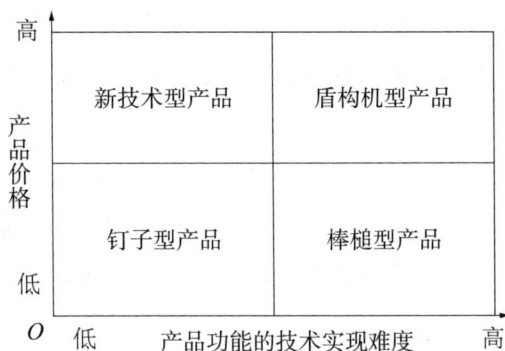

图 10-1　产品类型定位四区域模型

该模型的横轴表示产品功能实现的技术难度大小，从左往右表示产品功能实现的技术难度越来越大，也可以理解为产品的功能越来越多，产品品质更高，满足客户的使用场景更多；纵轴表示产品价格的高低，从下往上依次表示产品价格越来越高。

处于不同区域的产品，其功能特点和价格不同，其产品类型也不同。

第一区域：处于此区域的产品，是产品功能比较多，品质也较高，产品价格也最高，属于盾构机型产品。这样的企业一般是比较成熟的企业，技术实力比较强，能开发和生产出多功能、高质量的产品，借助比较好的市场品牌占领高端市场，所以处于此区域的企业技术能力强大，品牌信誉较好，适宜开发盾构机型产品占领市场。

第二区域：处于此区域的产品，其特点是价格较高，功能单一或较少。这样的企业一般采用的是新技术，创新能力比较强，利用领先的新技术，创新开发出引领市场的新产品，所以能够支撑自己产品的高价格，或者创新一个新品类引领行业发展。一旦这个新技术被竞争对手模仿、改进，产品将进入激烈的竞争环境，产品价格将越来越低，进入第三区域，形成钉子型产品，或者利用企业雄厚的技术力量，迭代多个功能，形成盾构机型产品，继续引领行业发展。

第三区域：处于此区域的产品属于钉子型产品，此类产品的功能单一，价格也比较有竞争力。这种钉子型产品在企业初创时期比较多，资源和技术能力都有限，先开发出功能单一、价格低廉的产品迅速占领市场，形成销售，存活下来。随着资源和技术力量的积累，产品不断迭代成长。如果该行业市场容量比较大，技术和资源比较强大的企业也可能开发物美价廉的钉子型产品占领市场。

第四区域：处于此区域的产品一般属于技术比较成熟、竞争比较激烈的"红海"市场。企业为了吸引客户，采取增加产品功能并不涨价的物美价廉策略抢占市场。企业应该继续细分市场，或进行品类创新，避免把棒槌型产品长期作为企业主推产品。

因此，应该做到在低端市场布局单一功能的产品，在中端市场布局多功能产品。

在创业初期，要找一个高频、强需求的大市场来做产品，考虑自身的资源和强项、行业状态等因素，开发单一功能的钉子型产品，做到单点突破，提高创业的成功率。